Aufgaben zur Mathematik für Wirtschaftswissenschaftler

von

Dr. Otto Hass
Universität Erlangen-Nürnberg

Prof. Dr. Norman Fickel
Universität Erlangen-Nürnberg

3., korrigierte Auflage

Oldenbourg Verlag München

Bibliografische Information der Deutschen Nationalbibliothek

Die Deutsche Nationalbibliothek verzeichnet diese Publikation in der Deutschen
Nationalbibliografie; detaillierte bibliografische Daten sind im Internet über
http://dnb.d-nb.de abrufbar.

© 2012 Oldenbourg Wissenschaftsverlag GmbH
Rosenheimer Straße 145, D-81671 München
Telefon: (089) 45051-0
www.oldenbourg-verlag.de

Lektorat: Dr. Stefan Giesen
Herstellung: Constanze Müller
Titelbild: thinkstockphotos.de
Einbandgestaltung: hauser lacour
Gesamtherstellung: Beltz Bad Langensalza GmbH, Bad Langensalza

Dieses Papier ist alterungsbeständig nach DIN/ISO 9706.

ISBN   978-3-486-71598-9
eISBN   978-3-486-71604-7

Vorwort

Zwei Ziele lassen sich anhand dieses Buchs verfolgen: (1) Mit den Definitionen, Lehrsätzen und Erläuterungen *(Teil A jedes Kapitels)* kann überprüft werden, ob man sich die Eckpunkte des Vorlesungsstoffs richtig gemerkt hat. (2) Versucht man die Aufgaben *(Teil B)* selbst zu lösen, so lässt sich feststellen, inwiefern man den Stoff auch wirklich beherrscht. Die ausführlichen Lösungen *(Teil C)* erlauben es, Verständnislücken schnell zu erkennen und zu schließen.

Das Buch ist unterteilt in Analysis *(Teil I)* und Lineare Algebra *(Teil II)*. Ein Verweis in ein anderes Kapitel besteht daher aus Teil- und Kapitelnummer. Beispielsweise meint *Kapitel II.III* das dritte Kapitel zur Linearen Algebra.

Die im Anhang angegebenen Übungsklausuren dienen einem abschließenden Selbsttest: Innerhalb von ungefähr eineinhalb Stunden sollte man jede der Klausuren lösen können. Als Hilfsmittel sind – auf wenigen Seiten – die wichtigsten Formeln und Begriffe zusammengestellt.

Dieses Buch entstand aus einer Aufgabensammlung, die der erste Verfasser viele Jahre in der Lehre eingesetzt hat. Die Studierenden haben durch kritische Anmerkungen auch zur Verbesserung der vorliegenden dritten Auflage beigetragen. Exemplarisch seien hier Alexander Hektor, Florian Frosch und Önder Sahin genannt. Auch über Ihren Kommentar würden wir uns freuen. Haben Sie vielleicht sogar einen Fehler entdeckt? Bitte senden Sie uns ein E-Mail an: *Norman.Fickel@wiso.uni-erlangen.de*

Die Verfasser

Inhaltsverzeichnis

Teil I:

Aufgaben zur
Analysis
mit Lösungen

I. Funktionen.
Überblick und Einteilung

A. Definitionen, Lehrsätze und Erläuterungen

Definition: Es sei $\mathbf{R}$ die Menge der reellen Zahlen. Ist D eine nicht-leere Teilmenge von $\mathbf{R}$ und x ein Platzhalter, für den jedes Element von D eingesetzt werden darf, so nennt man x eine *Variable in D*.

Definition: Sei $D \subseteq \mathbf{R}$ und $D \neq \emptyset$. Liegt außerdem eine Zuordnungsvorschrift f vor, die jedem Element aus D genau eine reelle Zahl zuordnet, so bezeichnet man f als eine *(reelle) Funktion*. Die Menge D ist die *Definitionsmenge* der Funktion. In der *Wertemenge W* der Funktion sind alle diejenigen Zahlen zusammengefasst, die mindestens einem Element aus D zugeordnet worden sind. Die jeweilige Variable in D (häufig x) nennt man die *unabhängige Variable*, die jeweilige Variable in W (häufig y) die *abhängige Variable* der Funktion. Eine allgemeine Funktion pflegt man daher kurz in der Form $y = f(x)$ zu schreiben.

Definition: Ist eine Funktion $y = f(x)$ gegeben, so wird jedem x aus D genau eine reelle Zahl zugeordnet. Man erhält auf diese Weise eine Menge von Wertepaaren $(x \, ; \, y)$. Überträgt man diese, nach Festlegung eines Koordinatensystems, in eine Ebene, ergibt sich eine Punktmenge, die *grafische Darstellung* oder kurz der *Graph der Funktion*.

Vereinbarung: Die y-Achse ist stets senkrecht, die x-Achse stets waagrecht.

Definition: Eine Funktion $y = f(x)$ heißt in einem Intervall $a \leq x \leq b$ der Definitionsmenge *streng monoton steigend*, wenn für beliebige $x_1 < x_2$ in dem Intervall auch stets $f(x_1) < f(x_2)$ gilt. Entsprechend wird $y = f(x)$ in dem Intervall $[a \, ; \, b]$ *streng monoton fallend* genannt, wenn für beliebige $x_1 < x_2$ aus dem Intervall stets $f(x_1) > f(x_2)$ folgt.

Definition: Wir bezeichnen die folgenden Funktionen als *Grundfunktionen*:
(a) $y = 1$ (b) $y = x$ (c) $y = \ln x$ (d) $y = \sin x$

Eigenschaften und grafische Darstellungen der Grundfunktionen

Zu (a): $y = 1$; damit $D = \mathbf{R}$; $W = \{1\}$. Diese Funktion ist weder streng monoton steigend noch streng monoton fallend.

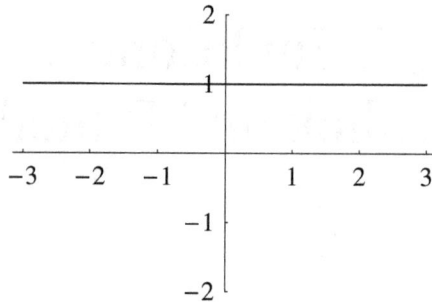

Zu (b): $y = x$; damit $D = W = \mathbf{R}$. Die gegebene Funktion ist streng monoton steigend.

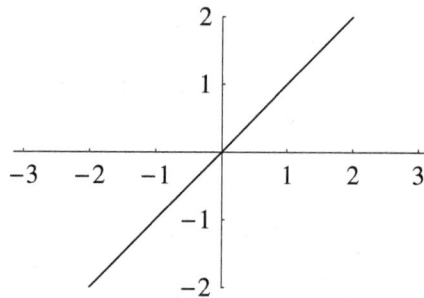

Zu (c): $y = \ln x$; damit $D =]0 ; \infty[$; $W = \mathbf{R}$. $\ln(1) = 0$. Die Funktion ist streng monoton steigend.

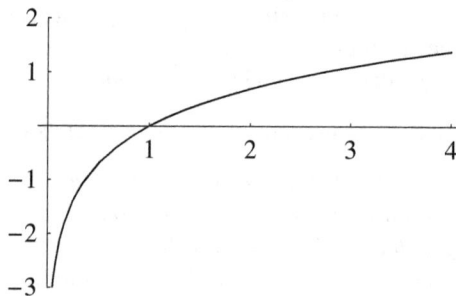

Zu (d): $y = \sin x$ (*Sinusfunktion*); damit $D = \mathbf{R}$; $W = [-1\,;\,1]$

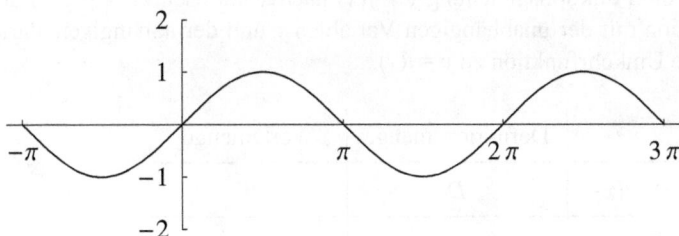

Verknüpfung von Funktionen

Werden zwei oder mehrere bereits bekannte Funktionen durch die folgenden Operationen verknüpft, entstehen neue Funktionen. Die Menge aller Funktionen, die auf diesem Weg hergestellt werden können, grenzen den Bereich unserer Betrachtung ab. Gegeben seien zwei Funktionen $y_1 = f(x)$ und $y_2 = g(x)$.

(1) Addition von Funktionen

$y = y_1 + y_2 = f(x) + g(x)$. Beispiel: $y = x + \ln x$

(2) Multiplikation einer Funktion mit einer Konstanten

$y = a \cdot y_1 = a \cdot f(x)$. Beispiel: $y = a \cdot \sin x$

Bemerkung: Die Subtraktion von Funktionen setzt sich aus diesen beiden Verknüpfungen zusammen: $y = y_1 - y_2 = y_1 + (-1) \cdot y_2$

(3) Multiplikation von Funktionen

$y = y_1 \cdot y_2 = f(x) \cdot g(x)$. Beispiel: $y = x \cdot \sin x$

(4) Division von Funktionen

$y = \dfrac{y_1}{y_2} = \dfrac{f(x)}{g(x)}$, soweit $g(x) \neq 0$. Beispiel: $y = \dfrac{x}{\ln x}$

(5) Hintereinanderschaltung von Funktionen

Sei $y = f(g)$ eine Funktion mit der unabhängigen Variablen g und $g = g(x)$ eine Funktion mit der unabhängigen Variablen x. Setzt man jetzt $g(x)$ in $f(g)$ ein und erhält $y = (f(g(x)))$, so bezeichnet man diese Funktion als die Hintereinanderschaltung der beiden gegebenen Funktionen. Beispiel: $y = \sin g$ und $g = \ln x$; damit $y = \sin(\ln x)$

Definition: Gibt es zur Funktion $y = f(x)$ eine weitere Funktion $x = g(y)$ mit der unabhängigen Variablen y und der abhängigen Variablen x und gilt zudem $f(g(y)) = y$ und $g(f(x)) = x$, so nennt man $x = g(y)$ die *Umkehrfunktion* oder *Umkehrung* zu $y = f(x)$.

Lehrsatz 1:
(a) Lässt sich die Funktionsgleichung $y = f(x)$ nach x auflösen zu $x = g(y)$ und ist $x = g(y)$ eine Funktion mit der unabhängigen Variablen y und der abhängigen Variablen x, so ist $x = g(y)$ die Umkehrfunktion zu $y = f(x)$.
(b) Es gilt:

	Definitionsmenge	Wertemenge
$y = f(x)$	D	W
$x = g(y)$	W	D

(c) Ist eine Funktion in einem Intervall $[a\,;\,b] \subseteq D$ streng monoton steigend oder fallend, so hat $y = f(x)$ über $[a\,;\,b]$ eine Umkehrfunktion.

Definition: Gibt es zu einer Funktion $y = f(x)$ ein $x^* \in D$ mit $f(x^*) = 0$, so bezeichnet man x^* als eine *Nullstelle* von $f(x)$.

Einteilung der Funktionen

(A) Ganz-rationale Funktionen (Polynome)

Wir berücksichtigen nur die Grundfunktionen $y = 1$ und $y = x$ und die Verknüpfungen (1), (2), (3) und (5), aber ohne die Umkehrung von Funktionen. Es ergibt sich

$$y = a_0 x^n + a_1 x^{n-1} + \ldots + a_{n-1} x + a_n$$

mit $a_0 \neq 0$ und $n \in \mathbf{N}$ (Menge der natürlichen Zahlen). Man bezeichnet n als den *Grad* der ganz-rationalen Funktion (des Polynoms).

Lehrsatz 2: Für alle ganz-rationale Funktionen gilt $D = \mathbf{R}$ und für ungerade n auch $W = \mathbf{R}$.

Bemerkung: Zu den ganz-rationalen Funktionen gehören insbesondere

(a) die *Gerade*: $y = a_0 x + a_1$ mit $a_0 \neq 0$. Dabei ist a_0 die Steigung der Geraden und a_1 der Achsenabschnitt auf der y-Achse. Bei $a_0 > 0$ steigt die Gerade streng monoton, bei $a_0 < 0$ fällt sie streng monoton;

(b) die *Parabel*: $y = a_0 x^2 + a_1 x + a_2$ mit $a_0 \neq 0$. Bei $a_0 > 0$ ist die Parabel nach oben geöffnet, bei $a_0 < 0$ nach unten geöffnet. Formt man den quadratischen Ausdruck nach der ‚quadratischen Ergänzung' um, ergibt sich

$$y = a_0 \left(x + \frac{a_1}{2a_0} \right)^2 + \left(a_2 - \frac{a_1^2}{4a_0} \right)$$

Der Scheitel der Parabel hat die Koordinaten $\left(-\dfrac{a_1}{2a_0} ; a_2 - \dfrac{a_1^2}{4a_0} \right)$. Für die Wertemenge gilt

$$W = \left\{ y \mid y \in \mathbf{R} \text{ und } y \geq a_2 - \frac{a_1^2}{4a_0} \right\} \quad \text{für } a_0 > 0$$

$$W = \left\{ y \mid y \in \mathbf{R} \text{ und } y \leq a_2 - \frac{a_1^2}{4a_0} \right\} \quad \text{für } a_0 < 0$$

Beispiele: $y = 2x^2 - 10x + 8$ (durchgezogene Linie) sowie $y = -x^2 - 5x - 4$ (gestrichelte Linie)

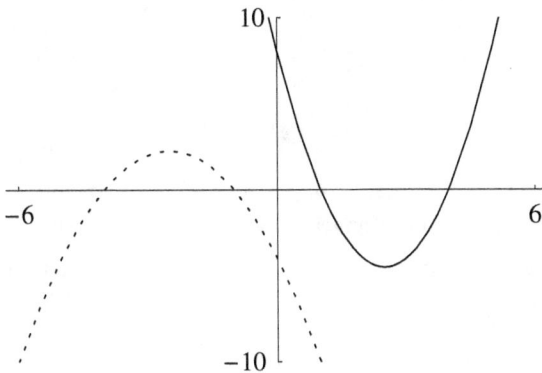

(c) das *Polynom 3. Grades*: $y = a_0 x^3 + a_1 x^2 + a_2 x + a_3$ mit $a_0 \neq 0$. Wir unterscheiden einmal die Fälle $a_0 > 0$ beziehungsweise $a_0 < 0$ und dann innerhalb eines jeden Falles die Möglichkeiten: Das Polynom hat (i) zwei verschiedene, (ii) genau einen und (iii) keinen Punkt mit waagrechter Tangente.

Fall $a_0 > 0$: $y = (x+3)^3$ (durchgezogene Linie); $y = x^3 - x^2 - 12x - 2$ (gepunktete Linie); $y = x^3 - 3x^2 + 4x + 5$ (gestrichelte Linie)

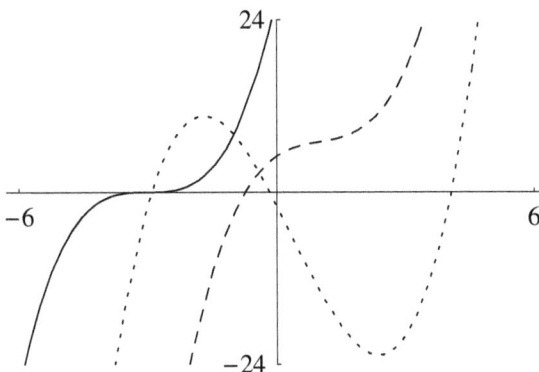

Fall $a_0 < 0$: $y = -(x+3)^3$ (durchgezogene Linie); $y = -x^3 + x^2 + 12x + 2$ (gepunktete Linie); $y = -x^3 + 3x^2 - 4x + 3$ (gestrichelte Linie)

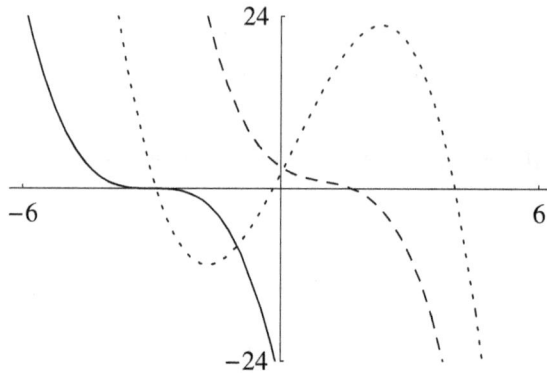

Lehrsatz 3: Das Polynom 3. Grades $y = a_0 x^3 + a_1 x^2 + a_2 x + a_3$ mit $a_0 \neq 0$ hat (i) zwei verschiedene Punkte mit waagrechter Tangente, wenn $a_1^2 - 3a_0a_2 > 0$, (ii) genau einen Punkt mit waagrechter Tangente, wenn $a_1^2 - 3a_0a_2 = 0$, (iii) keinen Punkt mit waagrechter Tangente, wenn $a_1^2 - 3a_0a_2 < 0$.

(B) Gebrochen-rationale Funktionen

Wir verwenden die Grundfunktionen $y = 1$ und $y = x$ sowie die Verknüpfungen (1), (2), (3), (4) und (5), aber ohne die Umkehrung von Funktionen. Alle Funktionen, die sich so ergeben, bezeichnet man als *gebrochen-rationale Funktionen* $y = \dfrac{f(x)}{g(x)}$, wobei $f(x)$ und $g(x)$ Polynome sind.

Lehrsatz 4: Die Definitionsmenge einer gebrochen-rationalen Funktion ist

$D = \mathbf{R} \setminus \{\text{Nullstellen des Nenners}\}$

Bemerkung: Jede ganz-rationale Funktion $y = f(x)$ kann auch als eine gebrochen-rationale Funktion aufgefasst werden: $y = \dfrac{f(x)}{1}$, das heißt mit $g(x) = 1$ für alle x.

Beispiel: $y = \dfrac{x^3 - 4x}{x-1} = x^2 + x - 3 - \dfrac{3}{x-1}$; $D = \mathbf{R} \setminus \{1\}$. $x = 1$ ist eine Polstelle und $y = x^2 + x - 3$ eine asymptotische Kurve (gestrichelt gezeichnet).

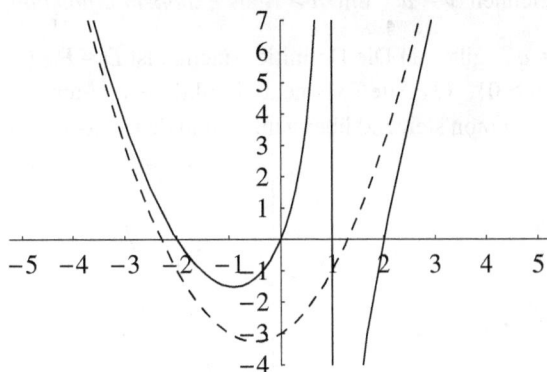

(C) Algebraische Funktionen

Wir beziehen uns ein drittes Mal auf die Grundfunktionen $y = 1$ und $y = x$ und außerdem jetzt auf alle genannten Verknüpfungen, insbesondere also auch auf die Umkehrung von Funktionen.

Beispiel: Aus $y = x^3$ ergibt sich $x = \sqrt[3]{y}$. Das heißt, zu den algebraischen Funktionen gehören die Wurzelfunktionen.

Bemerkung:

(a) Jede gebrochen-rationale Funktion $y = f(x)$ kann auch als algebraische Funktion aufgefasst werden: $y = \sqrt[3]{f(x)^3}$

(b) Nicht jede Funktion hat eine Umkehrung. Beispielsweise: $y = (x-2)^2 + 3$. Die Auflösung nach x liefert $x_1 = 2 + \sqrt{y-3}$ oder $x_2 = 2 - \sqrt{y-3}$. Einem y-Wert sind zwei x-Werte zugeordnet. Die Auflösung der gegebenen Funktionsgleichung nach x ist keine Funktion, also gibt es keine Umkehrung.

Definition: Jede nicht-algebraische Funktion bezeichnet man als *transzendent*. Transzendente Funktionen entstehen, wenn man zur Verknüpfung die Grundfunktionen $y = \ln x$ oder $y = \sin x$ heranzieht.

Wichtige Beispiele transzendenter Funktionen

(I) Exponentialfunktionen und Logarithmusfunktionen

Da $y = \ln x$ eine streng monoton steigende Funktion ist, hat sie eine Umkehrfunktion $x = e^y$.

Definition: Man nennt die Funktion $y = e^x$ die *e-Funktion*.

Setzt man nun in $y = e^g$ die Funktion $g = x \cdot \ln a$ mit $a > 1$ ein, ergibt sich $y = e^{x \cdot \ln a} = a^x$

Definition: Wir bezeichnen $y = a^x$ mit $a > 1$ als *Exponentialfunktion*.

Lehrsatz 5: Für $y = a^x$ gilt: (1) Die Definitionsmenge ist $D = \mathbf{R}$. (2) Die Wertemenge ist $W = \{y \mid y \in \mathbf{R} \text{ und } y > 0\}$. (3) Alle Exponentialfunktionen laufen durch den Punkt $(0 ; 1)$. (4) $y = a^x$ ist streng monoton steigend über ganz D und daher über ganz D umkehrbar.

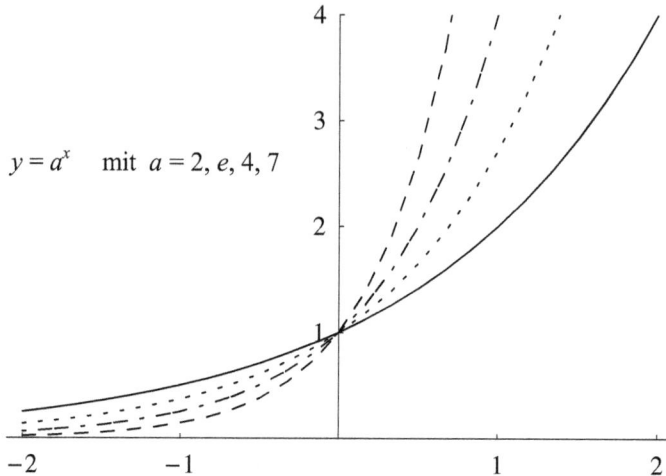

$y = a^x$ mit $a = 2, e, 4, 7$

Die Definition einer Exponentialfunktion ist an $a > 1$ gebunden. Wählt man nun $0 < a < 1$, so ergeben sich als Graphen die Spiegelbilder der Exponentialfunktionen an der y-Achse.

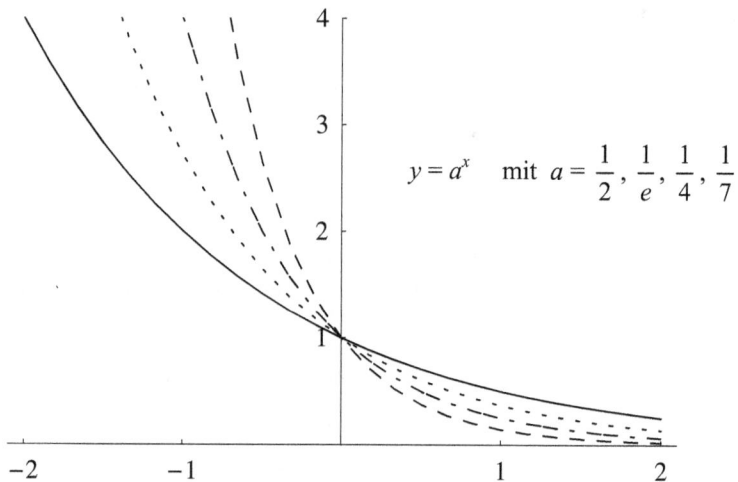

$y = a^x$ mit $a = \dfrac{1}{2}, \dfrac{1}{e}, \dfrac{1}{4}, \dfrac{1}{7}$

Definition: Die Umkehrfunktionen zu den Exponentialfunktionen sind die *Logarithmusfunktionen zur Basis a* ($a > 1$): $y = \log_a x$

Lehrsatz 6: Für die Logarithmusfunktionen gilt: (1) Die Definitionsmenge ist gegeben als $D = \{x \mid x \in \mathbf{R} \text{ und } x > 0\}$. (2) Wertemenge $W = \mathbf{R}$. (3) Alle Logarithmusfunktionen gehen durch den Punkt (1 ; 0). (4) $y = \log_a x$ ist streng monoton steigend über ganz D. (5) Die Logarithmen im Intervall $0 < x < 1$ sind negativ, die im Intervall $x > 1$ positiv.

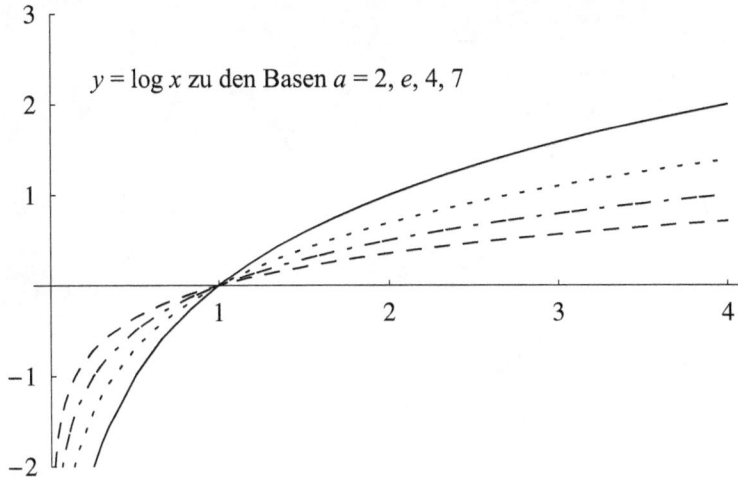

$y = \log x$ zu den Basen $a = 2, e, 4, 7$

(II) Trigonometrische Funktionen

Eine trigonometrische Funktion ist die Sinusfunktion $y = \sin x$, die zu den Grundfunktionen gehört und bereits besprochen wurde.

Definition: Cosinusfunktion $y = \cos x = \sin\left(x + \dfrac{\pi}{2}\right)$

Lehrsatz 7: Für die Cosinusfunktion gilt: (1) Definitionsmenge $D = \mathbf{R}$. (2) Wertemenge $W = [-1\,;\,1]$. (3) Nullstellen $x = (2n+1)\cdot\dfrac{\pi}{2}$, wobei n ein Parameter für ganze Zahlen ist.

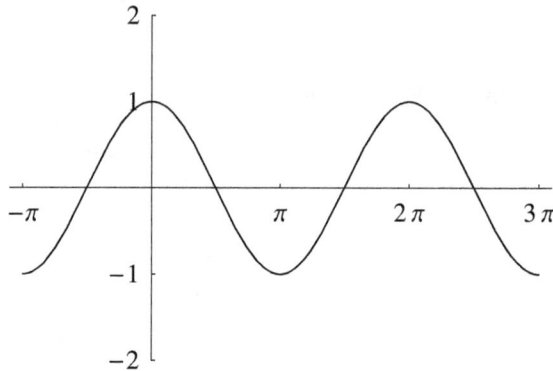

Definition: *Tangensfunktion* $y = \tan x = \dfrac{\sin x}{\cos x}$

Lehrsatz 8: Für die Tangensfunktion gilt: (1) Die Definitionsmenge ist

$$D = \{x \mid x \in \mathbf{R} \text{ und } x \neq (2n+1)\frac{\pi}{2} \text{ mit } n \text{ ganze Zahl}\}$$

(2) Wertemenge $W = \mathbf{R}$. (3) In den Intervallen zwischen den Polstellen verläuft die Funktion streng monoton steigend.

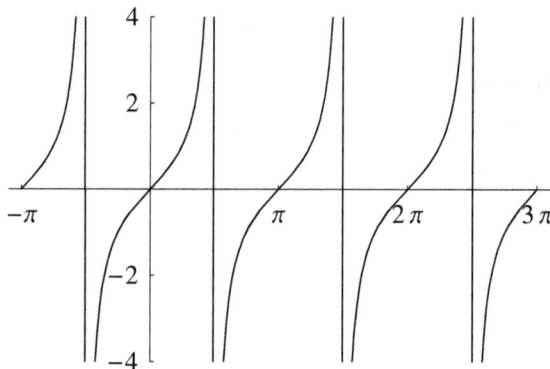

Definition: *Cotangensfunktion* $y = \cot x = \dfrac{\cos x}{\sin x}$

Lehrsatz 9: Für die Cotangensfunktion $y = \cot x$ gilt: (1) Die Definitionsmenge ist

$D = \{x \mid x \in \mathbf{R} \text{ und } x \neq n \cdot \pi \text{ mit } n \text{ ganze Zahl}\}$

(2) Wertemenge $W = \mathbf{R}$. (3) Zwischen den Polstellen verläuft die Funktion streng monoton fallend.

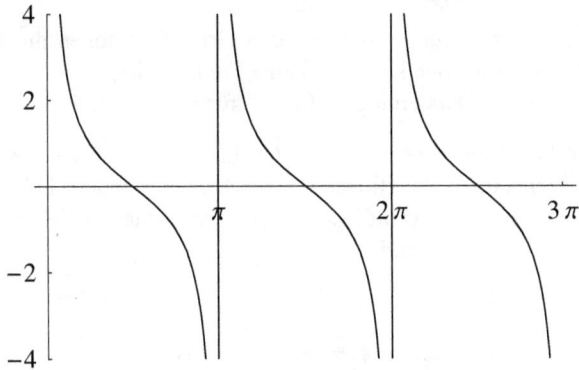

Lehrsatz 10: Pythagoras der Winkelfunktionen

$\sin^2 x + \cos^2 x = 1$

B. Aufgaben

1. Gegeben ist die ganz-rationale Funktion $y = x^2 - 4x + 7$ (also $D = \mathbf{R}$).
(a) Es ist nachzuweisen: Diese Funktion hat über ganz D keine Umkehrfunktion. D lässt sich aber als Vereinigung von zwei Intervallen auffassen, so dass die auf je ein Intervall eingeschränkte Funktion umkehrbar ist.
(b) Man berechne die Wertemenge W der gegebenen Funktion.

2. (a) Man zeige, dass $y = x^r$ mit $r \in \mathbf{R}$ aus den Grundfunktionen durch Anwendung von Verknüpfungen hergeleitet werden kann, also eine Funktion ist.
(b) Gesucht ist die grafische Darstellung von $y = x^r$ für $r = 1; 2; 3; 4$.

3. Gegeben sind die Funktionen $y = x^r$, $y = e^x$, $y = \ln x$, $y = \sin x$, $y = \cos x$. Man zeige, dass die folgenden transzendenten Funktionen durch Hintereinanderschaltung der gegebenen Funktionen unter zusätzlicher Verwendung von ganz-rationalen beziehungsweise gebrochen-rationalen Funktionen entstanden sind.

(a) $y = e^{2x+1}$
(b) $y = \ln(x^2 + x + 1)$
(c) $y = \sqrt{\sin x}$

(d) $y = x^x$
(e) $y = \cos(\ln(x^2 + 2))$
(f) $y = \tan\left(\dfrac{x^2+1}{x^2+2}\right)$

4. Gegeben: (a) $y = \dfrac{x-7}{x+5}$ (b) $y = \sqrt{\dfrac{x+2}{x-4}}$ (c) $y = \sqrt{-x^2 + 2x + 15}$
(i) Gesucht ist die Definitionsmenge D jeder Funktion.
(ii) Es ist zu prüfen, ob die jeweilige Funktion eine Umkehrfunktion über ganz D beziehungsweise wenigstens über einige Teilmengen von D hat.
(iii) Man bestimme die Wertemenge W jeder Funktion.

5. Gesucht sind jeweils die Definitionsmenge D, die Wertemenge W und der Graph der gegebenen Funktion $y = f(x)$:

(a) $y = e^{-x^2+1}$
(b) $y = \ln(x^2 - 1)$
(c) $y = \sqrt{\ln(x+4)}$
(d) $y = e^{\frac{1}{\sqrt{x-1}}}$

C. Lösungen

L1: (a) Auflösung der gegebenen Funktionsgleichung nach x: $x^2 - 4x + 7 = y \rightarrow$

$$x^2 - 4x + 7 - y = 0 \rightarrow x_{1,2} = \frac{4 \pm \sqrt{16 - 4(7 - y)}}{2} \rightarrow x_{1,2} = \frac{4 \pm \sqrt{4y - 12}}{2} \rightarrow x = 2 + \sqrt{y - 3}$$

oder $x = 2 - \sqrt{y - 3}$. Zu jedem $y > 3$ gibt es zwei zugeordnete x-Werte, also ist die gegebene Funktion nicht umkehrbar über ganz D (= **R**). Die gegebene Funktion ist eine Parabel mit der Achse $x = 2$. Diese ist auch Symmetrieachse. Sie zerlegt die Parabel in zwei ‚Äste'.

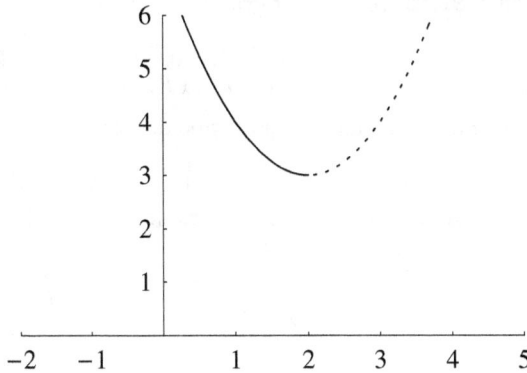

Diese Aufteilung der Parabel teilt auch die Definitionsmenge $D = \,]{-}\infty\,;\,2]\,\cup\,]2\,;\,\infty[$. Wir schränken die gegebene Funktion nun folgendermaßen ein:

(1) $y = x^2 - 4x + 7$ mit $-\infty < x \leq 2$ (in der grafischen Darstellung als durchgezogene Linie gekennzeichnet)

(2) $y = x^2 - 4x + 7$ mit $2 < x < \infty$ (in der grafischen Darstellung als gepunktete Linie gekennzeichnet)

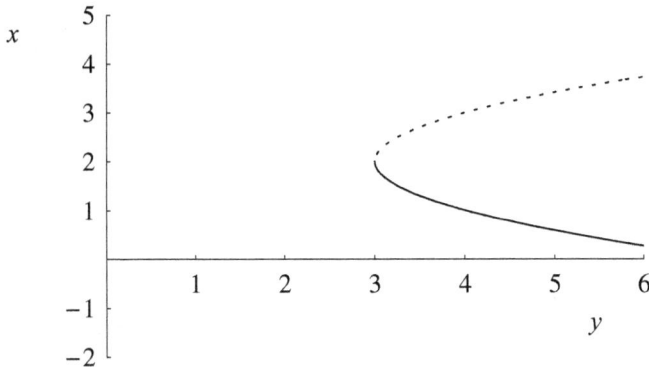

Jeder Ast ist für sich umkehrbar:

Zu (1): $x = 2 - \sqrt{y-3}$ (in der grafischen Darstellung als durchgezogene Linie gekennzeichnet)

Zu (2): $x = 2 + \sqrt{y-3}$ (in der grafischen Darstellung als gepunktete Linie gekennzeichnet)

(b) Da bei einer Parabel die Wertemenge des Astes (1) der Wertemenge des Astes (2) gleicht und beide mit der Wertemenge W der gesamten Parabel übereinstimmen, kann W als Definitionsmenge der Umkehrung eines der beiden Äste abgelesen werden. Wir wählen die Funktionsgleichung $x = 2 + \sqrt{y-3}$. Ihre Definitionsmenge ist $\{y \mid y \in \mathbf{R} \text{ und } y \geq 3\}$. Damit haben wir auch die gesuchte Wertemenge W der gesamten Parabel.

L2. (a) Die Umkehrfunktion zu $y = \ln x$ ist $x = e^y$ (e-Funktion). Wir ändern jetzt die Bezeichnung der Variablen: $y = e^g$ und setzen $g = r \cdot \ln x$ (Multiplikation der Logarithmusfunktion mit der Konstanten r). Hintereinanderschaltung beider: $y = e^{r \cdot \ln x} = \left(e^{\ln x}\right)^r = x^r$

(b) Der Verlauf von $y = x$ ist durch Punkte, $y = x^2$ durch Punkte und Striche, $y = x^3$ durch Striche, schließlich $y = x^4$ durch eine kontinuierliche Linie gekennzeichnet.

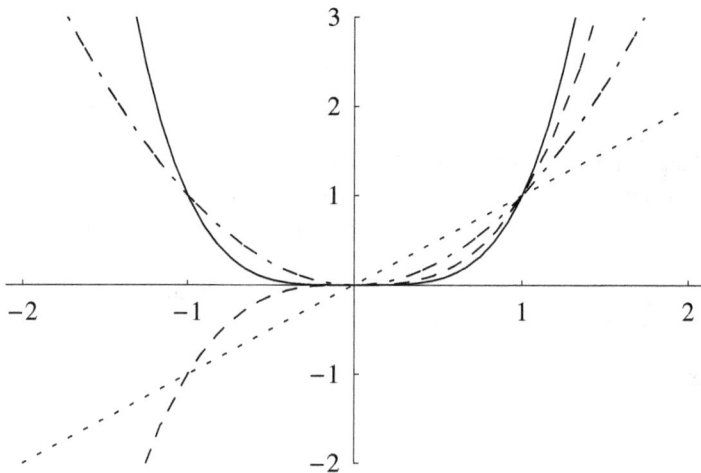

L3. (a) $y = e^g$; $g = 2x + 1$ (b) $y = \ln g$; $g = x^2 + x + 1$

(c) $y = g^{\frac{1}{2}}$; $g = \sin x$ (d) Man forme die gegebene Potenz zuerst in eine Potenz mit der Basis e um: $y = x^x \rightarrow \ln y = \ln x^x \rightarrow \ln y = x \cdot \ln x \rightarrow y = e^{x \cdot \ln x}$. Also $y = e^g$; $g = x \cdot \ln x$

(e) $y = \cos g_1$; $g_1 = \ln g_2$; $g_2 = x^2 + 2$ (f) $y = \tan g = \dfrac{\sin g}{\cos g}$; $g = \dfrac{x^2 + 1}{x^2 + 2}$

L4. (a) (i) $y = \dfrac{x-7}{x+5}$

Es handelt sich um eine gebrochen-rationale Funktion, also $D = \mathbf{R} \setminus \{-5\}$.

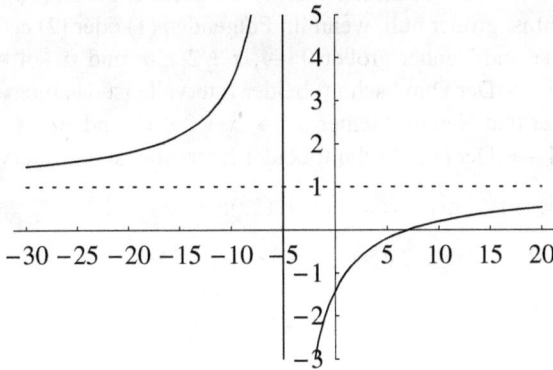

(ii) Auflösung der Funktionsgleichung nach x: $y = \dfrac{x-7}{x+5}$ $\rightarrow$ $y\cdot(x+5) = x-7$ $\rightarrow$

$yx + 5y = x - 7$ $\rightarrow$ $x\cdot(y-1) = -5y - 7$ $\rightarrow$ $x = \dfrac{-5y-7}{y-1}$ $\rightarrow$ $x = \dfrac{5y+7}{1-y}$. Die gegebene Funk-

tion hat eine Umkehrfunktion über ganz D.

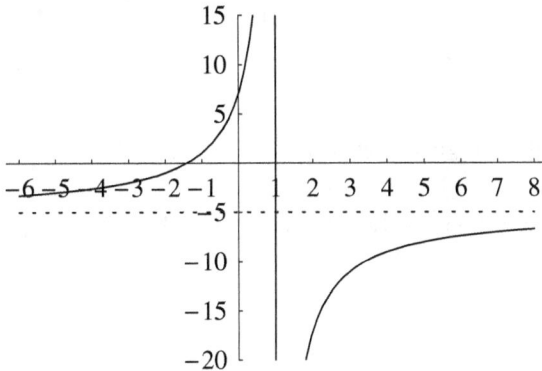

(iii) Die Wertemenge W der gegebenen Funktion ist gleich der Definitionsmenge der Umkehrung, also $W = \mathbf{R} \setminus \{1\}$.

(b) $y = \sqrt{\dfrac{x+2}{x-4}}$. Dies ist eine algebraische Funktion.

(i) Berechnung von D: Die Quadratwurzel erfordert die Bedingung $\dfrac{x+2}{x-4} \geq 0$. Also

$$(*) \quad \frac{x+2}{x-4} = 0 \quad \text{oder} \quad (**) \quad \frac{x+2}{x-4} > 0$$

Zu (*): Ein Quotient ist gleich null, wenn der Zähler = 0, der Nenner aber $\neq 0$ ist. $\rightarrow$
$x + 2 = 0 \rightarrow x = -2$. Für diesen Wert ist der Nenner gleich (–6).

Zu (**): Ein Quotient ist größer null, wenn im Folgenden (1) oder (2) erfüllt ist:

(1)   Zähler und Nenner größer 0 $\rightarrow$ $x + 2 > 0$ und $x - 4 > 0$ $\rightarrow$ $x > -2$ und
$x > 4$ $\rightarrow$ Der Durchschnitt beider Intervalle ist das Intervall $x > 4$

(2)   Zähler und Nenner kleiner 0 $\rightarrow$ $x + 2 < 0$ und $x - 4 < 0$ $\rightarrow$ $x < -2$ und
$x < 4$ $\rightarrow$ Der Durchschnitt beider Intervalle ist das Intervall $x < -2$

Zusammenfassung der Ergebnisse von (*) und (**):

$$D = \{x \mid x \in \mathbf{R} \text{ und } (x \leq -2 \text{ oder } x > 4)\}$$

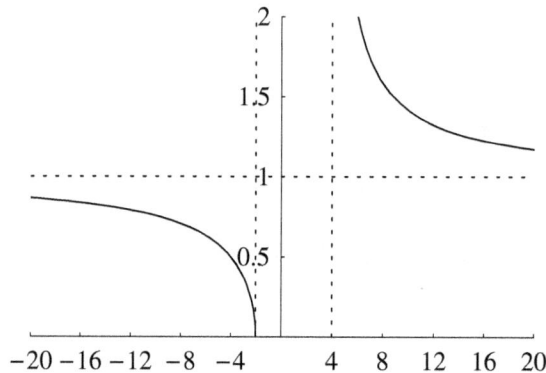

(ii) Auflösung der Funktionsgleichung nach x: $y = \sqrt{\dfrac{x+2}{x-4}}$ $\rightarrow$ $\dfrac{x+2}{x-4} = y^2$ $\rightarrow$

$x + 2 = y^2 \cdot (x - 4)$ $\rightarrow$ $x + 2 = y^2 x - 4y^2$ $\rightarrow$ $x \cdot (1 - y^2) = -4y^2 - 2$ $\rightarrow$ $x = \dfrac{-4y^2 - 2}{1 - y^2}$ $\rightarrow$

$$x = \frac{4y^2 + 2}{y^2 - 1}$$

Die gegebene Funktion hat also eine Umkehrfunktion über ganz D. Da sich aus der Zuordnungsvorschrift $y = \sqrt{\dfrac{x+2}{x-4}}$ entnehmen lässt, dass y keine negativen Werte erhalten kann, lautet die Umkehrfunktion

$$x = \frac{4y^2 + 2}{y^2 - 1} \quad \text{unter der Einschränkung } y \geq 0$$

Die negativen Werte von y sind in das Ergebnis hineingeraten, weil es die Auflösung von

$y = \sqrt{\dfrac{x+2}{x-4}}$ nach x erforderlich machte, beide Seiten der Gleichung zu quadrieren. Anschlie-

ßend ist nicht mehr unterscheidbar, ob es in der gegeben Funktion y oder $(-y)$ gelautet hat.

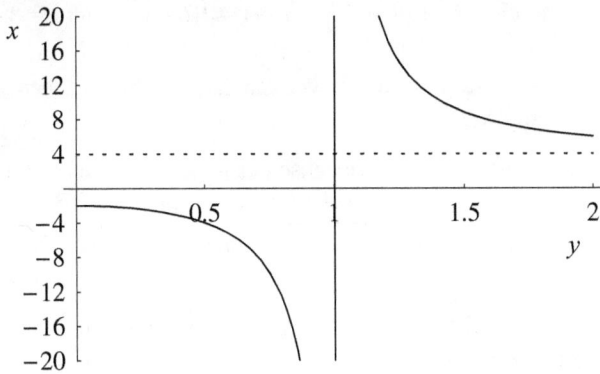

(iii) Die Wertemenge der gegebenen Funktion ist gleich der Definitionsmenge der Umkehr-funktion, also $W = \{y \mid y \in \mathbf{R}$ und $y \geq 0$ und $y \neq 1\}$

(c) $y = \sqrt{-x^2 + 2x + 15}$ ist eine algebraische Funktion.

(i) Berechnung von D: Die Quadratwurzel erfordert die Bedingung $-x^2 + 2x + 15 \geq 0$. Man löst eine quadratische Ungleichung, indem man zunächst die Lösung der zugehörigen qua-dratischen Gleichung sucht:

$-x^2 + 2x + 15 = 0 \;\rightarrow\; x = \dfrac{-2 \pm \sqrt{4 - 4 \cdot (-1) \cdot 15}}{-2} \;\rightarrow\; x = \dfrac{-2 \pm 8}{-2} \;\rightarrow\; x = -3$ oder $x = 5$.

Die Lösung der quadratischen Ungleichung ist somit $-3 \leq x \leq 5$. Also

$\qquad D = \{x \mid x \in \mathbf{R}$ und $-3 \leq x \leq 5\}$

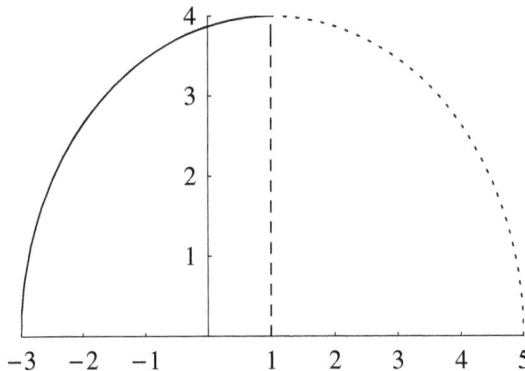

(ii) Auflösung der Funktionsgleichung nach x: $\sqrt{-x^2+2x+15} = y \rightarrow -x^2+2x+15 = y^2 \rightarrow$

$$-x^2+2x+15-y^2 = 0 \rightarrow x = \frac{-2\pm\sqrt{4-4\cdot(-1)\cdot(15-y^2)}}{-2} \rightarrow x = \frac{-2\pm\sqrt{64-4y^2}}{-2} \rightarrow$$

$$x = \frac{-2\pm 2\sqrt{16-y^2}}{-2} \rightarrow x = 1\mp\sqrt{16-y^2} \rightarrow x = 1-\sqrt{16-y^2} \text{ oder } x = 1+\sqrt{16-y^2}$$

Da jedem y-Wert zwei x-Werte zugeordnet werden, gibt es zur gegebenen Funktion keine Umkehrfunktion über ganz D.

Da die senkrechte Gerade $x = 1$ Symmetrieachse der gegebenen Funktion ist, stellen wir die Definitionsmenge als Vereinigung von zwei Intervallen dar: $D = [-3 ; 1] \cup [1 ; 5]$. Dann schränken wir die Funktion $y = \sqrt{-x^2+2x+15}$ einmal auf das eine, dann auf das andere Intervall ein:

    (1) $y = \sqrt{-x^2+2x+15}$ mit $-3 \leq x \leq 1$ (im Graphen durch eine kontinuierliche Linie dargestellt)

    (2) $y = \sqrt{-x^2+2x+15}$ mit $1 \leq x \leq 5$ (im Graphen durch Punkte dargestellt)

In beiden Fällen kann y keine negativen Werte annehmen. Sowohl (1) als auch (2) sind umkehrbar:

    (1) $x = 1-\sqrt{16-y^2}$ mit der Einschränkung $y \geq 0$

    (2) $x = 1+\sqrt{16-y^2}$ mit der Einschränkung $y \geq 0$

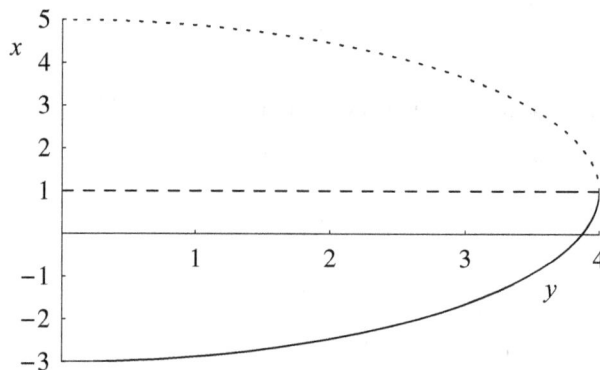

(iii) Die Wertemenge W der gegebenen Funktion ist gleich der Wertemenge der Einschränkung (1) und diese wiederum stimmt mit der Wertemenge der Einschränkung (2) überein. Daher kann beispielsweise W durch die Definitionsmenge der Umkehrung von (1) bestimmt werden: $x = 1-\sqrt{16-y^2}$. Die Quadratwurzel erfordert gerade die Bedingung $16-y^2 \geq 0$ $\rightarrow -4 \leq y \leq 4$. Zusammen mit der Bedingung $y \geq 0$ ergibt sich $W = \{y \mid y \in \mathbb{R} \text{ und } 0 \leq y \leq 4\}$

L5: Wir denken uns die jeweilige gegebene Funktion durch Hintereinanderschaltung entstanden.

(a) Definitionsmenge: $y = e^{-x^2+1}$ ist durch Einsetzen von $g = -x^2 + 1$ in $y = e^g$ entstanden. Beide Funktionen haben die Definitionsmenge $\mathbf{R}$, also ist auch $D = \mathbf{R}$.

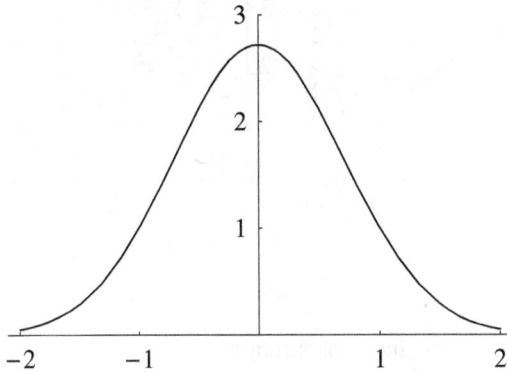

Umkehrbarkeit: Auflösung der Funktionsgleichung nach x: $y = e^{-x^2+1} \rightarrow \ln y = -x^2 + 1 \rightarrow$ $x^2 = 1 - \ln y \rightarrow x = \pm\sqrt{1-\ln y}$. Die gegebene Funktion ist nicht über ganz D umkehrbar. Sie Senkrechte $x = 0$ ist die Symmetrieachse. Daher fassen wir D als Vereinigung der folgenden Intervalle auf: $D = \,]-\infty \,;\, 0] \cup [0 \,;\, \infty[$. Wir schränken die gegebene Funktion jetzt zunächst auf das erste, dann auf das zweite Intervall ein:

$$(1) \qquad y = e^{-x^2+1} \quad \text{mit } x \leq 0$$

$$(2) \qquad y = e^{-x^2+1} \quad \text{mit } x \geq 0$$

Beide Einschränkungen haben eine Umkehrung:

$$(1)\ x = -\sqrt{1-\ln y} \quad \text{beziehungsweise} \quad (2)\ x = \sqrt{1-\ln y}$$

Wertemenge: Die Wertemenge der gegebenen Funktion ist gleich den übereinstimmenden Wertemengen der Einschränkungen (1) und (2). Wir berechnen W daher als Definitionsmenge der Umkehrung (2): $x = \sqrt{1-\ln y} \rightarrow 1 - \ln y \geq 0 \rightarrow \ln y \leq 1 \rightarrow y \leq e$. Außerdem gilt für eine Zuordnungsvorschrift $y = e^{-x^2+1}$, die also eine Potenz mit der Basis e darstellt, dass y nur positive Werte annehmen kann. Daher $W = \{y \mid y \in \mathbf{R} \text{ und } 0 < y \leq e)\}$.

(b) Definitionsmenge: $y = \ln(x^2 - 1)$ ist durch Einsetzen von $g = x^2 - 1$ in $y = \ln g$ entstanden. Die Funktion g hat die Definitionsmenge $\mathbf{R}$, aber $\ln g$ zieht die Bedingung $g > 0$ nach sich: $g > 0 \rightarrow x^2 - 1 > 0 \rightarrow x < -1$ oder $x > 1$. Es folgt $D = \{x \mid x \in \mathbf{R} \text{ und } (x < -1 \text{ oder } x > 1)\}$

Umkehrbarkeit: Auflösung der Funktionsgleichung nach x: $y = \ln(x^2 - 1) \rightarrow x^2 - 1 = e^y \rightarrow$ $x^2 = 1 + e^y \rightarrow x = \pm\sqrt{1+e^y}$. Die gegebene Funktion ist nicht über ganz D umkehrbar. Die Definitionsmenge D ist die Vereinigung von zwei Intervallen: $D = \,]-\infty \,;\, -1[\,\cup\,]1 \,;\, \infty[$.

Wir schränken die gegebene Funktion jetzt auf je ein Intervall ein:

(1) $y = \ln(x^2 - 1)$ mit $x < -1$

(2) $y = \ln(x^2 - 1)$ mit $x > 1$

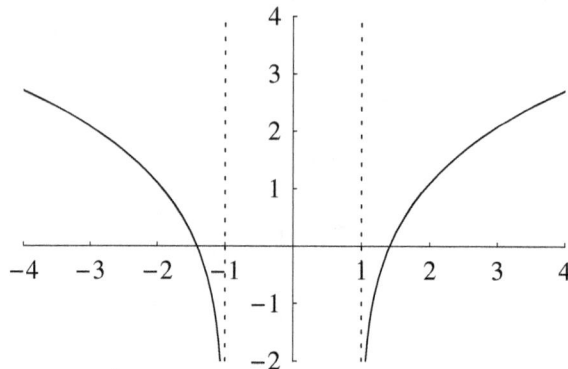

Beide Einschränkungen haben eine Umkehrung:

(1) $x = -\sqrt{1 + e^y}$ mit $x < -1$

(2) $x = \sqrt{1 + e^y}$ mit $x > 1$

Wertemenge: Die Wertemenge der gegebenen Funktion stimmt überein mit den identischen Wertemengen der beiden Einschränkungen (1) und (2). W kann daher aus den Umkehrungen von (1) beziehungsweise (2) entnommen werden. Wir wählen $x = \sqrt{1 + e^y}$. Da $1 + e^y > 0$ für alle y, ist die Definitionsmenge von (2) gleich $\mathbf{R}$. Also auch $W = \mathbf{R}$.

(c) Definitionsmenge: $y = \sqrt{\ln(x + 4)}$ ist durch Einsetzen von $g_1 = x + 4$ in $g_2 = \ln g_1$ und von dieser Funktion in $y = \sqrt{g_2}$ entstanden. Die Definitionsmenge von g_1 ist $\mathbf{R}$; g_2 setzt dagegen $g_1 > 0$ voraus, womit $x > -4$. Schließlich fordert die Quadratwurzel die Bedingung $g_2 \geq 0$. Da man $g_2 = \ln(x + 4)$ hat, folgt, dass g_2 für alle $x \geq -3$ nicht negativ ist. Zusammen:

$$D = \{x \mid x \in \mathbf{R} \text{ und } x \geq -3\}$$

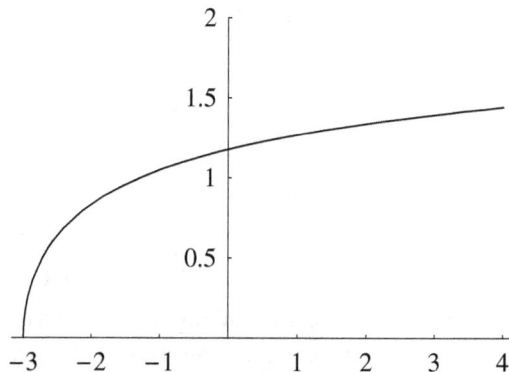

Umkehrbarkeit: Auflösung der Funktionsgleichung nach x: $y = \sqrt{\ln(x+4)}$ →

$\ln(x+4) = y^2$ → $x + 4 = e^{y^2}$ → $x = e^{y^2} - 4$. Die Funktion $y = \sqrt{\ln(x+4)}$ ist umkehrbar über ganz D. Da die Zuordnungsvorschrift der gegebenen Funktion keine negativen Werte für y zulässt, lautet die Umkehrfunktion

$$x = e^{y^2} - 4 \text{ mit } y \geq 0$$

Wertemenge: Die Definitionsmenge von $x = e^{y^2} - 4$ ist $\mathbf{R}$, die Definitionsmenge der Umkehrung und damit auch die Wertemenge der gegebenen Funktion ist $W = \{y \mid y \in \mathbf{R} \text{ und } y \geq 0\}$.

(d) Definitionsmenge: $y = e^{\frac{1}{\sqrt{x-1}}}$ ist durch Einsetzen von $g = \dfrac{1}{\sqrt{x-1}}$ in $y = e^g$ entstanden.

Die Definitionsmenge von g besteht aus den Zahlen $x > 1$; e^g ist für alle g definiert. Also:

$$D = \{x \mid x \in \mathbf{R} \text{ und } x > 1\}$$

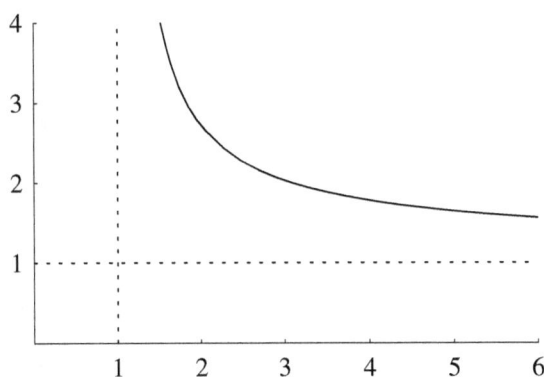

Umkehrbarkeit: Auflösung der Funktionsgleichung nach x: $y = e^{\frac{1}{\sqrt{x-1}}}$ → $\ln y = \dfrac{1}{\sqrt{x-1}}$ →

$\sqrt{x-1} = \dfrac{1}{\ln y}$ → $x - 1 = \dfrac{1}{(\ln y)^2}$ → $x = 1 + \dfrac{1}{(\ln y)^2}$. Da $y = e^{\frac{1}{\sqrt{x-1}}}$ für $x > 1$ nur Werte

größer 1 annehmen kann, lautet die Umkehrfunktion von $y = e^{\frac{1}{\sqrt{x-1}}}$:

$$x = 1 + \frac{1}{(\ln y)^2} \text{ mit } y > 1$$

Wertemenge: Die Definitionsmenge dieser Umkehrfunktion ist die Wertemenge der gegebenen Funktion: $W = \{y \mid y \in \mathbf{R} \text{ und } y > 1\}$.

II. Ableitung von Funktionen y = f(x)

A. Definitionen, Lehrsätze und Erläuterungen

Es sei **R** die Menge der reellen, **N** die Menge der natürlichen Zahlen.

Definition: Eine (reelle) Funktion mit der Definitionsmenge **N** bezeichnet man als eine *Folge* und schreibt sie in der Form $a_1, a_2, ..., a_n, ...$

Definition: Eine Folge $a_1, a_2, ..., a_n, ...$ heißt eine *Nullfolge*, wenn zu jedem $\varepsilon > 0$ ein n* existiert mit $a_n \in \,]-\varepsilon\,;\,\varepsilon[$ für alle $n > n*$.

Definition: Sei $y = f(x)$ eine Funktion, $]a\,;\,b[$ eine offene Teilmenge der Definitionsmenge D von $y = f(x)$; $x* \in \,]a\,;\,b[$ und h eine Variable für Nullfolgen, deren Elemente alle ungleich null sind. Ist dann der Grenzwert

$$\lim_{h \to 0} \frac{f(x*+h) - f(x*)}{h}$$

ein und derselbe für alle Nullfolgen, die für h eingesetzt werden dürfen, so bezeichnet man diesen mit $f'(x*)$ und nennt ihn die *erste Ableitung von y = f(x) an der Stelle x**. Die Funktion $y = f(x)$ ist an der Stelle $x*$ einmal ableitbar. Ist $y = f(x)$ ableitbar für alle $x* \in \,]a\,;\,b[$, so nennt man $y = f(x)$ *ableitbar in $]a\,;\,b[$* . Die erste Ableitung ist dann wiederum eine Funktion von x, die man mit y' oder $f'(x)$ oder $\dfrac{dy}{dx}$ bezeichnet.

Bemerkung: Ist $y = f(x)$ in $x*$ ableitbar, so heißt dies geometrisch: Die Tangente an den Graphen von $y = f(x)$ im Punkt $(x*\,;\,f(x*))$ hat die Steigung $f'(x*)$. Ist $y = f(x)$ in einem Intervall $]a\,;\,b[$ ableitbar, stellt $y' = f'(x)$ die Funktion der Steigung der Tangenten an $y = f(x)$ mit $x \in \,]a\,;\,b[$ dar.

Lehrsatz 1: Die erste Ableitung spezieller Funktionen:

(a) $y = x^n \;\to\; y' = n \cdot x^{n-1}$ mit $n \in \mathbf{R}$

(b) $y = e^x \;\to\; y' = e^x$

(c) $y = \ln x \;\to\; y' = \dfrac{1}{x}$

(d) $y = \sin x \;\to\; y' = \cos x$

(e) $y = \cos x \;\to\; y' = -\sin x$

(f) $y = \tan x \;\to\; y' = \dfrac{1}{\cos^2 x}$

(g) $y = \cot x \;\to\; y' = -\dfrac{1}{\sin^2 x}$

(h) $y = a^x$ mit $a > 1 \;\to\; y' = a^x \cdot \ln a$

Lehrsatz 2: Ableitungsregeln:

(a) Seien $f(x)$ und $g(x)$ (kurz mit f und g bezeichnet) Funktionen von x und a eine Konstante. Dann gilt:

   (i) $y = f + g \;\rightarrow\; y' = \dfrac{d}{dx}(f + g) = (f + g)' = f' + g'$; das heißt, Summen werden summandenweise abgeleitet.

   (ii) $y = a \cdot f \;\rightarrow\; y' = \dfrac{d}{dx}(a \cdot f) = (a \cdot f)' = a \cdot f'$; das heißt, konstante Faktoren bleiben erhalten.

   (iii) Produktregel: $y = f \cdot g \;\rightarrow\; y' = \dfrac{d}{dx}(f \cdot g) = (f g)' = f' \cdot g + f \cdot g'$

   (iv) Quotientenregel: $y = \dfrac{f}{g} \;\rightarrow\; y' = \dfrac{d}{dx}\left(\dfrac{f}{g}\right) = \left(\dfrac{f}{g}\right)' = \dfrac{g \cdot f' - f \cdot g'}{g^2}$

(b) Kettenregel:

   (i) Gegeben sind die Funktionen $y = f(g)$ und $g = g(x)$. Durch Einsetzen erhält man $y = f(g(x))$. Dann gilt $y' = \dfrac{d}{dx}y = \dfrac{d}{dx}f(g(x)) = \dfrac{d}{dg}y \cdot \dfrac{d}{dx}g$

   (ii) Hat die Funktion $y = f(x)$ eine Umkehrfunktion $x = g(y)$, so folgt durch Einsetzen $x = g(f(x))$. Leitet man jetzt beide Seiten dieser Gleichung nach x ab, so erhalten wir nach der Kettenregel $1 = \dfrac{d}{df}g \cdot \dfrac{d}{dx}f$ oder $1 = \dfrac{d}{dy}x \cdot \dfrac{d}{dx}y$ oder $\dfrac{d}{dy}x = \dfrac{1}{\dfrac{d}{dx}y}$ als Ableitung der Umkehrfunktion.

Bemerkung: Da $y' = f'(x)$ wieder eine Funktion von x ist, kann diese erneut abgeleitet werden.

Definition: Gegeben sei die im offenen Intervall $]a \,;\, b[$ ableitbare Funktion $y' = f'(x)$. Man bezeichnet dann ihre erste Ableitung $(y')' = y'' = \dfrac{d}{dx}y'$ als *zweite Ableitung von* $y = f(x)$ im gegebenen Intervall. Allgemein ist die *n-te Ableitung einer Funktion* $y = f(x)$ die erste Ableitung der $(n-1)$-ten Ableitung: $y^{(n)} = \left(y^{(n-1)}\right)' = \dfrac{d}{dx}y^{(n-1)} = f^{(n)}(x)$. Die Ableitungen von $y = f(x)$ mit $n > 1$ nennt man auch *höhere Ableitungen*.

Bemerkung: Gelegentlich wird die Funktion $y = f(x)$ selbst als ihre 0-te Ableitung bezeichnet: $y = y^{(0)} = f = f^{(0)}$.

Definition: Ist die zweite Ableitung $f''(x)$ einer Funktion $y = f(x)$ in einem Intervall $]a \,;\, b[$ positiv, so bezeichnet man $y = f(x)$ als *streng konvex* in $]a \,;\, b[$; ist sie negativ, als *streng konkav* in $]a \,;\, b[$.

Lehrsatz 3: Die erste Ableitung $f'(x)$ einer Funktion $y = f(x)$ sei in einem Intervall $]a \,;\, b[$ positiv, dann steigt sie in diesem Intervall streng monoton; ist $f'(x) < 0$, fällt sie in diesem Intervall streng monoton.

Definition: Eine Reihe der Form $\displaystyle\sum_{k=0}^{\infty} a_k \cdot (x - x_0)^k$ mit den Konstanten a_k und x_0 und der Variablen x bezeichnet man als *Potenzreihe*.

Lehrsatz 4: Liegt x_0 in der Definitionsmenge von $y = f(x)$ und ist diese Funktion in x_0 beliebig oft ableitbar, das heißt, gibt es die erste und alle höheren Ableitungen in x_0, so kann $y = f(x)$ an der Stelle x_0 durch die folgende Potenzreihe dargestellt werden:

$$y = f(x) = \sum_{k=0}^{\infty} \frac{f^{(k)}(x_0)}{k!} \cdot (x - x_0)^k$$

Man sagt, dass $y = f(x)$ *an der Stelle x_0 in eine Taylorreihe entwickelt* wurde.

Bemerkung: Ein häufiger Spezialfall ist $x_0 = 0$. Die Taylorreihe lautet dann

$$y = f(x) = \sum_{k=0}^{\infty} \frac{f^{(k)}(0)}{k!} \cdot x^k$$

Definition: Ist eine Gleichung gegeben, in der die Variablen x und y vorkommen können, aber nicht vorkommen müssen, und in der mindestens eine der Ableitungen y', y'', y''', … erscheint, bezeichnet man diese als eine *gewöhnliche Differenzialgleichung*. Eine Funktion $y = f(x)$, die die Differenzialgleichung erfüllt, ist eine *Lösung der Differenzialgleichung*.

Lehrsatz 5: Ist die ganz-rationale Funktion $y = a_0x^3 + a_1x^2 + a_2x + a_0$ mit a_0 ungleich null gegeben und setzt man für y eine beliebige reelle Zahl b ein, so erhält man die Bestimmungsgleichung $a_0x^3 + a_1x^2 + a_2x + a_0 = b$ für x. Es gibt dann mindestens ein reelles x, das diese Gleichung löst.

B. Aufgaben

1. Gesucht ist die erste Ableitung der folgenden Funktionen mit Hilfe der Definitionsgleichung $y' = \lim\limits_{h\to 0} \dfrac{f(x+h) - f(x)}{h}$:

(a) $y = f(x) = x^2 - 2x + 1$ (b) $y = f(x) = \dfrac{x+1}{x}$ (c) $y = f(x) = \sqrt{x^2 - 2}$

(d) $y = f(x) = \dfrac{1}{x^2 + 1}$ (e) $y = f(x) = \dfrac{1}{\sqrt{x}}$

Zu den in den Aufgaben 2 bis 4 gegebenen Funktionen ist jeweils die erste Ableitung nach den Lehrsätzen 1 und 2 zu berechnen.

2. (a) $y = \dfrac{x-2}{x}$ (b) $y = \dfrac{\ln x}{x}$ (c) $y = e^x \sin x$ (d) $y = \dfrac{e^x}{x}$ (e) $y = e^x \sqrt{x}$

3. (a) $y = \left(2x^2 + 3\right)^5$ (b) $y = \sqrt{2x - 4}$ (c) $y = \ln\left(x^2 + 2\right)^3$ (d) $y = x^x$

(e) $y = \ln(\ln x)$ (f) $y = \dfrac{e^x - 1}{e^x + 1}$

4. (a) $y = \dfrac{\sin^2 x}{1 - \cos x}$ (b) $y = \sqrt[3]{\sin(2x) - 1}$ (c) $y = \sqrt{1 + 2\cos^2 x}$ (d) $y = \left(\ln x\right)^2$

(e) $y = \ln\left(\cot\left(x^2 + 1\right)\right)$ (f) $y = \dfrac{1}{x} \cdot \ln\dfrac{1+x}{1-x}$ (g) $y = \sqrt{x \cdot \left(e^x + 1\right)}$ (h) $y = \sin\dfrac{5}{x^2 - 4}$

(i) $y = \ln(\sin x)$ (j) $y = a^{\ln x}$ mit $a > 1$

5. Es ist nachzuweisen, dass die jeweils angegebene Funktion $y = f(x)$ eine Lösung der hinzugefügten gewöhnlichen Differenzialgleichung ist:
(a) $y = f(x) = (1 - x)\cdot\cot x + 1$ für $y''\cdot\sin^2 x - 2y = 0$
(b) $y = f(x) = -2\cdot\cos^2 x + 5\cdot\cos x$ für $y' + y\cdot\tan x = 2\cdot\sin x\cdot\cos x$
(c) $y = f(x) = g(x) - 1 + 2\cdot e^{-g(x)}$ für $y' + g'(x)\cdot y = g(x)\cdot g'(x)$

6. Gesucht sind sämtliche Ableitungen der folgenden Funktionen:

(a) $y = a^x$ mit $a > 1$ (b) $y = \sin x$ (c) $y = \cos x$ (d) $y = \ln(1 + x)$ (e) $y = \sqrt{x}$

7. Gesucht sind die Taylorreihen der in Aufgabe 6 gegebenen Funktionen und zwar in den Fällen (a) bis (d) an der Stelle $x_0 = 0$, im Fall (e) an der Stelle $x_0 = 1$.

C. Lösungen

L1: Wir formen zunächst nur den *Differenzenquotienten*

$$\frac{f(x+h)-f(x)}{h} = \frac{1}{h}\big(f(x+h)-f(x)\big)$$

um.

(a) $\dfrac{1}{h}\big[(x+h)^2 - 2(x+h)+1-(x^2-2x+1)\big] = \dfrac{1}{h}\big[x^2+2xh+h^2-2x-2h+1-x^2+2x-1\big] =$

$\dfrac{1}{h}\big[h(2x-2)+h^2\big] = 2x-2+h \;\rightarrow$

$\qquad y' = \lim\limits_{h\to 0}(2x-2+h) = 2x-2$

(b) $\dfrac{1}{h}\left[\dfrac{x+h+1}{x+h}-\dfrac{x+1}{x}\right] = \dfrac{1}{h}\left[\dfrac{(x+h+1)x-(x+1)(x+h)}{(x+h)x}\right] =$

$\dfrac{1}{h}\dfrac{x^2+xh+x-x^2-xh-x-h}{(x+h)x} = \dfrac{1}{h}\dfrac{-h}{(x+h)x} = \dfrac{-1}{(x+h)x} \;\rightarrow$

$\qquad y' = \lim\limits_{h\to 0}\dfrac{-1}{(x+h)x} = \dfrac{-1}{x^2}$

(c) $\dfrac{1}{h}\left[\sqrt{(x+h)^2-2}-\sqrt{x^2-2}\right] = \dfrac{\left(\sqrt{(x+h)^2-2}-\sqrt{x^2-2}\right)\left(\sqrt{(x+h)^2-2}+\sqrt{x^2-2}\right)}{h\left(\sqrt{(x+h)^2-2}+\sqrt{x^2-2}\right)} =$

$\dfrac{(x+h)^2-2-(x^2-2)}{h\left(\sqrt{(x+h)^2-2}+\sqrt{x^2-2}\right)} = \dfrac{x^2+2xh+h^2-2-x^2+2}{h\left(\sqrt{(x+h)^2-2}+\sqrt{x^2-2}\right)} = \dfrac{h(2x+h)}{h\left(\sqrt{(x+h)^2-2}+\sqrt{x^2-2}\right)} =$

$\dfrac{2x+h}{\sqrt{(x+h)^2-2}+\sqrt{x^2-2}} \;\rightarrow$

$\qquad y' = \lim\limits_{h\to 0}\dfrac{2x+h}{\sqrt{(x+h)^2-2}+\sqrt{x^2-2}} = \dfrac{2x}{2\sqrt{x^2-2}} = \dfrac{x}{\sqrt{x^2-2}}$

(d) $\dfrac{1}{h}\left[\dfrac{1}{(x+h)^2+1}-\dfrac{1}{x^2+1}\right] = \dfrac{1}{h}\dfrac{x^2+1-[(x+h)^2+1]}{[(x+h)^2+1](x^2+1)} = \dfrac{1}{h}\dfrac{x^2+1-x^2-2xh-h^2-1}{[(x+h)^2+1](x^2+1)} =$

$\dfrac{1}{h}\dfrac{-h(2x+h)}{[(x+h)^2+1](x^2+1)} = \dfrac{-(2x+h)}{[(x+h)^2+1](x^2+1)} \;\rightarrow$

$$y' = \lim_{h \to 0} \frac{-(2x+h)}{[(x+h)^2+1](x^2+1)} = \frac{-2x}{(x^2+1)^2}$$

(e) $\dfrac{1}{h}\left[\dfrac{1}{\sqrt{x+h}} - \dfrac{1}{\sqrt{x}}\right] = \dfrac{1}{h}\dfrac{(\sqrt{x}-\sqrt{x+h})(\sqrt{x}+\sqrt{x+h})}{\sqrt{x+h}\sqrt{x}(\sqrt{x}+\sqrt{x+h})} = \dfrac{1}{h}\dfrac{x-(x+h)}{\sqrt{x+h}\sqrt{x}(\sqrt{x}+\sqrt{x+h})} =$

$\dfrac{-1}{\sqrt{x+h}\sqrt{x}(\sqrt{x}+\sqrt{x+h})} \rightarrow$

$$y' = \lim_{h \to 0} \frac{-1}{\sqrt{x+h}\sqrt{x}(\sqrt{x}+\sqrt{x+h})} = \frac{-1}{x \cdot 2\sqrt{x}} = \frac{-1}{2x\sqrt{x}}$$

L2: (a) Quotientenregel: $y' = \dfrac{x \cdot 1 - (x-2)}{x^2} = \dfrac{2}{x^2}$

(b) Quotientenregel: $y' = \dfrac{x \cdot \dfrac{1}{x} - (\ln x) \cdot 1}{x^2} = \dfrac{1 - \ln x}{x^2}$

(c) Produktregel: $y' = e^x \cdot \cos x + e^x \cdot \sin x = e^x \cdot (\sin x + \cos x)$

(d) Quotientenregel: $y' = \dfrac{xe^x - e^x}{x^2} = \dfrac{e^x(x-1)}{x^2}$

(e) Produktregel: $y' = e^x \dfrac{1}{2\sqrt{x}} + e^x \sqrt{x} = e^x \dfrac{1+2x}{2\sqrt{x}}$

L3: (a), (b), (c) und (e) sind nach der Kettenregel abzuleiten. Zu diesem Zweck denken wir uns zunächst einmal die gegebene Funktion als Hintereinanderschaltung von Funktionen entstanden, deren Ableitungen bereits bekannt sind:

(a) Sei $g = 2x^2 + 3 \rightarrow y = g^5$. Kettenregel: $y' = 5g^4 \cdot 4x \rightarrow y' = 20x \cdot (2x^2+3)^4$

(b) Sei $g = 2x - 4 \rightarrow y = \sqrt{g}$. Kettenregel: $y' = \dfrac{1}{2\sqrt{g}} \cdot 2 \rightarrow y' = \dfrac{1}{\sqrt{2x-4}}$

(c) $y = \ln(x^2+2)^3 = 3 \cdot \ln(x^2+2)$. Sei $g = x^2 + 2 \rightarrow y = 3 \cdot \ln g \rightarrow y' = \dfrac{3}{g} \cdot 2x \rightarrow$

$y' = \dfrac{6x}{x^2+2}$

(d) Ist eine Potenz gegeben, deren Basis nicht e ist, rechne man sie erst auf die Basis e um: $y = x^x \rightarrow \ln y = \ln x^x \rightarrow \ln y = x \cdot \ln x \rightarrow y = e^{x \cdot \ln x}$. Sei jetzt $g = x \cdot \ln x \rightarrow y = e^g$. Kettenregel: $y' = e^g \left(x \cdot \dfrac{1}{x} + 1 \cdot \ln x\right) \rightarrow y' = e^{x \cdot \ln x}(1 + \ln x) = x^x(1 + \ln x)$

(e) Sei $g = \ln x \rightarrow y = \ln g$. Kettenregel: $y' = \dfrac{1}{g} \cdot \dfrac{1}{x} \rightarrow y' = \dfrac{1}{x \cdot \ln x}$

(f) Quotientenregel: $y' = \dfrac{(e^x + 1) \cdot e^x - (e^x - 1) \cdot e^x}{(e^x + 1)^2} = \dfrac{e^x \cdot (e^x + 1 - e^x + 1)}{(e^x + 1)^2} = \dfrac{2e^x}{(e^x + 1)^2}$

L4: Die meisten der folgenden Aufgaben benötigen mehrfache Anwendung der Kettenregel oder die Anwendung von mehreren verschiedenen Ableitungsregeln.

(a) Es gilt $y = \dfrac{\sin^2 x}{1 - \cos x} = \dfrac{1 - \cos^2 x}{1 - \cos x} = \dfrac{(1 + \cos x) \cdot (1 - \cos x)}{1 - \cos x} = 1 + \cos x$; also

$\quad y' = -\sin x$

(b) Sei $g_1 = 2x$ und $g_2 = \sin g_1 - 1 \rightarrow y = (g_2)^{\frac{1}{3}}$. Kettenregel: $y' = \dfrac{dy}{dg_2} \cdot \dfrac{dg_2}{dg_1} \cdot \dfrac{dg_1}{dx}$; also

$\quad y' = \dfrac{1}{3} \cdot (g_2)^{-\frac{2}{3}} \cdot \cos(g_1) \cdot 2 = \dfrac{2 \cdot \cos(2x)}{3 \cdot \sqrt[3]{\sin(2x) - 1}^2}$

(c) Sei $g_1 = \cos x$ und $g_2 = 1 + 2 \cdot g_1^2 \rightarrow y = \sqrt{g_2}$. Kettenregel: $y' = \dfrac{dy}{dg_2} \cdot \dfrac{dg_2}{dg_1} \cdot \dfrac{dg_1}{dx}$; also

$\quad y' = \dfrac{1}{2\sqrt{g_2}} \cdot 4g_1(-\sin x) = \dfrac{-2 \cdot \sin x \cdot \cos x}{\sqrt{1 + 2 \cdot \cos^2 x}}$

(d) Sei $g = \ln x \rightarrow y = g^2$. Kettenregel: $y' = \dfrac{dy}{dg} \cdot \dfrac{dg}{dx}$; also

$\quad y' = 2g \cdot \dfrac{1}{x} = \dfrac{2 \cdot \ln x}{x}$

(e) Sei $g_1 = x^2 + 1$ und $g_2 = \cot g_1 \rightarrow y = \ln g_2$. Kettenregel: $y' = \dfrac{dy}{dg_2} \cdot \dfrac{dg_2}{dg_1} \cdot \dfrac{dg_1}{dx}$; also

$\quad y' = \dfrac{1}{g_2} \cdot \dfrac{-1}{\sin^2 g_1} \cdot 2x = \dfrac{-2x}{\cot(x^2 + 1) \cdot \sin^2(x^2 + 1)} = \dfrac{-2x}{\cos(x^2 + 1) \cdot \sin(x^2 + 1)}$

(f) Es gilt $y = \dfrac{1}{x} \cdot \ln \dfrac{1 + x}{1 - x} = \dfrac{1}{x} \cdot \left(\ln(1 + x) - \ln(1 - x) \right)$. Produktregel:

$\quad y' = \dfrac{-1}{x^2} \cdot \left(\ln(1 + x) - \ln(1 - x) \right) + \dfrac{1}{x} \cdot \left[\ln(1 + x) - \ln(1 - x) \right]'$

Der Ableitungsstrich an der eckigen Klammer besagt, dass der Inhalt dieser Klammer noch abzuleiten ist und zwar beide Summanden mit Hilfe der Kettenregel: Für den ersten Summanden: $g_1 = 1 + x$, also $\ln g_1$; für den zweiten Summanden: $g_2 = 1 - x$, also $\ln g_2$. Ableitung des ersten Summanden: $\dfrac{1}{g_1} \cdot 1 = \dfrac{1}{1+x}$; Ableitung des zweiten Summanden: $\dfrac{1}{g_2} \cdot (-1) = \dfrac{-1}{1-x}$; also

$$y' = \frac{-1}{x^2} \cdot \ln\frac{1+x}{1-x} + \frac{1}{x}\left[\frac{1}{1+x} - \frac{-1}{1-x}\right] = \frac{2}{x \cdot (1-x^2)} - \frac{1}{x^2}\ln\frac{1+x}{1-x}$$

(g) Sei $g = x \cdot (e^x + 1)$; also $y = \sqrt{g}$. Kettenregel und innerhalb dieser Produktregel:

$$y' = \frac{1}{2\sqrt{g}}\left[x \cdot e^x + (e^x + 1)\right] = \frac{e^x \cdot (x+1)+1}{2\sqrt{x \cdot (e^x + 1)}}$$

(h) Sei $g_1 = x^2 - 4$ und $g_2 = 5 \cdot g_1^{-1}$; also $y = \sin g_2$. Kettenregel: $y' = \dfrac{dy}{dg_2} \cdot \dfrac{dg_2}{dg_1} \cdot \dfrac{dg_1}{dx}$; also

$$y' = (\cos g_2) \cdot (-5) \cdot g_1^{-2} \cdot 2x = \frac{-10x \cdot \cos\dfrac{5}{x^2-4}}{(x^2-4)^2}$$

(i) Sei $g = \sin x$; womit $y = \ln g$. Kettenregel:

$$y' = \frac{1}{g} \cdot \cos x = \frac{\cos x}{\sin x} = \cot x$$

(j) Umformung zu einer Potenz mit der Basis e: $\ln y = (\ln x) \cdot \ln a$; also $y = e^{(\ln x) \cdot \ln a} = \left(e^{\ln x}\right)^{\ln a} = x^{\ln a}$; womit

$$y' = x^{(\ln a)-1} \cdot \ln a$$

L5: (a) Wir haben die zweite Ableitung der gegebenen Funktion zu bilden. Dabei beachten wir, dass $\cot x = \dfrac{\cos x}{\sin x}$. Produktregel:

$$y' = (1-x) \cdot \frac{-1}{\sin^2 x} - 1 \cdot \frac{\cos x}{\sin x} = \frac{x - 1 - \sin x \cdot \cos x}{\sin^2 x}$$

Zur Berechnung der zweiten Ableitung benötigen wir die Quotientenregel und darin die Kettenregel:

$$y'' = \frac{\sin^2 x[1 - (\sin x \cdot (-\sin x) + \cos x \cdot \cos x)] - (x - 1 - \sin x \cdot \cos x)[\sin^2 x]'}{\sin^4 x}$$

Sei $g = \sin x$, dann erhält die eckige Klammer die Form g^2. Es folgt nach der Kettenregel: $2g \cdot \cos x$. Eingesetzt:

$$y'' = \frac{\sin^2 x \cdot (1 + \sin^2 x - \cos^2 x) - (x - 1 - \sin x \cdot \cos x) \cdot 2\sin x \cos x}{\sin^4 x}$$

Wir stellen im Zähler $\sin x$ vor und kürzen anschließend durch $\sin x$.

$$y'' = \frac{\sin x \cdot (1 + \sin^2 x - \cos^2 x) - (x - 1 - \sin x \cdot \cos x) \cdot 2\cos x}{\sin^3 x}$$

Es ist $\sin^2 x = 1 - \cos^2 x$ beziehungsweise $\cos^2 x = 1 - \sin^2 x$:

$$y'' = \frac{\sin x \cdot 2 \cdot \sin^2 x - (x - 1) \cdot 2\cos x + 2\sin x \cdot (1 - \sin^2 x)}{\sin^3 x}$$

$$= \frac{2 \cdot \sin^3 x + (1 - x) \cdot 2\cos x + 2\sin x - 2\sin^3 x}{\sin^3 x} = \frac{(1 - x) \cdot 2\cos x + 2\sin x}{\sin^3 x}$$

Also

$$y'' = 2 \cdot \frac{(1 - x) \cdot \cos x + \sin x}{\sin^3 x}$$

Eingesetzt in die linke Seite der Differenzialgleichung:

$$2 \cdot \frac{(1 - x) \cdot \cos x + \sin x}{\sin^3 x} \cdot \sin^2 x - 2 \cdot [(1 - x) \cdot \cot x + 1]$$

$$= 2 \cdot ((1 - x) \cdot \cot x + 1) - 2 \cdot ((1 - x) \cdot \cot x + 1) = 0$$

Das ist die rechte Seite.

(b) Es gilt $y' = -2 \cdot \left[\cos^2 x\right]' + 5 \cdot (-\sin x)$. Die eckige Klammer ist nach der Kettenregel abzuleiten: Sei $g = \cos x$, dann nimmt die eckige Klammer die Form g^2 an, also abgeleitet $2g \cdot (-\sin x)$. Es folgt $y' = -2 \cdot (-2\cos x \cdot \sin x) - 5 \cdot \sin x = \sin x \cdot (4 \cdot \cos x - 5)$. Unter Beachtung der Gleichung $\tan x = \dfrac{\sin x}{\cos x}$ eingesetzt in die linke Seite der gegebenen Differenzialgleichung:

$$\sin x \cdot (4 \cdot \cos x - 5) + \left[-2 \cdot \cos^2 x + 5\cos x\right] \cdot \frac{\sin x}{\cos x}$$

$$= 4 \cdot \sin x \cos x - 5 \cdot \sin x - 2 \cdot \sin x \cdot \cos x + 5 \cdot \sin x = 2 \cdot \sin x \cdot \cos x$$

Das ist die rechte Seite.

(c) Es gilt $y' = g'(x) + 2 \cdot \left[e^{-g(x)} \right]$. Ableitung der eckigen Klammer nach der Kettenregel: Sei $h = -g(x)$, dann nimmt die eckige Klammer die Form e^h an. Ableitung der eckigen Klammer: $e^h \cdot (-g'(x))$. Also $y' = g'(x) + 2 \cdot e^{-g(x)} \cdot (-g'(x)) = g'(x) (1 - 2 \cdot e^{-g(x)})$. Eingesetzt in die linke Seite der gegebenen Differenzialgleichung:

$$g'(x) \cdot \left(1 - 2 \cdot e^{-g(x)} \right) + g'(x) \cdot [g(x) - 1 + 2 \cdot e^{-g(x)}]$$

$$= g'(x) \cdot [1 - 2 \cdot e^{-g(x)} + g(x) - 1 + 2 \cdot e^{-g(x)}]$$

$$= g'(x)\, g(x)$$

Das ist die rechte Seite.

L6: (a) Umformung der gegebenen Potenz in eine Potenz mit der Basis e: $\ln y = x \cdot \ln a \rightarrow$ $y = e^{x \ln a}$. Sei $g = x \cdot \ln a \rightarrow y = e^g$. Kettenregel: $y' = e^{x \ln a} \cdot \ln a \rightarrow$

$$y' = a^x \cdot \ln a$$

$$y'' = \left[a^x \right] \cdot \ln a = y' \cdot \ln a \rightarrow$$

$$y'' = a^x \cdot (\ln a)^2$$

$$y''' = \left[a^x \right] \cdot (\ln a)^2 = y'' \cdot (\ln a)^2 \rightarrow$$

$$y''' = a^x \cdot (\ln a)^3$$

Allgemein:

$$y^{(k)} = a^x \cdot (\ln a)^k \quad \text{mit } k = 0, 1, 2, 3, \ldots$$

(b) $y = \sin x \rightarrow y' = \cos x \rightarrow y'' = -\sin x \rightarrow y''' = -\cos x \rightarrow y^{(4)} = \sin x \rightarrow y^{(5)} = \cos x \rightarrow$ $y^{(6)} = -\sin x \rightarrow y^{(7)} = -\cos x$ und so weiter. Zusammengefasst:

$$y^{(2k)} = (-1)^k \cdot \sin x; \quad y^{(2k+1)} = (-1)^k \cdot \cos x \quad \text{mit } k = 0, 1, 2, 3, \ldots$$

(c) $y = \cos x \rightarrow y' = -\sin x \rightarrow y'' = -\cos x \rightarrow y''' = \sin x \rightarrow y^{(4)} = \cos x \rightarrow y^{(5)} = -\sin x$ $\rightarrow y^{(6)} = -\cos x \rightarrow y^{(7)} = \sin x$ und so weiter. Zusammengefasst:

$$y^{(2k)} = (-1)^k \cdot \cos x; \quad y^{(2k+1)} = (-1)^{k+1} \cdot \sin x \quad \text{mit } k = 0, 1, 2, 3, \ldots$$

(d) $y = \ln(1 + x)$. Sei $g = 1 + x \rightarrow y = \ln g$. Kettenregel: $y' = \dfrac{1}{g} \cdot 1 \rightarrow$

$$y' = \frac{1}{1 + x}$$

$y' = (1+x)^{-1} \;\rightarrow\; y' = g^{-1}$. Kettenregel: $y'' = -g^{-2} \cdot 1 \;\rightarrow$

$$y'' = \frac{-1}{(1+x)^2}$$

$y'' = -(1+x)^{-2} \;\rightarrow\; y'' = -g^{-2}$. Kettenregel: $y''' = (-1)\cdot(-2)\cdot g^{-3}\cdot 1 \;\rightarrow$

$$y''' = \frac{1\cdot 2}{(1+x)^3}$$

$y''' = 1\cdot 2\cdot(1+x)^{-3} \;\rightarrow\; y''' = 1\cdot 2\cdot g^{-3}$. Kettenregel: $y^{(4)} = 1\cdot 2\cdot(-3)\cdot g^{-4}\cdot 1 \;\rightarrow$

$$y^{(4)} = \frac{-1\cdot 2\cdot 3}{(1+x)^4}$$

Allgemein:

$$y^{(k)} = \frac{(-1)^{k+1}\cdot(k-1)!}{(1+x)^k} \qquad \text{für } 1, 2, 3, \ldots$$

(e) $y = \sqrt{x} = x^{\frac{1}{2}} \;\rightarrow$

$$y' = \frac{1}{2}x^{-\frac{1}{2}} = \frac{1}{2\cdot\sqrt{x}} \;\rightarrow$$

$$y'' = \frac{1}{2}\cdot\frac{-1}{2}\cdot x^{-\frac{3}{2}} = \frac{1\cdot(-1)}{2^2\cdot\sqrt{x}^3} \;\rightarrow$$

$$y''' = \frac{1}{2}\cdot\frac{-1}{2}\cdot\frac{-3}{2}\cdot x^{-\frac{5}{2}} = \frac{1\cdot(-1)\cdot(-3)}{2^3\cdot\sqrt{x}^5} \;\rightarrow$$

$$y^{(4)} = \frac{1}{2}\cdot\frac{-1}{2}\cdot\frac{-3}{2}\cdot\frac{-5}{2}\cdot x^{-\frac{7}{2}} = \frac{1\cdot(-1)\cdot(-3)\cdot(-5)}{2^4\cdot\sqrt{x}^7}$$

Allgemein:

$$y^{(k)} = \frac{\displaystyle\prod_{i=1}^{k}(3-2i)}{2^k\cdot\sqrt{x}^{2k-1}} \qquad \text{mit } k = 1, 2, 3, \ldots$$

Dabei bedeutet $\displaystyle\prod_{i=1}^{k} a_i = a_1\cdot a_2\cdot a_3\cdot \ldots \cdot a_k$.

L7: Wir greifen auf die Ergebnisse von L6 zurück.

(a) Wir berechnen die Ableitungen der gegebenen Funktion an der Stelle $x_0 = 0$: $y^{(k)}(0) = f^{(k)}(0) = (\ln a)^k$ für $k = 0, 1, 2, 3, \ldots$; Taylorreihe:

$$y = f(x) = \sum_{k=0}^{\infty} \frac{(\ln a)^k}{k!} \cdot x^k$$

(b) Ableitungen an der Stelle $x_0 = 0$: $y^{(2k)}(0) = f^{(2k)}(0) = 0$ und $y^{(2k+1)}(0) = f^{(2k+1)}(0) = (-1)^k$ für $k = 0, 1, 2, 3, \ldots$; Taylorreihe:

$$y = f(x) = \sum_{k=0}^{\infty} \frac{(-1)^k}{(2k+1)!} \cdot x^{2k+1}$$

(c) Ableitungen an der Stelle $x_0 = 0$: $y^{(2k)}(0) = f^{(2k)}(0) = (-1)^k$ und $y^{(2k+1)}(0) = f^{(2k+1)}(0) = 0$ für $k = 0, 1, 2, 3, \ldots$; Taylorreihe:

$$y = f(x) = \sum_{k=0}^{\infty} \frac{(-1)^k}{(2k)!} \cdot x^{2k}$$

(d) Ableitungen an der Stelle $x_0 = 0$: $y^{(k)}(0) = f^{(k)}(0) = (-1)^{k+1} \cdot (k-1)!$ für $k = 1, 2, 3, \ldots$ und $y(0) = y^{(0)}(0) = \ln(1) = 0$; Taylorreihe:

$$y = f(x) = \sum_{k=1}^{\infty} \frac{(-1)^{k+1} \cdot (k-1)!}{k!} \cdot x^k = \sum_{k=1}^{\infty} \frac{(-1)^{k+1}}{k} \cdot x^k$$

(e) Ableitungen an der Stelle $x_0 = 1$: $y^{(k)}(1) = f^{(k)}(1) = \dfrac{\prod\limits_{i=1}^{k}(3-2i)}{2^k}$ für $k = 1, 2, 3, \ldots$; $y(1) = y^{(0)}(1) = \sqrt{1} = 1$; Taylorreihe:

$$y = f(x) = 1 + \sum_{k=1}^{\infty} \frac{\prod\limits_{i=1}^{k}(3-2i)}{2^k \cdot k!} \cdot (x-1)^k$$

III. Extremwerte von Funktionen y = f(x). Kurvendiskussion

A. Definitionen, Lehrsätze und Erläuterungen

Der Begriff einer Funktion $y = f(x)$, ihrer Definitionsmenge D und ihrer Wertemenge W, sowie der Begriff einer Nullstelle von Funktionen wurde bereits in Kapitel I.I definiert.

Definition: Die Funktion $y = f(x)$ hat an der Stelle $x^* \in D$ ein *absolutes Maximum* [*Minimum*], wenn $f(x^*)$ der größte [kleinste] Funktionswert über ganz D ist. *Extremwert* ist die Maximum und Minimum zusammenfassende Bezeichnung.

Beispiele:

(a) Sei $y = \sqrt{x}$; dann $D = [0 \; ; \; \infty[$. An der Stelle $x^* = 0$ liegt ein absolutes Minimum vor. Es gibt kein absolutes Maximum.

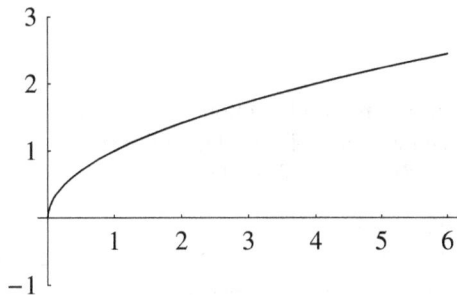

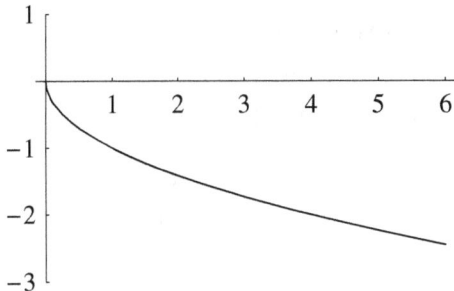

(b) Sei $y = -\sqrt{x}$; dann $D = [0 \; ; \; \infty[$. An der Stelle $x^* = 0$ liegt ein absolutes Maximum vor. Ein absolutes Minimum gibt es nicht.

(c) Sei $y = \sin x$; dann $D = \mathbf{R}$. Ein absolutes Maximum gibt es an der Stelle $x_1^* = \dfrac{\pi}{2}$ mit $f(x_1^*) = 1$, ein absolutes Minimum an der Stelle $x_1^* = \dfrac{3\pi}{2}$ mit $f(x_2^*) = -1$. Der maximale und auch der minimale Funktionswert werden unendlich oft angenommen.

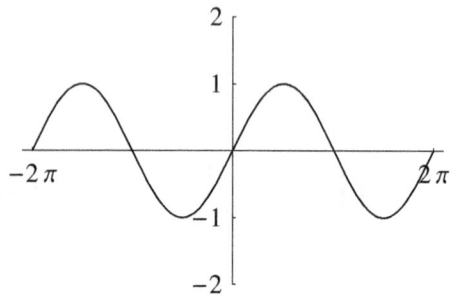

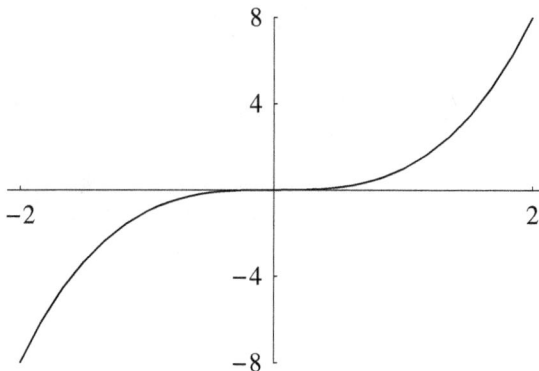

(d) Sei $y = x^3$; dann $D = \mathbf{R}$. Die Funktion hat weder ein absolutes Maximum noch ein absolutes Minimum.

Definition: Die Funktion $y = f(x)$ hat an der Stelle x^* ein *(relatives) Maximum [Minimum]*, wenn es innerhalb der Definitionsmenge D ein offenes Intervall I mit der Mitte x^* gibt, so dass $f(x^*)$ der größte [kleinste] Funktionswert über I ist.

Lehrsatz 1:
(a) Die Funktion $y = f(x)$ hat an der Stelle x^* einen relativen Extremwert, wenn
    (i) $f'(x^*) = 0$ (notwendige Bedingung) und
    (ii) $f''(x^*) \neq 0$ (hinreichende Bedingung) ist.
(b) Ist $f''(x^*) > 0$, liegt ein Minimum, für $f''(x^*) < 0$ ein Maximum vor.

Bemerkung: Gelten für eine Stelle $x^* \in D$ die Gleichheiten $f'(x^*) = f''(x^*) = 0$, so ist noch nicht entschieden, ob es einen Extremwert gibt. Sollte es einen geben, kann es ein Minimum oder Maximum sein.

Beispiele:

(a) Sei $y = f(x) = x^4 \rightarrow y' = 4 \cdot x^3$ $\rightarrow y'' = 12 \cdot x^2$. Also $f'(0) = f''(0) = 0$. Die grafische Darstellung zeigt, dass an der Stelle $x^* = 0$ ein Minimum vorliegt.

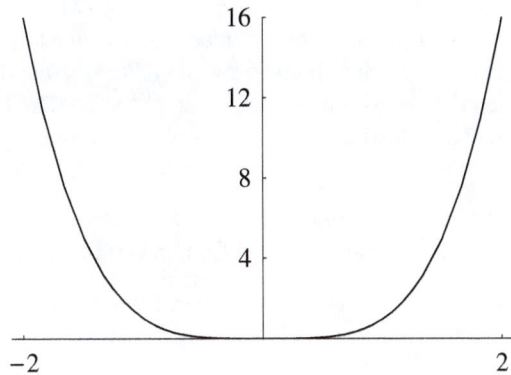

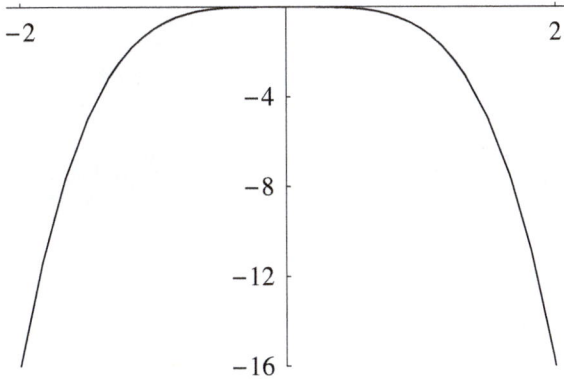

(b) Sei $y = f(x) = -x^4$. Auch in diesem Fall gilt $f'(0) = f''(0) = 0$. Es liegt ein Maximum vor.

(c) Sei $y = f(x) = x^3 \rightarrow y' = 3 \cdot x^2$ $\rightarrow y'' = 6 \cdot x$. Also $f'(0) = f''(0) = 0$, aber es gibt kein Intervall I mit der Mitte 0, so dass $f(0) = 0$ der größte oder kleinste Funktionswert über I wird. Alle Funktionswerte mit $x > 0$ sind positiv, alle Funktionswerte mit $x < 0$ sind negativ.

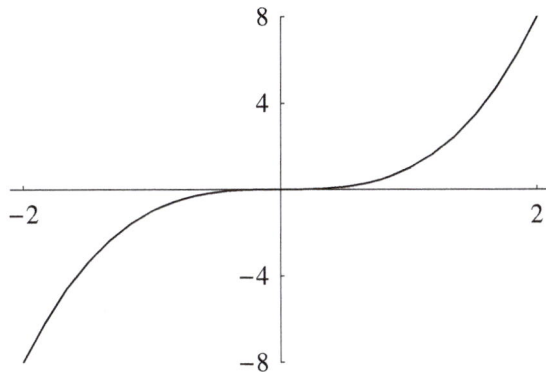

Lehrsatz 2: Gegeben ist $y = f(x)$ und $x^* \in D$ mit $f'(x^*) = 0$. Es sei $f^{(k)}(x^*)$ die erste höhere Ableitung, die an der Stelle x^* nicht mehr gleich 0 ist. Dann liegt an der Stelle x^*
(a) ein relatives Maximum vor, wenn $f^{(k)}(x^*) < 0$ und k gerade,
(b) ein relatives Minimum vor, wenn $f^{(k)}(x^*) > 0$ und k gerade ist.
Es handelt sich weder um ein relatives Maximum, noch um ein relatives Minimum, wenn k ungerade ist.

Definition: Eine Funktion $y = f(x)$ hat einen *Wendepunkt* in $x^* \in D$, wenn ihre erste Ableitung $f'(x)$ in x^* einen relativen Extremwert besitzt.

Bemerkung: Welche Eigenschaften einer Funktion $y = f(x)$ bei einer Kurvendiskussion zu untersuchen sind, wird in jeder Aufgabenstellung explizit angegeben.

B. Aufgaben

Zu den Aufgaben 1 bis 4: Zu bestimmen sind die (a) Definitionsmenge, (b) Wertemenge, (c) Nullstellen, (d) Extremwerte und (e) grafische Darstellung.

1. $y = x^3 + 6x^2 - 15x$ **2.** $y = \dfrac{x^2 - 8}{x - 3}$ **3.** $y = \dfrac{x^3 + 4}{x - 1}$ **4.** $y = \sin^2 x$

Zu den Aufgaben 5 bis 9: Gesucht sind die (a) Definitionsmenge, (b) Nullstellen, (c) Extremwerte und (d) grafische Darstellung.

5. $y = x^2 \cdot e^{-x^2}$ **6.** (i) $y = \dfrac{x^2 + 4}{x^2 - 1}$ (ii) $y = \dfrac{x^2 - 1}{x^2 + 4}$

7. $y = \dfrac{x - 6}{x^2 + 2x + 20}$ **8.** (i) $y = \sqrt{x \cdot (x^2 - 9)}$ (ii) $y = -\sqrt{x \cdot (x^2 - 9)}$

9. $y = e^{\frac{x}{10}} \cdot \sin x$

10. Gegeben ist die ganz-rationale Funktion dritten Grades

$$y = a_0 x^3 + a_1 x^2 + a_2 x + a_3 \quad \text{mit } a_0 \neq 0$$

Welche Voraussetzungen müssen die Koeffizienten a_0, a_1, a_2 und a_3 erfüllen, damit
(a) die Funktion zwei verschiedene Extremwerte (das Minimum soll links, das Maximum rechts liegen) und eine positive x-Koordinate ihres Wendepunktes,
(b) die Funktion keine Extremwerte und eine positive x-Koordinate des Wendepunktes hat?

11. (a) Man gebe ein Zahlenbeispiel zu 10.(a) mit $a_3 = 0$ an. (b) Die erste Ableitung dieser Funktion ist zu bilden. (c) Man bilde die Funktion $\dfrac{y}{x} = \bar{y}$. (d) Alle drei Funktionen sind grafisch darzustellen.

12. (a) Man gebe ein Zahlenbeispiel zu 10.(b) mit $a_0 > 0$ und $a_3 > 0$ an. (b) Die erste Ableitung dieser Funktion ist zu bilden. (c) Man bilde die Funktion $\dfrac{y}{x} = \bar{y}$. (d) Man bilde die Funktion $\dfrac{y - a_3}{x} = \bar{y}_v$. (e) Alle vier Funktionen sind grafisch darzustellen.

C. Lösungen

L1: $y = x^3 + 6x^2 - 15x$

(a) $D = \mathbf{R}$, da dies für alle ganz-rationalen Funktionen gilt.

(b) $W = \mathbf{R}$, da dies für alle ganz-rationalen Funktionen mit ungeradem Grad gilt.

(c) Nullstellen: Bedingung $y = 0 \rightarrow x^3 + 6x^2 - 15x = 0 \rightarrow x \cdot (x^2 + 6x - 15) = 0$. Ein Produkt aus zwei Faktoren ist gleich 0, wenn der (1) erste oder (2) zweite Faktor gleich 0 ist:

   (1) $x = 0$

   (2) $x^2 + 6x - 15 = 0 \rightarrow x = \dfrac{-6 \pm \sqrt{36 - 4 \cdot 1 \cdot (-15)}}{2 \cdot 1} = \dfrac{-6 \pm \sqrt{96}}{2} = -3 \pm 2\sqrt{6} \rightarrow$

     $x = -3 - 2\sqrt{6}$ oder $x = -3 + 2\sqrt{6}$

Es gibt drei Nullstellen.

(d) Extremwerte: $y' = 3x^2 + 12x - 15 \rightarrow y'' = 6x + 12$
Notwendige Bedingung: $y' = 0 \rightarrow 3x^2 + 12x - 15 = 0 \rightarrow$

$$x = \frac{-12 \pm \sqrt{144 - 4 \cdot 3 \cdot (-15)}}{2 \cdot 3} = \frac{-12 \pm 18}{6} = -2 \pm 3$$

Also $x = -5$ oder $x = 1$, das heißt, Punkte mit waagrechter Tangente sind $(-5\,;\,100)$ und $(1\,;-8)$.

Hinreichende Bedingung: $y''(-5) = -18 < 0$; $y''(1) = 18 > 0$. Also ist $(-5\,;\,100)$ ein Maximum und $(1\,;-8)$ ein Minimum.

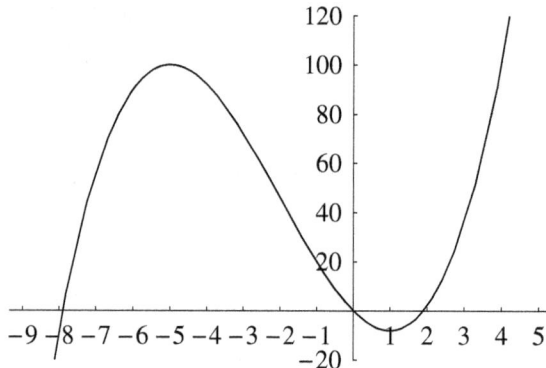

L2: $y = \dfrac{x^2 - 8}{x - 3}$

(a) Definitionsmenge ist $D = \mathbf{R} \setminus \{3\}$, denn bei einer gebrochen-rationalen Funktion sind nur die Nullstellen des Nenners auszunehmen.

(b) Wertemenge: Auflösung der Funktionsgleichung nach x: $\dfrac{x^2 - 8}{x - 3} = y \rightarrow x^2 - 8 = y \cdot (x - 3)$

$\rightarrow x^2 - 8 = xy - 3y \rightarrow x^2 - xy + 3y - 8 = 0 \rightarrow$

$$x = \frac{y \pm \sqrt{y^2 - 4 \cdot 1 \cdot (3y - 8)}}{2 \cdot 1} = \frac{y \pm \sqrt{y^2 - 12y + 32}}{2}$$

Es ergeben sich reelle x-Werte, wenn der Radikand nicht-negativ ist: $y^2 - 12y + 32 \geq 0$. Lösung der zugehörigen quadratischen Gleichung:

$$y = \frac{12 \pm \sqrt{144 - 4 \cdot 1 \cdot 32}}{2 \cdot 1} = \frac{12 \pm 4}{2} = 6 \pm 2$$

Also $y = 4$ oder $y = 8$. Lösung der quadratischen Ungleichung: Weil der Faktor bei y^2 positiv ist, ergibt sich $y \leq 4$ oder $y \geq 8$. Das heißt $W = \{y \mid y \in \mathbf{R} \text{ und } (\, y \leq 4 \text{ oder } y \geq 8\,)\}$.

(c) Nullstellen: Bedingung $y = 0$. Ein Bruch ist gleich 0, wenn der Zähler gleich 0 und der Nenner ungleich 0 ist. $\dfrac{x^2 - 8}{x - 3} = 0 \rightarrow x^2 - 8 = 0 \rightarrow x^2 = 8 \rightarrow x = 2\sqrt{2} \text{ oder } x = -2\sqrt{2}$.

Es ist unmittelbar einzusehen, dass der Nenner für diese beiden Werte ungleich 0 wird.

(d) Extremwerte: Quotientenregel:

$$y' = \frac{(x - 3) \cdot 2x - (x^2 - 8) \cdot 1}{(x - 3)^2} = \frac{2x^2 - 6x - x^2 + 8}{(x - 3)^2} = \frac{x^2 - 6x + 8}{(x - 3)^2}$$

Zur Berechnung von y'' benötigt man erneut die Quotientenregel und innerhalb dieser die Kettenregel:

$$y'' = \frac{(x - 3)^2 \cdot (2x - 6) - (x^2 - 6x + 8) \cdot \left[(x - 3)^2\right]'}{(x - 3)^4}$$

Zur Ableitung der eckigen Klammer: $g = x - 3$, dann nimmt die eckige Klammer die Form g^2 an. Ableitung der eckigen Klammer: $2g \cdot 1 = 2 \cdot (x - 3)$. Diese Ergebnis setzen wir in y'' ein, stellen im Zähler $(x - 3)$ vor und kürzen anschließend den Bruch durch $(x - 3)$:

$$y'' = \frac{(x - 3) \cdot (2x - 6) - 2(x^2 - 6x + 8)}{(x - 3)^3} = \frac{2x^2 - 6x - 6x + 18 - 2x^2 + 12x - 16}{(x - 3)^3} \rightarrow$$

$$y'' = \frac{2}{(x-3)^3}$$

Notwendige Bedingung: $y' = 0$. Ein Bruch ist dann gleich 0, wenn der Zähler gleich 0 und der Nenner ungleich 0 ist. $\dfrac{x^2 - 6x + 8}{(x-3)^2} = 0 \rightarrow x^2 - 6x + 8 = 0 \rightarrow$

$$x = \frac{6 \pm \sqrt{36 - 4 \cdot 1 \cdot 8}}{2 \cdot 1} = \frac{6 \pm 2}{2} = 3 \pm 1$$

Also $x = 2$ oder $x = 4$. Für diese x-Werte ist der Nenner ungleich 0. Die gegebene Funktion hat zwei Punkte mit waagrechter Tangente: (2 ; 4) und (4 ; 8).

Hinreichende Bedingung: $y''(2) = \dfrac{2}{(2-3)^3} = -2 < 0;\ y''(4) = \dfrac{2}{(4-3)^3} = 2 > 0$. Somit ist (2 ; 4) ein Maximum und (4 ; 8) ein Minimum.

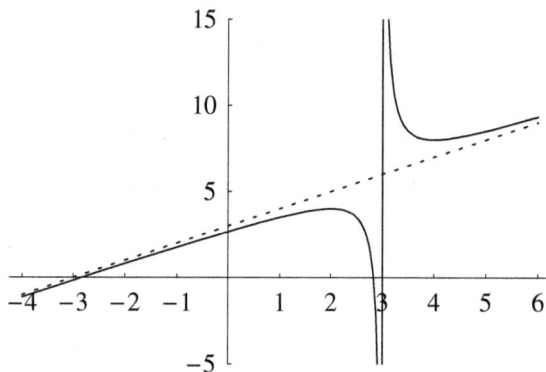

Bemerkung: Im Fall der vorliegenden Funktion ist es sinnvoll, noch eine weitere Eigenschaft hervorzuheben: Der Zähler der gebrochen-rationalen Funktion hat einen größeren Grad als der Nenner. Daher kann man die Polynomdivision durchführen:

$$(x^2 - 8) : (x - 3) = x + 3$$
$$\underline{-(x^2 - 3x)}$$
$$3x - 8$$
$$\underline{-(3x - 9)}$$
$$1$$

Damit $\dfrac{x^2 - 8}{x - 3} = x + 3 + \dfrac{1}{x - 3}$. Es gilt $\lim\limits_{x \to \pm\infty} \dfrac{1}{x - 3} = 0$. Man bezeichnet $y = x + 3$ als eine *asymptotische Gerade* oder *Asymptote* der gegebenen Funktion.

L3: $y = \dfrac{x^3 + 4}{x - 1}$

(a) Definitionsmenge $D = \mathbf{R} \setminus \{1\}$, denn bei einer gebrochen-rationalen Funktion sind nur die Nullstellen des Nenners auszunehmen.

(b) Wertemenge: $\dfrac{x^3 + 4}{x - 1} = y \;\rightarrow\; x^3 + 4 = y \cdot (x - 1) \;\rightarrow\; x^3 - xy + y + 4 = 0$. Es handelt sich

um eine Bestimmungsgleichung dritten Grades in x. Setzt man für y irgendeine reelle Zahl ein, so gibt es nach Lehrsatz 5 in Kapitel I.II mindestens ein x, das die Gleichung

$$x^3 - xy + y + 4 = 0$$

erfüllt, also $W = \mathbf{R}$.

(c) Nullstellen: Bedingung $y = 0 \;\rightarrow\; \dfrac{x^3 + 4}{x - 1} = 0$. Ein Bruch ist gleich 0, wenn der Zähler

gleich 0 und der Nenner ungleich 0 ist. Also $x^3 + 4 = 0 \;\rightarrow\; x^3 = -4 \;\rightarrow\; x = -\sqrt[3]{4}$. Es gibt also eine Nullstelle.

(d) Extremwerte: Quotientenregel:

$$y' = \frac{(x-1)\cdot 3x^2 - (x^3 + 4)\cdot 1}{(x-1)^2} = \frac{3x^3 - 3x^2 - x^3 - 4}{(x-1)^2} = \frac{2x^3 - 3x^2 - 4}{(x-1)^2}$$

Zur Berechnung von y'' benötigen wir erneut die Quotientenregel und innerhalb dieser die Kettenregel:

$$y'' = \frac{(x-1)^2 \cdot (6x^2 - 6x) - (2x^3 - 3x^2 - 4)\cdot \left[(x-1)^2\right]'}{(x-1)^4}$$

Zur Bestimmung der Ableitung der eckigen Klammern setzten wir $g = x - 1$, dann nimmt die eckige Klammer die Form g^2 an. Die Ableitung der eckigen Klammer lautet somit: $2g \cdot 1 = 2\cdot(x - 1)$. Wir setzen dieses Ergebnis in y'' ein, stellen im Zähler $(x - 1)$ vor und kürzen anschließend den Bruch durch $(x - 1)$:

$$y'' = \frac{(x-1)\cdot(6x^2 - 6x) - 2\cdot(2x^3 - 3x^2 - 4)}{(x-1)^3} = \frac{6x^3 - 6x^2 - 6x^2 + 6x - 4x^3 + 6x^2 + 8}{(x-1)^3}$$

$$= \frac{2x^3 - 6x^2 + 6x + 8}{(x-1)^3}$$

Notwendige Bedingung: $y' = 0 \;\rightarrow\; \dfrac{2x^3 - 3x^2 - 4}{(x-1)^2} = 0$. Ein Bruch ist gleich 0, wenn der Zäh-

ler gleich 0 und der Nenner ungleich 0 ist: $2x^3 - 3x^2 - 4 = 0$. Diese Bestimmungsgleichung dritten Grades kann man nicht durch Vorstellen von x auf eine quadratische Gleichung reduzieren. In solchen Fällen hat man gelegentlich die Möglichkeit, eine Lösung durch Probieren zu ermitteln. Dies Verfahren wird im Allgemeinen nur dann erfolgreich sein, wenn die Lösung ganzzahlig ist. Im gegebenen Beispiel hat man Glück, da $x = 2$ eine Lösung ist. Die linke Seite der Gleichung lässt sich dann ohne Rest durch $(x - 2)$ dividieren.

$$(2x^3 - 3x^2 - 4) : (x - 2) = 2x^2 + x + 2$$
$$\underline{-(2x^3 - 4x^2)}$$
$$x^2 - 4$$
$$\underline{-(x^2 - 2x)}$$
$$2x - 4$$
$$\underline{-(2x - 4)}$$
$$0$$

Also $2x^3 - 3x^2 - 4 = (x - 2) \cdot (2x^2 + x + 2)$. Aus $2x^3 - 3x^2 - 4 = 0$ folgt damit

$$(x - 2) \cdot (2x^2 + x + 2) = 0$$

Ein Produkt aus zwei Faktoren ist 0, wenn der (1) erste oder (2) zweite Faktor 0 ist:

(1) $x - 2 = 0$, das heißt $x = 2$

(2) $2x^2 + x + 2 = 0$, das heißt $x = \dfrac{-1 \pm \sqrt{1 - 4 \cdot 2 \cdot 2}}{2 \cdot 2} = \dfrac{-1 \pm \sqrt{-15}}{4}$. Keine Lösung!

Es gibt genau einen Punkt mit waagrechter Tangente: (2 ; 12).

Hinreichende Bedingung: $y''(2) = 12 > 0$, also ist (2 ; 12) ein Minimum.

Bemerkung: Die gegebene Funktion hat eine asymptotische Kurve (eine Parabel), denn die Polynomdivision ergibt: $\dfrac{x^3 + 4}{x - 1} = x^2 + x + 1 + \dfrac{5}{x - 1}$, womit wegen $\lim\limits_{x \to \pm\infty} \dfrac{5}{x - 1} = 0$ die Funktion $y = x^2 + x + 1$ eine asymptotische Kurve ist.

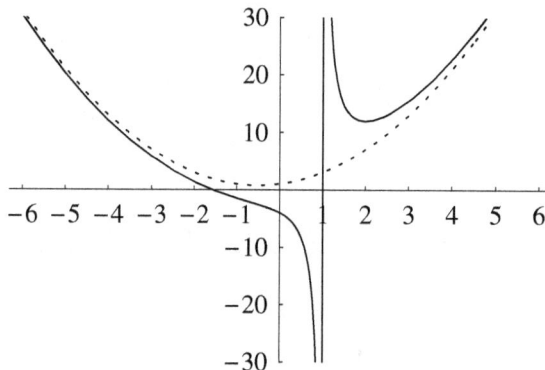

L4: $y = \sin^2 x$

(a) Definitionsmenge: $y = \sin x$ hat als Definitionsmenge $D = \mathbf{R}$, also auch die gegebene Funktion.

(b) $y = \sin x$ hat als Wertemenge $[-1 ; 1]$. Quadriert man die Zahlen dieses Intervalls, erhält man alle Zahlen des abgeschlossenen Intervalls zwischen 0 und 1. Also W = $[0 ; 1]$.

(c) Nullstellen: Bedingung $y = 0 \rightarrow \sin^2 x = 0 \rightarrow \sin x = 0 \rightarrow x = k \cdot \pi$ mit $k \in \mathbf{Z}$ ($\mathbf{Z}$ Menge der ganzen Zahlen). Die gegebene Funktion hat unendlich viele Nullstellen.

(d) Extremwerte: Sei $g = \sin x \rightarrow y = g^2$. Kettenregel: $y' = 2g \cdot \cos x \rightarrow$

$$y' = 2 \cdot \sin x \cdot \cos x$$

Die zweite Ableitung erhält man mit Hilfe der Produktregel:

$$y'' = 2 \cdot (\cos x \cdot \cos x + \sin x \cdot (-\sin x)) = 2 \cdot (\cos^2 x - \sin^2 x)$$

Da $\cos^2 x = 1 - \sin^2 x$, folgt $y'' = 2 \cdot (1 - 2 \cdot \sin^2 x)$.

Notwendige Bedingung: $y' = 0$, also $2 \cdot \sin x \cdot \cos x = 0$. Ein Produkt aus zwei Faktoren (der Faktor 2 spielt keine Rolle) ist 0, wenn (1) der erste gleich 0 oder (2) der zweite Faktor gleich 0 ist:

(1) $\sin x = 0 \rightarrow x = k \cdot \pi$ mit $k \in \mathbf{Z}$ ($\mathbf{Z}$ Menge der ganzen Zahlen)

(2) $\cos x = 0 \rightarrow x = \dfrac{2k+1}{2} \cdot \pi$ mit $k \in \mathbf{Z}$

Hinreichende Bedingung:

$$y''(k \cdot \pi) = 2 \cdot [1 - 2 \cdot \sin^2 (k \cdot \pi)] = 2 \cdot (1 - 2 \cdot 0) = 2 > 0$$

$$y''(\frac{2k+1}{2} \cdot \pi) = [1 - 2 \cdot \sin^2 (\frac{2k+1}{2} \cdot \pi)] = 2 \cdot (1 - 2 \cdot 1) = -2 < 0$$

Die gegebene Funktion hat an den Stellen $x = k \cdot \pi$ Minima, an den übrigen Stellen mit waagrechter Tangente Maxima.

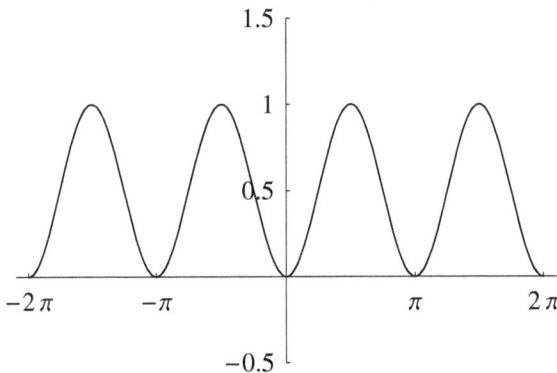

L5: $y = x^2 \cdot e^{-x^2}$

(a) Definitionsmenge: Da $y = x^2$ und $y = e^x$ als Definitionsmenge $\mathbf{R}$ haben, gilt dies auch für die gegebene Funktion: $D = \mathbf{R}$.

(b) Nullstellen: Aus der Bedingung $y = 0$ folgt $x^2 \cdot e^{-x^2} = 0$. Ein Produkt aus zwei Faktoren ist gleich 0, wenn der (1) erste oder (2) zweite Faktor gleich 0 ist:

(1) $x^2 = 0 \rightarrow x = 0$

(2) $e^{-x^2} = 0$. Keine Lösung!

Es gibt genau eine Nullstelle.

Extremwerte: Zur Berechnung der ersten Ableitung benötigt man die Produktregel und innerhalb dieser die Kettenregel: $y' = 2x \cdot e^{-x^2} + x^2 \left[e^{-x^2}\right]$. Ableitung der eckigen Klammer: Sei $g = -x^2$, dann nimmt die eckige Klammer die Form e^g an. Ableitung der eckigen Klammer: $e^g \cdot (-2x) = e^{-x^2} \cdot (-2x)$. Eingesetzt in y':

$$y' = 2x \cdot e^{-x^2} + x^2 e^{-x^2} \cdot (-2x) = e^{-x^2}(2x - 2x^3)$$

Die zweite Ableitung ergibt sich mit Hilfe derselben Ableitungsregel:

$$y'' = e^{-x^2} \cdot (2 - 6x^2) + \left[e^{-x^2}\right] \cdot (2x - 2x^3)$$

Die eckige Klammer haben wir gerade abgeleitet:

$$y'' = e^{-x^2} \cdot (2 - 6x^2) + e^{-x^2} \cdot (-2x) \cdot (2x - 2x^3) = e^{-x^2} \cdot (2 - 6x^2 - 4x^2 + 4x^4)$$

$$= e^{-x^2} \cdot (4x^4 - 10x^2 + 2)$$

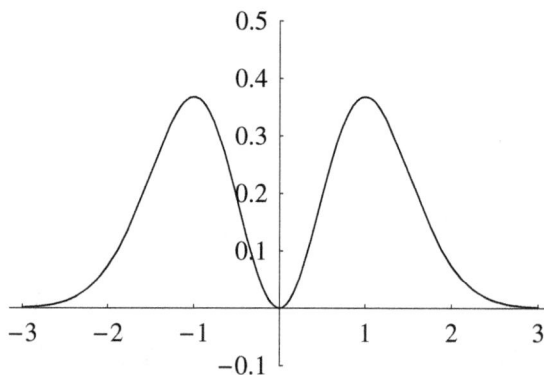

Notwendige Bedingung: $y' = 0 \rightarrow e^{-x^2} \cdot (2x - 2x^3) = 0 \rightarrow e^{-x^2} \cdot 2x \cdot (1 - x^2) = 0$. Ein Produkt aus drei Faktoren ist gleich 0, wenn (1) der erste oder (2) der zweite oder (3) der dritte Faktor gleich 0 ist:

(1) $e^{-x^2} = 0$. Keine Lösung!

(2) $2x = 0 \rightarrow x = 0$

(3) $1 - x^2 = 0 \rightarrow x^2 = 1 \rightarrow x = -1$ oder $x = 1$

Es gibt drei Punkte mit waagrechter Tangente: $(-1 \, ; \, \frac{1}{e}) \, ; \, (0 \, ; \, 0) \, ; \, (1 \, ; \, \frac{1}{e})$.

Hinreichende Bedingung: $y''(-1) = -\frac{4}{e} < 0; \ y''(0) = 2 > 0; \ y''(1) = -\frac{4}{e} < 0$. Der Punkt

$(0 \, ; \, 0)$ ist also ein Minimum, die Punkte $(-1 \, ; \, \frac{1}{e})$ und $(1 \, ; \, \frac{1}{e})$ sind Maxima.

L6: (i) $y = \dfrac{x^2 + 4}{x^2 - 1}$

(a) Definitionsmenge: Die gegebene Funktion ist gebrochen-rational. Daher sind nur die Nullstellen des Nenners auszunehmen: $x^2 - 1 = 0 \rightarrow x^2 = 1 \rightarrow x = -1$ oder $x = 1$. Also $D = \mathbf{R} \setminus \{-1 \, ; \, 1\}$.

(b) Nullstellen: Bedingung $y = 0$. Ein Bruch ist gleich 0, wenn der Zähler gleich 0 und der Nenner ungleich 0 ist: $x^2 + 4 = 0 \rightarrow x^2 = -4$. Keine Lösung! Die gegebene Funktion hat keine Nullstellen.

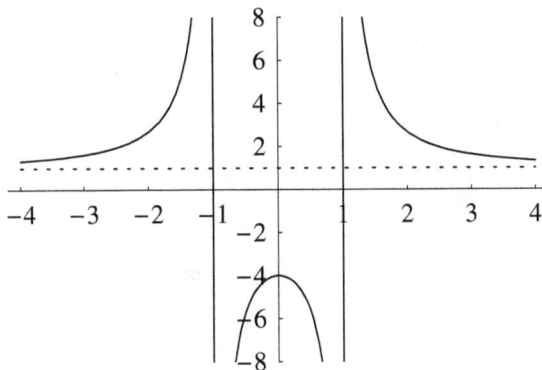

(c) Extremwerte: Zur Bestimmung der ersten Ableitung benötigen wir die Quotientenregel:

$$y' = \frac{(x^2 - 1) \cdot 2x - (x^2 + 4) \cdot 2x}{(x^2 - 1)^2} = \frac{2x^3 - 2x - 2x^3 - 8x}{(x^2 - 1)^2} = \frac{-10x}{(x^2 - 1)^2}$$

Die Berechnung der zweiten Ableitung erfordert zunächst die Quotientenregel und anschließend die Kettenregel:

$$y'' = \frac{(x^2 - 1)^2 \cdot (-10) - (-10x) \cdot \left[(x^2 - 1)^2\right]'}{(x^2 - 1)^4}$$

Ableitung der eckigen Klammer nach der Kettenregel: Sei $g = x^2 - 1$, dann nimmt die eckige Klammer die Form g^2 an. Ableitung $2g \cdot 2x = 4x \cdot (x^2 - 1)$. Eingesetzt in y'':

$$y'' = \frac{(x^2-1)^2 \cdot (-10) - (-10x) \cdot 4x \cdot (x^2-1)}{(x^2-1)^4}$$

Wir stellen $(x^2 - 1)$ aus dem Zähler vor und kürzen den Bruch anschließend durch $(x^2 - 1)$:

$$y'' = \frac{(x^2-1) \cdot (-10) - (-10x) \cdot 4x}{(x^2-1)^3} = \frac{-10x^2 + 10 + 40x^2}{(x^2-1)^3} = \frac{30x^2 + 10}{(x^2-1)^3}$$

Notwendige Bedingung: $y' = 0 \rightarrow -10x = 0 \rightarrow x = 0$. Es gibt einen Punkt mit waagrechter Tangente: $(0 ; -4)$.

Hinreichende Bedingung: $y''(0) = -10 < 0$. Der Punkt $(0 ; -4)$ ist ein Maximum.

(ii) $y = \dfrac{x^2-1}{x^2+4}$

(a) Definitionsmenge: Da $x^2 + 4 > 0$ für alle x, gilt $D = \mathbf{R}$.

(b) Nullstellen: Bedingung $y = 0 \rightarrow \dfrac{x^2-1}{x^2+4} = 0$. Ein Bruch ist gleich 0, wenn der Zähler gleich 0 und der Nenner ungleich 0 ist. $\rightarrow x^2 - 1 = 0 \rightarrow x^2 = 1 \rightarrow x = -1$ oder $x = 1$. Es gibt zwei Nullstellen.

(c) Extremwerte: Berechnung der ersten Ableitung mit Hilfe der Quotientenregel:

$$y' = \frac{(x^2+4) \cdot 2x - (x^2-1) \cdot 2x}{(x^2+4)^2} = \frac{2x^3 + 8x - 2x^3 + 2x}{(x^2+4)^2} = \frac{10x}{(x^2+4)^2}$$

Die Funktion y'' wird unter Anwendung von Quotientenregel und Kettenregel bestimmt:

$$y'' = \frac{(x^2+4)^2 \cdot 10 - 10x \cdot \left[(x^2+4)^2\right]'}{(x^2+4)^4}$$

Zur eckigen Klammer: Sei $g = x^2 + 4$, dann nimmt die eckige Klammer die Form g^2 an. Damit ist ihre Ableitung $2g \cdot 2x = 4x \cdot (x^2 + 4)$. Dies Ergebnis wird in y'' eingesetzt:

$$y'' = \frac{(x^2+4)^2 \cdot 10 - 10x \cdot 4x \cdot (x^2+4)}{(x^2+4)^4}$$

Wir stellen aus dem Zähler den Faktor $(x^2 + 4)$ vor und kürzen den Bruch durch $(x^2 + 4)$:

$$y'' = \frac{(x^2+4) \cdot 10 - 10x \cdot 4x}{(x^2+4)^3} = \frac{40 - 30x^2}{(x^2+4)^3}$$

Notwendige Bedingung: $y' = 0 \; \rightarrow \; \dfrac{10x}{(x^2+4)^2} = 0$. Ein Bruch ist gleich 0, wenn der Zähler

gleich 0 und der Nenner ungleich 0 ist. Also $10x = 0 \; \rightarrow \; x = 0$. Es gibt einen Punkt mit

waagrechter Tangente: $(0 \; ; \; -\dfrac{1}{4})$.

Hinreichende Bedingung: $y''(0) = \dfrac{5}{8} > 0$. Der Punkt mit waagrechter Tangente ist ein Mini-

mum.

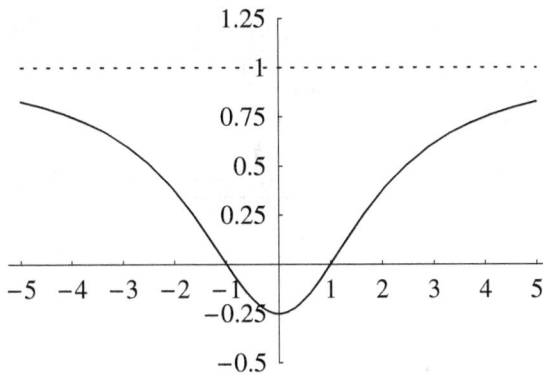

L7: $y = \dfrac{x-6}{x^2+2x+20}$

(a) Definitionsmenge: Die gegebene Funktion ist gebrochen-rational, daher sind nur die Nullstellen des Nenners auszunehmen: $x^2 + 2x + 20 = 0$, womit

$$x = \frac{-2 \pm \sqrt{4-4\cdot1\cdot20}}{2\cdot1} = \frac{-2 \pm \sqrt{-76}}{2}$$

Also keine Lösung! Die Definitionsmenge ist $D = \mathbf{R}$.

(b) Nullstellen: Bedingung $y = 0$. Ein Bruch ist gleich 0, wenn der Zähler gleich 0 und der Nenner ungleich 0 ist. Also $x - 6 = 0$, womit $x = 6$. (Wie gerade gezeigt, kann der Nenner nicht 0 werden.) Es gibt genau eine Nullstelle.

(c) Extremwerte: Berechnung der ersten Ableitung nach der Quotientenregel:

$$y' = \frac{(x^2+2x+20)\cdot1-(x-6)\cdot(2x+2)}{(x^2+2x+20)^2} = \frac{x^2+2x+20-2x^2-2x+12x+12}{(x^2+2x+20)^2}$$

$$= \frac{-x^2+12x+32}{(x^2+2x+20)^2}$$

Die Bildung der zweiten Ableitung erfordert die Quotientenregel und innerhalb dieser die Kettenregel:

$$y'' = \frac{(x^2+2x+20)^2 \cdot (-2x+12) - (-x^2+12x+32) \cdot \left[(x^2+2x+20)^2\right]}{(x^2+2x+20)^4}$$

Zur eckigen Klammer: Sei $g = x^2 + 2x + 20$, dann nimmt die eckige Klammer die Form g^2 an. Damit ist ihre Ableitung $2g \cdot (2x+2) = 2 \cdot (x^2 + 2x + 20) \cdot (2x+2)$. Dieses Ergebnis wird in y'' eingesetzt.

$$y'' = \frac{(x^2+2x+20)^2 \cdot (-2x+12) - (-x^2+12x+32) \cdot 2 \cdot (x^2+2x+20) \cdot (2x+2)}{(x^2+2x+20)^4}$$

Wir stellen jetzt aus dem Zähler den Faktor $(x^2 + 2x + 20)$ vor und kürzen anschließend den Bruch durch $(x^2 + 2x + 20)$:

$$y'' = \frac{(x^2+2x+20) \cdot (-2x+12) - (-x^2+12x+32) \cdot 2 \cdot (2x+2)}{(x^2+2x+20)^3}$$

$$= \frac{-2x^3-4x^2-40x+12x^2+24x+240-2 \cdot (-2x^3+24x^2+64x-2x^2+24x+64)}{(x^2+2x+20)^3}$$

$$= \frac{2x^3-36x^2-192x+112}{(x^2+2x+20)^3}$$

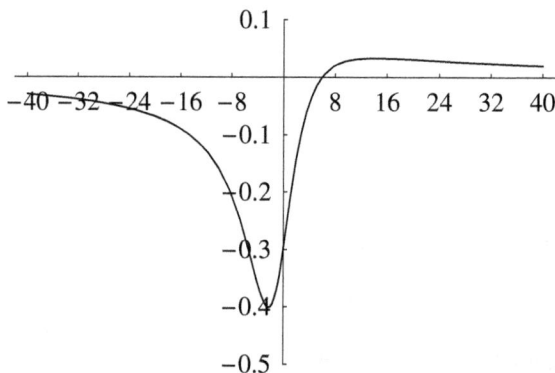

Notwendige Bedingung: $y' = 0 \;\rightarrow\; \dfrac{-x^2+12x+32}{(x^2+2x+20)^2} = 0 \;\rightarrow\; -x^2+12x+32 = 0 \;\rightarrow$

$$x = \frac{-12 \pm \sqrt{144-4 \cdot (-1) \cdot 32}}{2 \cdot (-1)} = \frac{-12 \pm \sqrt{272}}{-2} = \frac{-12 \pm 4\sqrt{17}}{-2} = 6 \pm 2\sqrt{17}$$

Also $x = 6 - 2\sqrt{17}$ oder $x = 6 + 2\sqrt{17}$, das heißt $x = -2{,}25$ oder $x = 14{,}25$. Es gibt zwei Punkte mit waagrechter Tangente: $(-2{,}25;\ -0{,}40)$ und $(14{,}25;\ 0{,}03)$.

Hinreichende Bedingung: Zum einen $x = 6 - 2\sqrt{17}$, womit $x^2 + 2x + 20 = 104 - 2\sqrt{17}$, also ist der Nenner von y'' positiv. Der Zähler ergibt $544\sqrt{17} - 1904 > 0$. Zum anderen $x = 6 + 2\sqrt{17}$; der Nenner von y'' ist positiv, der Zähler ergibt $-544 - 1904 < 0$. Daher ist $(-2,25; -0,40)$ ein Minimum und $(14,25; 0,03)$ ein Maximum.

L8: (i) $y = \sqrt{x \cdot (x^2 - 9)}$

(a) Definitionsmenge: Aus der Bedingung $x \cdot (x^2 - 9) \geq 0$ folgt eines der beiden:
  (1) $x \cdot (x^2 - 9) = 0$. Ein Produkt aus zwei Faktoren ist 0, wenn der erste oder zweite Faktor gleich 0 ist: $x = 0$ oder $x^2 - 9 = 0$, das heißt $x^2 = 9 \rightarrow x = -3$ oder $x = 3$.
  (2) $x \cdot (x^2 - 9) > 0$. Ein Produkt aus zwei Faktoren ist größer 0, wenn beide Faktoren positiv oder beide negativ sind:
    (A) $x > 0$ und $x^2 - 9 > 0 \rightarrow x > 0$ und $x^2 > 9 \rightarrow x > 0$ und ($x < -3$ oder $x > 3$). Beide Bedingungen gelten zugleich, wenn $x > 3$.
    (B) $x < 0$ und $x^2 - 9 < 0 \rightarrow x < 0$ und $x^2 < 9 \rightarrow x < 0$ und $-3 < x < 3$. Beide Bedingungen gelten zugleich, wenn $-3 < x < 0$.
Zusammenfassend ergibt sich als Definitionsmenge

$$D = \{x \mid x \in \mathbf{R} \text{ und } (-3 \leq x \leq 0 \text{ oder } x \geq 3)\}$$

(b) Nullstellen: Bedingung $y = 0 \rightarrow \sqrt{x \cdot (x^2 - 9)} = 0 \rightarrow x \cdot (x^2 - 9) = 0$. Dieses Problem wurde bereits gelöst: $x = -3$; $x = 0$; $x = 3$. Die gegebene Funktion hat drei Nullstellen.

(c) Extremwerte: Zur Berechnung der ersten Ableitung benötigt man zunächst die Kettenregel und innerhalb dieser die Produktregel: Sei $g = x \cdot (x^2 - 9) \rightarrow y = \sqrt{g}$. Also

$$y' = \frac{1}{2\sqrt{g}} \cdot \left[1 \cdot (x^2 - 9) + x \cdot 2x\right] = \frac{3 \cdot (x^2 - 3)}{2 \cdot \sqrt{x \cdot (x^2 - 9)}} = \frac{3}{2} \cdot \frac{x^2 - 3}{\sqrt{x \cdot (x^2 - 9)}}$$

Zur Berechnung der zweiten Ableitung sind die Quotientenregel, und innerhalb dieser die Kettenregel und Produktregel erforderlich:

$$y'' = \frac{3}{2} \cdot \frac{\sqrt{x \cdot (x^2 - 9)} \cdot 2x - (x^2 - 3) \cdot \left[\sqrt{x \cdot (x^2 - 9)}\right]'}{x \cdot (x^2 - 9)}$$

Die eckige Klammer stimmt mit der gegebenen Funktion überein, also ist die Ableitung dieser Klammer gleich y'. Wir haben daher nur noch einzusetzen:

$$y'' = \frac{3}{2} \cdot \frac{\sqrt{x \cdot (x^2 - 9)} \cdot 2x - (x^2 - 3) \cdot \dfrac{3}{2} \cdot \dfrac{x^2 - 3}{\sqrt{x \cdot (x^2 - 9)}}}{x \cdot (x^2 - 9)}$$

Wir fassen den Zähler in einem Bruch zusammen:

$$y'' = \frac{3}{2} \cdot \frac{\left(\dfrac{2 \cdot x \cdot (x^2 - 9) \cdot 2x - 3 \cdot (x^2 - 3)^2}{2\sqrt{x \cdot (x^2 - 9)}} \right)}{x \cdot (x^2 - 9)} = \frac{3}{2} \cdot \frac{2 \cdot x \cdot (x^2 - 9) \cdot 2x - 3 \cdot (x^2 - 3)^2}{2\sqrt{x \cdot (x^2 - 9)}^3}$$

$$= \frac{3}{4} \cdot \frac{x^4 - 18x^2 - 27}{\sqrt{x \cdot (x^2 - 9)}^3}$$

Notwendige Bedingung: $y' = 0 \rightarrow \dfrac{3}{2} \cdot \dfrac{x^2 - 3}{\sqrt{x \cdot (x^2 - 9)}} = 0$. Ein Bruch ist gleich 0, wenn der

Zähler gleich 0 und der Nenner ungleich 0 ist. Der konstante Faktor spielt keine Rolle: $x^2 - 3 = 0 \rightarrow x^2 = 3 \rightarrow x = -\sqrt{3}$ oder $x = \sqrt{3}$. Der zweite x-Wert liegt nicht in D, ist also belanglos. Der Punkt $(-\sqrt{3} \,;\, \sqrt{6\sqrt{3}}\,)$ ist ein Punkt mit waagrechter Tangente.

Hinreichende Bedingung: $y''(-\sqrt{3}) = \dfrac{3}{4} \cdot \dfrac{9 - 18 \cdot 3 - 27}{\sqrt{6\sqrt{3}}^3} = \dfrac{3}{4} \cdot \dfrac{-72}{\sqrt{6\sqrt{3}}^3} < 0$. Der Punkt mit

waagrechter Tangente ist ein Maximum.

(ii) $y = -\sqrt{x \cdot (x^2 - 9)}$

Der Graph dieser Funktion ist ein Spiegelbild des Graphen von $y = \sqrt{x \cdot (x^2 - 9)}$ an der x-Achse. Beide Funktionen haben daher dieselbe Definitionsmenge und dieselben Nullstellen. Die ersten und zweiten Ableitungen unterscheiden sich nur im Vorzeichen. Der Punkt $(-\sqrt{3} \,;\, -\sqrt{6\sqrt{3}}\,)$ ist ein Minimum. Das Spiegelbild ist gestrichelt gezeichnet.

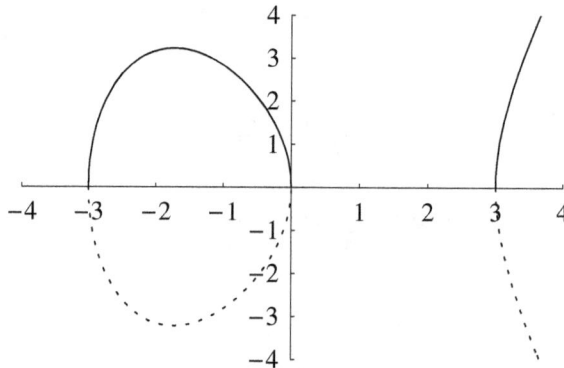

L9: $y = e^{-\frac{x}{10}} \cdot \sin x$

(a) Definitionsmenge: In den Term $-\frac{x}{10}$ darf jede reelle Zahl für x eingesetzt werden; ebenso in $e^{-\frac{x}{10}}$, da die e-Funktion $y = e^x$ die Definitionsmenge **R** hat. Dasselbe gilt für $y = \sin x$; ihre Definitionsmenge ist **R**. Daher folgt für die gegebene Funktion $D = \mathbf{R}$.

(b) Nullstellen: Bedingung $y = 0 \rightarrow e^{-\frac{x}{10}} \cdot \sin x = 0$. Ein Produkt aus zwei Faktoren ist 0, wenn (1) der erste oder (2) der zweite Faktor gleich 0 ist:

(1) $e^{-\frac{x}{10}} = 0$. Keine Lösung!
(2) $\sin x = 0 \rightarrow x = k \cdot \pi$ mit $k \in \mathbf{Z}$ (**Z** Menge der ganzen Zahlen)
Es gibt unendlich viele Nullstellen.

(c) Extremwerte: Zur Berechnung der ersten Ableitung benötigen wir die Produktregel und innerhalb dieser die Kettenregel:

$$y' = e^{-\frac{x}{10}} \cdot \cos x + \left[e^{-\frac{x}{10}} \right]' \cdot \sin x$$

Um die Ableitung der eckigen Klammer zu erhalten, setzen wir $g = -x/10$. Die eckige Klammer hat dann die Form e^g. Als Ableitung der eckigen Klammer ergibt sich: $e^g \cdot (-1)/10 = -1/10 \cdot e^{-x/10}$. Dieses Ergebnis wird in y' eingesetzt:

$$y' = e^{-\frac{x}{10}} \cdot \cos x + \frac{-1}{10} \cdot e^{-\frac{x}{10}} \cdot \sin x = e^{-\frac{x}{10}} \cdot \left(\cos x - \frac{1}{10} \cdot \sin x \right)$$

Produktregel:

$$y'' = \left[e^{-\frac{x}{10}} \right]' \cdot \left(\cos x - \frac{1}{10} \sin x \right) + e^{-\frac{x}{10}} \cdot \left(-\sin x - \frac{1}{10} \cos x \right)$$

Die eckige Klammer wurde bereits abgeleitet:

$$y'' = \frac{-1}{10} \cdot e^{-\frac{x}{10}} \cdot \left(\cos x - \frac{1}{10} \sin x \right) + e^{-\frac{x}{10}} \cdot \left(-\sin x - \frac{1}{10} \cos x \right)$$

$$= e^{-\frac{x}{10}} \cdot \left(-0{,}99 \cdot \sin x - 0{,}2 \cdot \cos x \right)$$

Notwendige Bedingung: $y' = 0$, also $e^{-\frac{x}{10}} \cdot (\cos x - 0{,}1 \cdot \sin x) = 0$. Ein Produkt aus zwei Faktoren ist 0, wenn der (1) erste oder (2) zweite Faktor gleich 0 ist:

(1) $e^{-\frac{x}{10}} = 0$. Keine Lösung!

(2) $\cos x - 0{,}1 \cdot \sin x = 0 \;\rightarrow\; \cos x = 0{,}1 \cdot \sin x$. Da die Nullstellen von $y = \sin x$ nicht mit den Nullstellen von $y = \cos x$ übereinstimmen, können diese Nullstellen nicht Lösung der obigen Gleichung sein. Man darf diese Gleichung somit durch $\sin x$ dividieren: $\cot x = 0{,}1 \;\rightarrow\; x = 1{,}47 + k \cdot \pi$ mit $k \in \mathbf{Z}$ ($\mathbf{Z}$ Menge der ganzen Zahlen)

Die zugehörigen Ordinatenwerte lauten: $e^{\frac{1{,}47+k\cdot\pi}{10}} \cdot \sin(1{,}47 + k \cdot \pi)$ mit $k \in \mathbf{Z}$.

Hinreichende Bedingung: Der Term $e^{\frac{x}{10}}$ ist für alle x positiv. Es kommt also nur noch auf die Klammer an. Wir unterscheiden:

(1) $x = 1{,}47 + 2k\cdot\pi \;\rightarrow\; \sin(1{,}47 + 2k\cdot\pi) > 0$ und $\cos(1{,}47 + 2k\cdot\pi) > 0 \;\rightarrow\; y'' < 0 \;\rightarrow$ Maximum.

(2) $x = 1{,}47 + (2k+1)\cdot\pi \;\rightarrow\; \sin(1{,}47 + (2k+1)\cdot\pi) < 0$ und $\cos(1{,}47 + (2k+1)\cdot\pi) < 0 \;\rightarrow\; y'' > 0 \;\rightarrow$ Minimum.

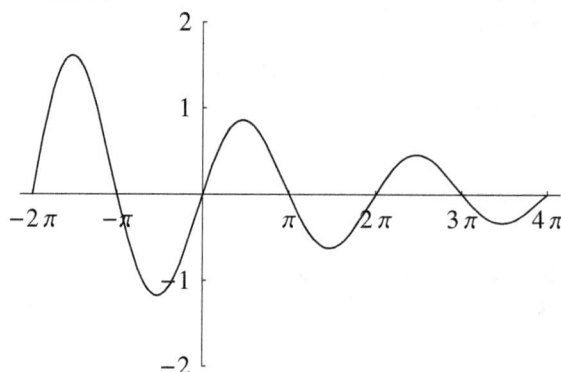

L10: $y = a_0\,x^3 + a_1\,x^2 + a_2\,x + a_3$ mit $a_0 \neq 0$

(a) Das Minimum liegt bei einer Funktion dritten Grades links vom Maximum, wenn $a_0 < 0$.

Es gilt $y' = 3a_0\,x^2 + 2a_1\,x + a_2$. Notwendige Bedingung für die Existenz von Extremwerten: $y' = 0$, das heißt $3a_0\,x^2 + 2a_1\,x + a_2 = 0$, also

$$x = \frac{-2a_1 \pm \sqrt{4a_1^2 - 4 \cdot 3a_0 \cdot a_2}}{6a_0}$$

Es gibt zwei verschiedene x-Werte und damit zwei verschiedene Punkte mit waagrechter Tangente, wenn der Radikand größer als 0 ist: $4a_1^2 - 12a_0a_2 > 0$, das heißt $a_1^2 - 3a_0a_2 > 0$.

Die x-Koordinate des Wendepunktes erhält man, indem man y'' gleich 0 setzt:

$$y'' = 6a_0x + 2a_1 = 0 \;\rightarrow\; x = \frac{-2a_1}{6a_0} = \frac{-a_1}{3a_0}$$

Diese x-Koordinate soll positiv sein: $\dfrac{-a_1}{3a_0} > 0$, also $\dfrac{a_1}{3a_0} < 0$. Da $a_0 < 0$ folgt $a_1 > 0$.

(b) Die Bedingungen ergeben sich unmittelbar aus den Überlegungen unter (a):

$$a_1^2 - 3a_0a_2 < 0 \quad \text{und} \quad [a_1 > 0;\ a_0 < 0 \text{ oder } a_1 < 0;\ a_0 > 0]$$

L11:

(a) $y = -2x^3 + 5x^2 + 4x$ (durchgezogen gezeichnet)

(b) $y' = -6x^2 + 10x + 4$ (gepunktet gezeichnet)

(c) $\bar{y} = -2x^2 + 5x + 4$ (gestrichelt gezeichnet)

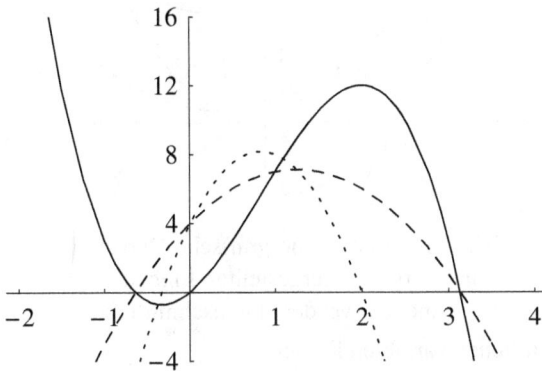

Ökonomische Deutung: Wir beschränken die grafische Darstellung auf $x \geq 0$ und $y \geq 0$. Sodann sei x die Anzahl der von einem Produkt hergestellten Einheiten, $y(x)$ die Ertragskurve, y' die Grenzertragskurve und $\bar{y}$ die Durchschnittsertragskurve.

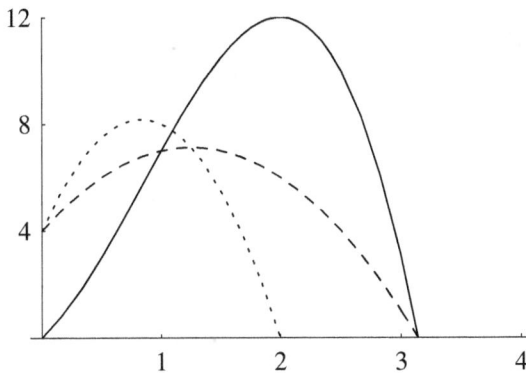

L12:

(a) $y = 3x^3 - 2x^2 + x + 6$ (durchgezogen gezeichnet)

(b) $y' = 9x^2 - 4x + 1$ (gestrichelt gezeichnet)

(c) $\bar{y} = 3x^2 - 2x + 1 + \dfrac{6}{x}$ (gepunktet gezeichnet)

(d) $\bar{y}_v = 3x^2 - 2x + 1$ (durch Punkt-Strich-Linie gezeichnet)

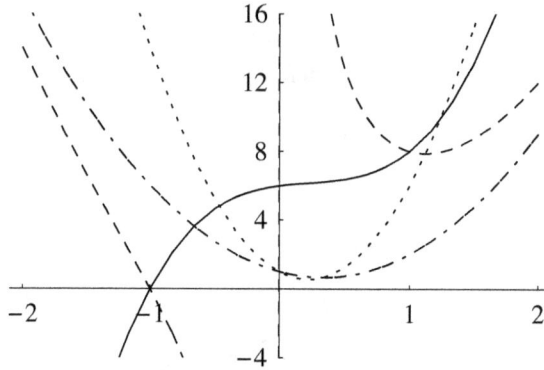

Ökonomische Deutung: Wir beschränken die grafische Darstellung auf $x \geq 0$ und $y \geq 0$. Es sei x die Anzahl der von einem Produkt hergestellten Einheiten; $y(x)$ die Gesamtkostenkurve, y' die Grenzkostenkurve, $\bar{y}$ die Kurve der durchschnittlichen Gesamtkosten und $\bar{y}_v$ die Kurve der durchschnittlichen variablen Kosten.

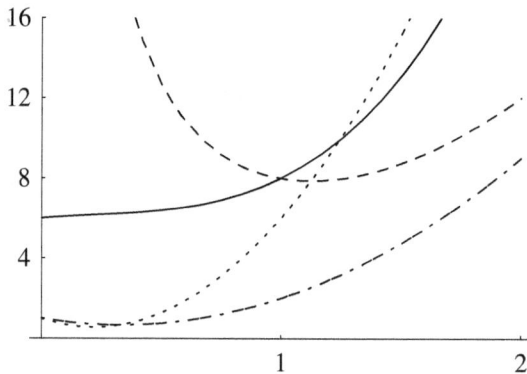

IV. Funktionen z = f(x, y) von zwei unabhängigen Variablen. Extremwerte dieser Funktionen

A. Definitionen, Lehrsätze und Erläuterungen

Definition: Sei D eine Menge von Paaren $(x\,;y)$ reeller Zahlen. Wird jedem Element $(x\,;y)$ $\in D$ mittels einer Zuordnungsvorschrift f genau ein Element $z \in \mathbf{R}$ zugeordnet, so nennt man f eine *Funktion von zwei unabhängigen Variablen* und bezeichnet sie mit $z = f(x\,,y)$. Dabei ist z die abhängige Variable. Man bezeichnet D als die *Definitionsmenge* von $z = f(x\,;y)$ und

$$W = \{z \mid z \in \mathbf{R} \text{ und } z = f(x\,;y) \text{ mit } (x\,;y) \in D\}$$

als die *Wertemenge* dieser Funktion.

Bemerkung: Man erhält die grafische Darstellung einer Funktion $z = f(x\,;y)$, wenn man die Punkte $(x\,;y\,;z)$ mit $(x\,;y) \in D$ in ein dreidimensionales Koordinatensystem überträgt. Geometrisch kann man sich unter $z = f(x\,;y)$ eine Fläche im dreidimensionalen Raum vorstellen.

Beispiele: (a) $z = f(x\,;y) = (x-2)^2 + (y-2)^2$

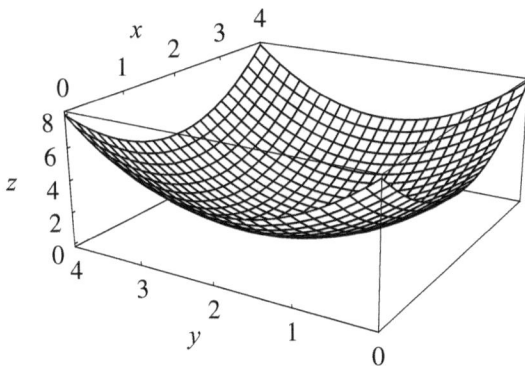

(b) $z = f(x\,;y) = -x^2 + 2xy + y^2 + 4x + 4y + 1$

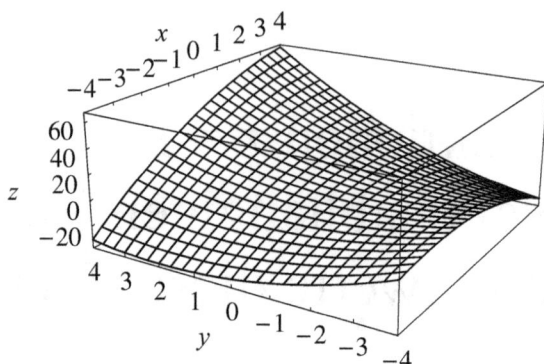

Definition: Sei $I = \{(x\,;y) \mid x, y \in \mathbf{R}$ und $a_1 < x < b_1$ und $a_2 < y < b_2\}$ ein offenes Rechteck der x-y-Ebene, das ganz in D liegt. Ist dann $(x^*\,;y^*) \in I$ und existieren die Grenzwerte

$$\lim_{h \to 0} \frac{f(x^*+h, y^*) - f(x^*, y^*)}{h} \quad \text{und} \quad \lim_{h \to 0} \frac{f(x^*, y^*+h) - f(x^*, y^*)}{h}$$

so ist $z = f(x\,;y)$ im Punkt $(x^*\,;y^*)$ *einmal partiell ableitbar (differenzierbar)*. Man schreibt $\dfrac{\partial z}{\partial x} = z'_x$ und $\dfrac{\partial z}{\partial y} = z'_y$. Dies sind die *ersten partiellen Ableitungen* von $z = f(x\,;y)$. Ist $z = f(x\,;y)$ in jedem Punkt $(x^*\,;y^*) \in I$ ableitbar, so bezeichnet man $z = f(x\,;y)$ als *einmal in I partiell ableitbar*.

Bemerkungen:
(a) Man kann alle Ableitungsregeln, die in Abschnitt A des Kapitels II aufgelistet sind, auch zur Bildung der partiellen Ableitungen verwenden. Bei der Ableitung nach x [y] wird y [x] wie eine Konstante behandelt.
(b) Die ersten partiellen Ableitungen bestimmen die Tangentialebene in jedem Punkt der Fläche $z = f(x\,;y)$.
(c) Die ersten partiellen Ableitungen von $z = f(x\,;y)$ sind wiederum Funktionen von x und y. Man kann erneut die ersten partiellen Ableitungen (der ersten partiellen Ableitungen) bilden (soweit dies möglich ist).

Definition: Die ersten partiellen Ableitungen der ersten partiellen Ableitungen bezeichnet man als *zweite partielle Ableitungen* von $z = f(x\,;y)$:

$$\frac{\partial^2 z}{\partial x^2} = z''_x \quad ; \quad \frac{\partial^2 z}{\partial y^2} = z''_y \quad ; \quad \frac{\partial^2 z}{\partial x \partial y} = z''_{xy} \quad ; \quad \frac{\partial^2 z}{\partial y \partial x} = z''_{yx}$$

Lehrsatz 1: Für diejenigen Funktionen, die wir im Rahmen dieses Buchs behandeln, gilt $z''_{xy} = z''_{yx}$. Die *gemischten zweiten partiellen Ableitungen* von $z = f(x\,;y)$ stimmen überein.

Definition: Ein Punkt $(x^* ; y^* ; z^*)$ wird als ein *(relatives) Maximum [Minimum]* der Funktion $z = f(x ; y)$ bezeichnet, wenn sich ein offenes Rechteck um $(x^* ; y^*)$ in der x-y-Ebene finden lässt, so dass $z^* = f(x^* ; y^*)$ der größte [kleinste] Funktionswert über dem gesamten Rechteck ist.

Lehrsatz 2:
(a) Ein Punkt $(x^* ; y^* ; z^*)$ ist ein Extremwert (Minimum oder Maximum) von $z = f(x ; y)$, wenn an der Stelle $(x^* ; y^*)$
  (i)   sowohl $z'_x = 0$ als auch $z'_y = 0$ sind *(notwendige Bedingung)* und

  (ii) auch $z''_{xx} \cdot z''_{yy} - (z''_{xy})^2 > 0$ ist *(hinreichende Bedingung)*.

  Gilt $z''_{xx} \cdot z''_{yy} - (z''_{xy})^2 < 0$ an der Stelle $(x^* ; y^*)$, so liegt kein Extremwert vor.
(b) Hat die Untersuchung bereits ergeben, dass $(x^* ; y^* ; z^*)$ ein Extremwert von $z = f(x ; y)$ ist, so handelt es sich um ein
  (i)   Maximum, wenn an der Stelle $(x^* ; y^*)$ gilt: $z''_{xx} \, [z''_{yy}] < 0$,

  (ii) Minimum, wenn an der Stelle $(x^* ; y^*)$ gilt: $z''_{xx} \, [z''_{yy}] > 0$.

Definition: Eine Gleichung, die neben den Variablen x, y und z (die aber nicht erscheinen müssen) noch mindestens eine partielle Ableitung von $z = f(x ; y)$ enthält, bezeichnet man als eine *partielle Differenzialgleichung*.

Beispiel: $x \cdot z'_x + y \cdot z'_y = v \cdot z$ mit $v \in \mathbf{R}$, *Eulersche Differenzialgleichung*.

Definition: Die Lösungen der Eulerschen Differenzialgleichung bezeichnet man als *homogene Funktionen*; v ist der *Homogenitätsgrad*.

Lehrsatz 3: Die Paare $(x_1 ; y_1)$, $(x_2 ; y_2)$, ..., $(x_n ; y_n)$ seien n Punkte einer Ebene mit verschiedenen x-Koordinaten, $y = ax + b$ sei eine Geradengleichung. Dann lassen sich die Parameter a und b eindeutig so bestimmen, dass

$$z = \sum_{i=1}^{n} \left[y_i - (ax_i + b) \right]^2$$

ein Minimum wird. Lösung:

$$a = \frac{n \cdot \sum_{i=1}^{n} x_i y_i - \sum_{i=1}^{n} x_i \cdot \sum_{i=1}^{n} y_i}{n \cdot \sum_{i=1}^{n} x_i^2 - \left(\sum_{i=1}^{n} x_i \right)^2} \; ; \quad b = \frac{\sum_{i=1}^{n} x_i^2 \cdot \sum_{i=1}^{n} y_i - \sum_{i=1}^{n} x_i \cdot \sum_{i=1}^{n} x_i y_i}{n \cdot \sum_{i=1}^{n} x_i^2 - \left(\sum_{i=1}^{n} x_i \right)^2}$$

Man bezeichnet die so festgelegte Gerade $y = ax + b$ die *Regressionsgerade*.

Partielle Ableitungen einer Funktion $z = f(x_1, x_2, ..., x_n)$ von mehr als zwei unabhängigen Variablen

Definition: Zu einer Funktion $z = f(x_1, x_2, ..., x_n)$ lassen sich n erste partielle Ableitungen bilden. Man erhält z'_{x_i} ($i = 1, 2, ..., n$), indem man z nach x_i ableitet und alle übrigen Variablen wie Konstanten behandelt. Entsprechendes gilt für die Berechnung der zweiten partiellen Ableitungen.

Definition: Ist $z = f(x_1, x_2, \ldots, x_n)$ an der Stelle $(x_1{}^*, x_2{}^*, \ldots, x_n{}^*)$ partiell ableitbar, so nennt man

$$dz = \frac{\partial z}{\partial x_1}(x_1^*, \ldots, x_n^*) \cdot dx_1 + \ldots + \frac{\partial z}{\partial x_n}(x_1^*, \ldots, x_n^*) \cdot dx_n$$

das *totale Differenzial* der Funktion $z = f(x_1, x_2, \ldots, x_n)$ an der Stelle $(x_1{}^*, x_2{}^*, \ldots, x_n{}^*)$.

Bemerkung: Für den Spezialfall $z = f(x, y)$ lautet das totale Differenzial an der Stelle (x^*, y^*)

$$dz = z_x'(x^*, y^*) \cdot dx + z_y'(x^*, y^*) \cdot dy$$

Methode von Lagrange: Extremwerte einer Funktion $z = f(x, y)$ unter einer Nebenbedingung: Es sind die Extremwerte (Minima oder Maxima) der gegebenen Funktion zu bestimmen unter der Nebenbedingung $g(x, y) = 0$.

Lehrsatz 4: Man bestimme zunächst die *Lagrangefunktion*:

$$Z(x, y, \lambda) = f(x, y) + \lambda \cdot g(x, y)$$

wobei man λ als den *Lagrangemultiplikator* bezeichnet. Die *notwendige Bedingung* lautet: $Z_x' = 0$ und $Z_y' = 0$ und $Z_\lambda' = 0$.

Hinreichende Bedingung: Erfüllt ein Punkt $(x^* ; y^* ; z^*)$ die notwendige Bedingung, so liegt ein Maximum vor, wenn der Wert der Determinante

$$\begin{vmatrix} Z_{xx}'' & Z_{xy}'' & Z_{x\lambda}'' \\ Z_{xy}'' & Z_{yy}'' & Z_{y\lambda}'' \\ Z_{x\lambda}'' & Z_{y\lambda}'' & Z_{\lambda\lambda}'' \end{vmatrix} > 0 \quad \text{an der Stelle } (x^* ; y^*)$$

Es liegt ein Minimum vor, wenn diese Determinante an der Stelle $(x^* ; y^*)$ negativ ist.

Definition: Gegeben sei die partiell differenzierbare Funktion $z = f(x, y)$. Den Term

$$\varepsilon_{z,x} = \frac{x}{z} \cdot \frac{\partial z}{\partial x}$$

bezeichnet man als *partielle Elastizität von z bezüglich x* und den Term

$$\varepsilon_{z,y} = \frac{y}{z} \cdot \frac{\partial z}{\partial y}$$

als *partielle Elastizität von z bezüglich y*.

Lehrsatz 5: Sei $z = f(x, y)$ eine zweimal partiell differenzierbare Funktion mit $\partial z / \partial y = f_y'$

$\neq 0$ und c ein Element der Wertemenge, dann wird durch die Gleichung $f(x, y) = c$ implizit eine Funktion $y = g(x)$ definiert, die ebenfalls zweimal differenzierbar ist. Es gelten:

$$\frac{dy}{dx} = -\frac{f_x'}{f_y'}$$

$$\frac{d^2y}{dx^2} = -\frac{1}{(f_y')^3}\left[(f_y')^2 \cdot f_{xx}'' - 2 \cdot f_x' \cdot f_y' \cdot f_{xy}'' + (f_x')^2 \cdot f_{yy}''\right]$$

Definition: Die Funktion $y = g(x)$ mit c als Parameter bezeichnet man als das *Niveaulinienfeld* von $y = f(x, y)$.

Lehrsatz 6: Die Funktion $z = -\sum_{i=1}^{n} p_i \cdot \ln p_i$ hat unter Einhaltung der Nebenbedingung

$\sum_{i=1}^{n} p_i = 1$ ein Maximum für $p_1 = p_2 = \ldots = p_n = \dfrac{1}{n}$.

B. Aufgaben

1. Es sind die ersten partiellen Ableitungen folgender Funktionen gesucht:

(a) $z = \dfrac{xy}{\ln(x^2)}$　　　(b) $z = \sqrt{\dfrac{2x^2 - y}{x}}$　　　(c) $z = \sqrt[4]{x^2 y} + \sqrt[3]{xy^2}$

(d) $z = \tan^2(x^2 + y^2) + x - y$　　(e) $z = \dfrac{x^2}{\sin(xy)}$　　　(f) $z = x^y$

(g) $z = \sin(x \cdot \ln y)$

2. Die ersten und zweiten partiellen Ableitungen sind zu berechnen:

(a) $z = x^2 y + x - y$　　　(b) $z = y \cdot e^x$　　　(c) $z = \ln x + x^2 - 3y$

(d) $z = y \cdot \sin x - x \cdot \cos y$　　(e) $z = (x^2 - 1) \cdot (x - y^2)$　　(f) $z = \ln(xy)$

(g) $z = e^{xy} - y \cdot \ln x$　　(h) $z = \sin(2x^2 - 2y)$

3. Man überprüfe anhand der Funktionen

(a) $z = 2x \cdot e^y + y^2$　und　(b) $z = e^x \cdot \ln(x + y)$

die Gleichung $z''_{xy} = z''_{yx}$.

4. Hat die Funktion $z = 2x^2 + xy + 4y^2 - 51x - 5y + 15$ Extremwerte? Wenn ja, wo liegen sie?

5. Es ist die Funktion $z = x^2 + 2axy + y^2 - 2ax - 2ay + 15$ mit $a \neq \pm 1$ gegeben. Für welche Werte von a hat diese Funktion Extremwerte? Handelt es sich um Minima beziehungsweise Maxima?

6. Hat die Funktion $z = ax^2 + 2xy + (1 - a) \cdot y^2 - 2ax - 2$ Extremwerte?

7. Hat die Funktion $z = \sqrt{1 - x^2 - y^2}$ ein Minimum oder ein Maximum?

8. Welchen Homogenitätsgrad haben die folgenden Funktionen:

(a) $z = x^2 + y^2$　　(b) $z = a \cdot x^r \cdot y^{1-r}$ mit $0 < r < 1$　　(c) $z = \sqrt[r]{x^r + y^r}$

9. Zu den folgenden Punkten ist die Regressionsgerade zu bestimmen:

(a) $(1 ; -3), (2 ; 5), (3 ; 6)$

(b) $(2 ; -4), (4 ; 8), (5 ; 6), (7 ; 9)$

Man setze nicht in die Formeln des Lehrsatzes 3 ein, sondern berechne in beiden Fällen die Regressionsgerade nach Lehrsatz 2.

10. Zu berechnen sind die Extremwerte von z unter der angegebenen Nebenbedingung. Lösung mit Hilfe der Methode von Lagrange:

(a) $z = -x^2 - \dfrac{1}{2}y^2 + 4$ unter $-2x - y = 0$

(b) $z = x + y + 4$ unter $x^2 + y^2 = 1$

(c) $z = x \cdot y$ unter $x + y^2 = 1$

(d) $z = x \cdot y^2$ unter $x^2 + y = 1$

(e) $z = ax + by$ mit $a, b > 0$ unter $x^r \cdot y^s = c$ mit $0 < r, s < 1, c > 0$ und $x, y > 0$

(f) $z = x^r \cdot y^s$ mit $0 < r, s < 1$ unter $ax + by = c$ mit $a, b, c > 0$ und $x, y > 0$

(g) $z = -p_1 \cdot \ln p_1 - p_2 \cdot \ln p_2$ mit $0 < p_1, p_2 < 1$ unter $p_1 + p_2 = 1$

11. Gegeben ist die Funktion $z = x^r \cdot y^s$ mit $0 < r, s < 1$ und $x, y > 0$.

(a) Sei $r = \dfrac{1}{4}$ und $s = \dfrac{3}{4}$. Die Niveaulinien für $z = c = 1; 2; 3; 4$ sind grafisch darzustellen.

(b) Man berechne die erste und zweite Ableitung der Niveaulinien der Funktion $z = x^r \cdot y^s$ mit Hilfe der Formeln aus Lehrsatz 5.

12. Gegeben ist die Funktion $z = x^r \cdot y^s$ mit $0 < r, s < 1$ und $x, y > 0$. Man bilde die partiellen Elastizitäten von z bezüglich x und von z bezüglich y.

13. Es ist zu zeigen, dass die Funktion $z = f(x, y)$ die gegebene Differenzialgleichung erfüllt:

(a) $z = Ax + \dfrac{c - A^2}{b} \cdot y - \dfrac{aA}{2b} \cdot y^2 + B$ mit $(z'_x)^2 + ayz'_x + bz'_y = c$

(b) $z = A \cdot y^2 - \left(x + \dfrac{B}{y} \right)^2$ mit $(z'_x)^2 + xz'_x - yz'_y + 2z = 0$

(c) $z = 2 \cdot \sqrt{\dfrac{A}{x}} + \dfrac{Ay + B}{x}$ mit $(xz'_x + z)^2 = z'_y$

(d) $z = Axe^y - \dfrac{a}{A} \cdot (y^2 + 2y + 2) \cdot e^{-y} + B$ mit $x \cdot (z'_x)^2 - z'_x z'_y + ay^2 = 0$

C. Lösungen

L1: (a) $z = \dfrac{xy}{\ln(x^2)}$. Vereinfachung: $z = \dfrac{xy}{2 \cdot \ln x}$. Quotientenregel:

$$z'_x = \frac{1}{2} \cdot \frac{(\ln x) \cdot y - xy \cdot \dfrac{1}{x}}{(\ln x)^2} = \frac{1}{2} \cdot \frac{y \cdot \ln x - y}{(\ln x)^2} = \frac{y \cdot (\ln x - 1)}{2 \cdot (\ln x)^2}$$

$$z'_y = \frac{x}{2 \cdot \ln x}$$

(b) $z = \sqrt{\dfrac{2x^2 - y}{x}}$. Kettenregel mit $g = \dfrac{2x^2 - y}{x}$, dann $z = \sqrt{g}$. Ableitung von g nach x mit Hilfe der Quotientenregel:

$$z'_x = \frac{1}{2\sqrt{g}} \cdot \frac{x \cdot 4x - (2x^2 - y) \cdot 1}{x^2} = \frac{1}{2\sqrt{\dfrac{2x^2 - y}{x}}} \cdot \frac{2x^2 + y}{x^2} = \frac{\sqrt{x} \cdot (2x^2 + y)}{2 \cdot \sqrt{2x^2 - y} \cdot x^2}$$

$$= \frac{2x^2 + y}{2 \cdot \sqrt{2x^2 - y} \cdot (x\sqrt{x})}$$

$$z'_y = \frac{1}{2\sqrt{g}} \cdot \frac{1}{x} \cdot (-1) = \frac{1}{2\sqrt{\dfrac{2x^2 - y}{x}}} \cdot \left(-\frac{1}{x}\right) = \frac{\sqrt{x} \cdot (-1)}{2 \cdot \sqrt{2x^2 - y} \cdot x} = \frac{-1}{2 \cdot \sqrt{2x^2 - y} \cdot \sqrt{x}}$$

(c) $z = \sqrt[4]{x^2 y} + \sqrt[3]{xy^2}$. Vereinfachung: $z = \left(x^2 y\right)^{\frac{1}{4}} + \left(xy^2\right)^{\frac{1}{3}} = x^{\frac{1}{2}} y^{\frac{1}{4}} + x^{\frac{1}{3}} y^{\frac{2}{3}}$. Ableitung:

$$z'_x = \frac{1}{2} \cdot x^{-\frac{1}{2}} \cdot y^{\frac{1}{4}} + \frac{1}{3} \cdot x^{-\frac{2}{3}} y^{\frac{2}{3}} = \frac{1}{2} \cdot \sqrt[4]{\frac{y}{x^2}} + \frac{1}{3} \cdot \sqrt[3]{\left(\frac{y}{x}\right)^2}$$

$$z'_y = \frac{1}{4} \cdot x^{\frac{1}{2}} \cdot y^{-\frac{3}{4}} + \frac{2}{3} \cdot x^{\frac{1}{3}} y^{-\frac{1}{3}} = \frac{1}{4} \cdot \sqrt[4]{\frac{x^2}{y^3}} + \frac{2}{3} \cdot \sqrt[3]{\frac{x}{y}}$$

(d) $z = \tan^2(x^2 + y^2) + x - y$. Sei $g_2 = \tan g_1$ und $g_1 = x^2 + y^2$, dann $z = (g_2)^2$. Nach der Kettenregel gilt

$$z'_x = \frac{dz}{dg_2} \cdot \frac{dg_2}{dg_1} \cdot \frac{\partial g_1}{\partial x} = 2 \cdot g_2 \frac{1}{\cos^2 g_1} \cdot 2x + 1 = \frac{4x \cdot \tan(x^2 + y^2)}{\cos^2(x^2 + y^2)} + 1$$

$$= \frac{4x \cdot \sin(x^2 + y^2)}{\cos^3(x^2 + y^2)} + 1$$

Zur Bildung der partiellen Ableitung nach y benötigen wir ebenfalls die Kettenregel wie folgt

$$z'_y = \frac{dz}{dg_2} \cdot \frac{dg_2}{dg_1} \cdot \frac{\partial g_1}{\partial y} = 2 \cdot g_2 \frac{1}{\cos^2 g_1} \cdot 2y - 1 = \frac{4y \cdot \tan(x^2 + y^2)}{\cos^2(x^2 + y^2)} - 1$$

$$= \frac{4y \cdot \sin(x^2 + y^2)}{\cos^3(x^2 + y^2)} - 1$$

(e) $z = \dfrac{x^2}{\sin(xy)}$. Zunächst Anwendung der Quotientenregel:

$$z'_x = \frac{\sin(xy) \cdot 2x - x^2 \left[\sin(xy)\right]'_x}{\sin^2(xy)}$$

Jetzt ist die eckige Klammer noch partiell nach x abzuleiten unter Verwendung der Kettenregel. Sei $g = xy$, dann nimmt die eckige Klammer die Form $\sin g$ an. Ableitung der eckigen Klammer: $\cos g \cdot y = y \cdot \cos(xy)$. Eingesetzt:

$$z'_x = \frac{\sin(xy) \cdot 2x - x^2 \cdot y \cdot \cos(xy)}{\sin^2(xy)} = \frac{x \cdot \left[2\sin(xy) - xy \cdot \cos(xy)\right]}{\sin^2(xy)}$$

Zur Berechnung von z'_y benötigen wir ebenfalls die Quotientenregel und darin die Kettenregel:

$$z'_y = \frac{\sin(xy) \cdot 0 - x^2 \left[\sin(xy)\right]'_y}{\sin^2(xy)}$$

Ableitung der eckigen Klammer: $x \cdot \cos(xy)$, damit

$$z'_y = \frac{-x^2 \cdot x \cdot \cos(xy)}{\sin^2(xy)} = -\frac{x^3 \cdot \cos(xy)}{\sin^2(xy)}$$

(f) $z = x^y \rightarrow z'_x = y \cdot x^{y-1}$. Jetzt partielle Ableitung nach y. Umformung der gegebenen Funktion: $\ln z = \ln x^y = y \cdot \ln x \rightarrow z = e^{y \cdot \ln x}$. Sei $g = y \cdot \ln x \rightarrow z = e^g$. Kettenregel:

$$z'_y = \frac{dz}{dg} \cdot \frac{\partial g}{\partial y} = e^g \cdot \ln x = e^{y \cdot \ln x} \cdot \ln x = x^y \cdot \ln x$$

(g) $z = \sin(x \cdot \ln y)$. Ableitung nach der Kettenregel $z'_x = \dfrac{dz}{dg} \cdot \dfrac{\partial g}{\partial x}$. Sei $g = x \cdot \ln y$, dann

$z = \sin g$. Es folgt

$$z'_x = \cos g \cdot \ln y = \cos(x \cdot \ln y) \cdot \ln y$$

Ableitung nach y ebenfalls mit Hilfe der Kettenregel:

$$z'_y = \frac{dz}{dg} \cdot \frac{\partial g}{\partial y} = \cos g \cdot x \cdot \frac{1}{y} = \frac{x}{y} \cdot \cos(x \cdot \ln y)$$

L2: (a) $z = x^2 y + x - y \;\rightarrow\; z'_x = 2xy + 1; \; z'_y = x^2 - 1 \;\rightarrow\; z''_{xx} = 2y; \; z''_{xy} = 2x; \; z''_{yy} = 0$

(b) $z = y \cdot e^x \;\rightarrow\; z'_x = y \cdot e^x; \; z'_y = e^x \;\rightarrow\; z''_{xx} = y \cdot e^x; \; z''_{xy} = e^x; \; z''_{yy} = 0$

(c) $z = \ln x + x^2 - 3y \;\rightarrow\; z'_x = \dfrac{1}{x} + 2x; \; z'_y = -3; \;\rightarrow\; z''_{xx} = -\dfrac{1}{x^2} + 2; \; z''_{xy} = 0; \; z''_{yy} = 0$

(d) $z = y \cdot \sin x - x \cdot \cos y \;\rightarrow\; z'_x = y \cdot \cos x - \cos y; \; z'_y = \sin x - x \cdot (-\sin y) = \sin x + x \cdot \sin y \;\rightarrow$

$z''_{xx} = y \cdot (-\sin x) = -y \cdot \sin x; \; z''_{xy} = \cos x - (-\sin y) = \cos x + \sin y; \; z''_{yy} = x \cdot \cos y$

(e) $z = (x^2 - 1) \cdot (x - y^2)$. Zunächst Umformung: $z = x^3 - x^2 y^2 - x + y^2 \;\rightarrow\; z'_x = 3x^2 - 2xy^2 - 1;$

$z'_y = -2x^2 y + 2y \;\rightarrow\; z''_{xx} = 6x - 2y^2; \; z''_{xy} = -4xy; \; z''_{yy} = -2x^2 + 2$

(f) $z = \ln(xy)$. Umformung: $z = \ln x + \ln y \;\rightarrow\; z'_x = \dfrac{1}{x}; \; z'_y = \dfrac{1}{y} \;\rightarrow\; z''_{xx} = -\dfrac{1}{x^2}; \; z''_{xy} = 0;$

$$z''_{yy} = -\frac{1}{y^2}$$

(g) $z = e^{xy} - y \cdot \ln x$. Der erste Summand wird nach der Kettenregel abgeleitet. Sei $g = xy$, dann nimmt der Summand die Form e^g an:

$$z'_x = e^g \cdot y - y \cdot \frac{1}{x} = y \cdot e^{xy} - \frac{y}{x} \quad \text{und} \quad z'_y = e^g \cdot x - \ln x = x \cdot e^{xy} - \ln x$$

Zur Berechnung der zweiten partiellen Ableitung ist einmal die Produktregel und dreimal die Kettenregel erforderlich. Für die Kettenregel kann dieselbe Substitution verwendet werden wie eben bei der Berechnung der ersten partiellen Ableitung:

$$z''_{xx} = y \cdot \left[e^{xy}\right]'_x - y \cdot \left(-\frac{1}{x^2}\right) = y \cdot y e^{xy} + \frac{y}{x^2} = y^2 \cdot e^{xy} + \frac{y}{x^2}$$

$$z''_{xy} = y \cdot \left[e^{xy}\right]'_y + 1 \cdot e^{xy} - \frac{1}{x} = y \cdot x e^{xy} + e^{xy} - \frac{1}{x} = (xy + 1) \cdot e^{xy} - \frac{1}{x}$$

$$z''_{yy} = x \cdot \left[e^{xy}\right]'_y = x \cdot x e^{xy} = x^2 e^{xy}$$

(h) $z = \sin(2x^2 - 2y)$. Sei $g = 2x^2 - 2y$, dann $z = \sin g$. Kettenregel:

$$z'_x = \frac{dz}{dg} \cdot \frac{\partial g}{\partial x} = \cos g \cdot 4x = 4x \cdot \cos(2x^2 - 2y)$$

Dieselbe Substitution und die entsprechende Kettenregel ergeben:

$$z'_y = \frac{dz}{dg} \cdot \frac{\partial g}{\partial y} = \cos g \cdot (-2) = -2 \cdot \cos(2x^2 - 2y)$$

Weiterhin mit derselben Substitution:

$$z''_{xx} = 4\cos g + 4x(-\sin g) \cdot 4x = 4\cos(2x^2 - 2y) - 16x^2 \sin(2x^2 - 2y)$$
$$z''_{xy} = 4x(-\sin g) \cdot (-2) = 8x \sin(2x^2 - 2y)$$
$$z''_{yy} = -2 \cdot (-\sin g) \cdot (-2) = -4 \sin(2x^2 - 2y)$$

L3: (a) $z = 2x \cdot e^y + y^2$. Einerseits $z'_x = 2 \cdot e^y \rightarrow z''_{xy} = 2 \cdot e^y$; andererseits $z'_y = 2x \cdot e^y + 2y \rightarrow z''_{yx} = 2 \cdot e^y$.

(b) $z = e^x \cdot \ln(x + y)$. Produktregel:

$$z'_x = e^x \ln(x+y) + e^x \left[\ln(x+y)\right]'_x$$

Die eckige Klammer wird mit Hilfe der Kettenregel abgeleitet. Sei $g = x + y$, dann nimmt die eckige Klammer die Form $\ln g$ an. Ableitung der eckigen Klammer: $1/g \cdot 1 = 1/(x+y)$. Eingesetzt:

$$z'_x = e^x \cdot \ln(x+y) + e^x \cdot \frac{1}{x+y} = e^x \cdot \left(\ln(x+y) + \frac{1}{x+y}\right)$$

Da die erste partielle Ableitung von $\ln(x + y)$ nach x und nach y gleich $1/(x + y)$ ist, erhält man

$$z''_{xy} = e^x \cdot \left(\frac{1}{x+y} + \left[\frac{1}{x+y}\right]'_y\right)$$

Die Ableitung der eckigen Klammer, die die Form $1/g$ hat, lautet: $-\dfrac{1}{g^2} \cdot 1 = -\dfrac{1}{(x+y)^2}$.

Eingesetzt:

$$z''_{xy} = e^x \cdot \left(\frac{1}{x+y} - \frac{1}{(x+y)^2}\right) = e^x \cdot \frac{x+y-1}{(x+y)^2}$$

Der Term z'_y ergibt sich aus dem bereits Gesagten: $z'_y = e^x \cdot \dfrac{1}{x+y}$. Damit

$$z''_{yx} = e^x \cdot \frac{1}{x+y} + e^x \cdot \left(-\left(\frac{1}{x+y}\right)^2\right) = e^x \cdot \left(\frac{1}{x+y} - \frac{1}{(x+y)^2}\right) = e^x \cdot \frac{x+y-1}{(x+y)^2}$$

L4: $z = 2x^2 + xy + 4y^2 - 51x - 5y + 15 \;\rightarrow\; z'_x = 4x + y - 51;\; z'_y = x + 8y - 5 \rightarrow\; z''_{xx} = 4;$
$z''_{xy} = 1;\; z''_{yy} = 8.$

Notwendige Bedingung:

$$4x + y - 51 = 0$$
$$x + 8y - 5 = 0$$

Aus der ersten Gleichung: $y = 51 - 4x$. Eingesetzt in die zweite Gleichung:

$$x + 8 \cdot (51 - 4x) - 5 = 0 \;\rightarrow\; x + 408 - 32x - 5 = 0 \;\rightarrow\; -31x = -403 \;\rightarrow$$

$$x = 13 \;\rightarrow\; y = 51 - 4 \cdot 13 = -1 \;\rightarrow\; z = 2 \cdot 169 + 13 \cdot (-1) + 4 - 663 + 5 + 15 = -314$$

Also ist $(13\,;\,-1\,;\,-314)$ ein Punkt mit waagrechter Tangentialebene.

Hinreichende Bedingung: An der Stelle $x = 13$ und $y = -1$ gilt

$$z''_{xx} \cdot z''_{yy} - (z''_{xy})^2 = 4 \cdot 8 - 1 = 31 > 0$$

Also liegt ein Extremwert vor. Da $z''_{xx} = 4 > 0$, ist der Punkt $(13\,;\,-1\,;\,-314)$ ein Minimum.

L5: $z = x^2 + 2axy + y^2 - 2ax - 2ay + 15$ mit $a \neq \pm 1 \;\rightarrow$

$$z'_x = 2x + 2ay - 2a;\; z'_y = 2ax + 2y - 2a \;\rightarrow\; z''_{xx} = 2;\; z''_{xy} = 2a;\; z''_{yy} = 2$$

Notwendige Bedingung:

$$2x + 2ay - 2a = 0$$
$$2ax + 2y - 2a = 0$$

Wir dividieren beide Gleichungen durch 2:

$$x + ay - a = 0$$
$$ax + y - a = 0$$

Aus der ersten Gleichung: $x = a - ay$. Eingesetzt in die zweite Gleichung:

$$a \cdot (a - ay) + y - a = 0 \;\rightarrow\; a^2 - a^2 y + y - a = 0 \;\rightarrow\; y \cdot (1 - a^2) = a - a^2$$

Da $a \neq \pm 1$, gilt $y = \dfrac{a - a^2}{1 - a^2} = \dfrac{a \cdot (1-a)}{(1-a) \cdot (1+a)} = \dfrac{a}{1+a}$. Daraus folgt: $x = a - a \cdot \dfrac{a}{1+a} = \dfrac{a}{1+a}$.

Hinreichende Bedingung: Die zweiten partiellen Ableitungen hängen nicht von x und y ab, also

$$z''_{xx} \cdot z''_{yy} - (z''_{xy})^2 = 2 \cdot 2 - 4a^2 = 4 \cdot (1 - a^2)$$

Dieser Term ist positiv, wenn $1 - a^2 > 0$, also $-1 < a < 1$. Es gibt somit Extremwerte, wenn $-1 < a < 1$. Da $z''_{xx} = 2$, also positiv ist für alle a, liegt an der Stelle $x = y = a/(1 + a)$ ein Minimum vor.

L6: $z = ax^2 + 2xy + (1 - a) \cdot y^2 - 2ax - 2 \; \rightarrow \; z'_x = 2ax + 2y - 2a; \; z'_y = 2x + 2 \cdot (1 - a) \cdot y \; \rightarrow$
$z''_{xx} = 2a; \; z''_{xy} = 2; \; z''_{yy} = 2 \cdot (1 - a)$.

Notwendige Bedingung:

$$2ax + \quad\quad 2y \quad\quad - \quad 2a \; = \; 0$$
$$2x + \quad 2 \cdot (1 - a) \cdot y \quad\quad\quad = \; 0$$

Wir dividieren beide Gleichungen durch 2:

$$ax + \quad\quad y \quad\quad - \quad a \; = \; 0$$
$$x + \quad (1 - a) \cdot y \quad\quad\quad = \; 0$$

Aus der ersten Gleichung: $y = a \cdot (1 - x)$. Eingesetzt in die zweite Gleichung:

$$x + (1 - a) \cdot a \cdot (1 - x) = 0 \; \rightarrow$$
$$x + (1 - a) \cdot a - (1 - a) \cdot ax = 0 \; \rightarrow$$
$$x \cdot [a^2 - a + 1] = (a - 1) \cdot a$$

Die Division durch die eckige Klammer ist erlaubt, da dieser Term für kein a gleich 0 ist, denn aus $a^2 - a + 1 = 0$ folgt

$$a = \frac{1 \pm \sqrt{1 - 4 \cdot 1 \cdot 1}}{2 \cdot 1} = \frac{1 \pm \sqrt{-3}}{2}$$

Also gibt es keine reelle Lösung. Der Term $a^2 - a + 1 = 0$ ist somit für alle a positiv oder für alle a negativ. Wie man durch Einsetzen von $a = 0$ feststellt, kann der gegebene Term nur positive Werte annehmen. Damit

$$x = \frac{(a - 1) \cdot a}{a^2 - a + 1} \; \rightarrow \; y = a \cdot \left[1 - \frac{a^2 - a}{a^2 - a + 1}\right] = \frac{a}{a^2 - a + 1}$$

Hinreichende Bedingung: Die zweiten partiellen Ableitungen hängen nicht von x und y ab, also

$$z''_{xx} \cdot z''_{yy} - (z''_{xy})^2 = 2a \cdot 2(1 - a) - 4 = -4 \cdot (a^2 - a + 1) < 0$$

da die runde Klammer stets positiv ist. Die gegebene Funktion hat für kein a einen Extremwert.

L7: $z = \sqrt{1-x^2-y^2}$. Die ersten partiellen Ableitungen erhält man mit Hilfe der Kettenregel

$z'_x = \dfrac{dz}{dg}\cdot\dfrac{\partial g}{\partial x}$ beziehungsweise $z'_y = \dfrac{dz}{dg}\cdot\dfrac{\partial g}{\partial y}$. Sei dazu $g = 1-x^2-y^2$, dann $z = \sqrt{g}$. Also

$$z'_x = \frac{1}{2\sqrt{g}}\cdot(-2x) = \frac{-x}{\sqrt{1-x^2-y^2}}$$

$$z'_y = \frac{1}{2\sqrt{g}}\cdot(-2y) = \frac{-y}{\sqrt{1-x^2-y^2}}$$

Die zweiten partiellen Ableitungen ergeben sich durch die Quotientenregel und innerhalb dieser durch die Kettenregel:

$$z''_{xx} = \frac{\sqrt{1-x^2-y^2}\cdot(-1)-(-x)\cdot[\sqrt{1-x^2-y^2}]'_x}{1-x^2-y^2}$$

Die Ableitung der eckigen Klammer nach x ist die Ableitung der gegebenen Funktion nach x, man muss also z'_x einsetzen:

$$z''_{xx} = \frac{\sqrt{1-x^2-y^2}\cdot(-1)-(-x)\cdot\dfrac{-x}{\sqrt{1-x^2-y^2}}}{1-x^2-y^2} = \frac{(1-x^2-y^2)\cdot(-1)-(-x)\cdot(-x)}{\sqrt{1-x^2-y^2}^{\,3}} =$$

$$\frac{y^2-1}{\sqrt{1-x^2-y^2}^{\,3}}$$

Weiterhin

$$z''_{yy} = \frac{\sqrt{1-x^2-y^2}\cdot(-1)-(-y)\cdot[\sqrt{1-x^2-y^2}]'_y}{1-x^2-y^2}$$

Die Ableitung der eckigen Klammer nach y ist die Ableitung der gegebenen Funktion nach y, es muss somit z'_y eingesetzt werden:

$$z''_{yy} = \frac{\sqrt{1-x^2-y^2}\cdot(-1)-(-y)\cdot\dfrac{-y}{\sqrt{1-x^2-y^2}}}{1-x^2-y^2} = \frac{x^2-1}{\sqrt{1-x^2-y^2}^{\,3}}$$

Außerdem

$$z''_{xy} = \frac{\sqrt{1-x^2-y^2}\cdot 0-(-x)\cdot[\sqrt{1-x^2-y^2}]'_y}{1-x^2-y^2}$$

Es ist z'_y einzusetzen:

$$z''_{xy} = \frac{x \cdot \dfrac{-y}{\sqrt{1-x^2-y^2}}}{1-x^2-y^2} = \frac{-xy}{\sqrt{1-x^2-y^2}^{\,3}}$$

Notwendige Bedingung: Aus $z'_x = 0$ und $z'_y = 0$ folgt $x = y = 0$, womit $z = 1$. Der Punkt $(0\,;\,0\,;\,1)$ ist ein Punkt mit waagrechter Tangentialebene.

Hinreichende Bedingung:

$$z''_{xx} \cdot z''_{yy} - (z''_{xy})^2 = \frac{y^2-1}{\sqrt{1-x^2-y^2}^{\,3}} \cdot \frac{x^2-1}{\sqrt{1-x^2-y^2}^{\,3}} - \left(\frac{-xy}{\sqrt{1-x^2-y^2}^{\,3}}\right)^2$$

Damit gilt an der Stelle $x = 0$ und $y = 0$

$$z''_{xx} \cdot z''_{yy} - (z''_{xy})^2 = (-1)\cdot(-1) - 0^2 = 1 > 0$$

Es liegt also ein Extremwert vor. Da an dieser Stelle $z''_{xx} = -1 < 0$, handelt es sich bei dem Extremwert um ein Maximum.

Bemerkung: Unter Zuhilfenahme von geometrischen Überlegungen hätte man das Ergebnis auch schneller haben können: Wir quadrieren die gegebene Funktion und erhalten:

$$z^2 = 1 - x^2 - y^2 \;\rightarrow\; x^2 + y^2 + z^2 = 1$$

Dies ist die Gleichung der Einheitskugel, das heißt einer Kugel um $(0\,;\,0\,;\,0)$ mit Radius 1. Diese Gleichung stellt aber keine Funktion dar, was unmittelbar klar wird, wenn man wieder nach z auflöst: $z = \pm\sqrt{1-x^2-y^2}$, also $z = \sqrt{1-x^2-y^2}$ oder $z = -\sqrt{1-x^2-y^2}$. Die Funktion $z = \sqrt{1-x^2-y^2}$ ist die obere Kugelhälfte, die Funktion $z = -\sqrt{1-x^2-y^2}$ die untere Kugelhälfte. Die obere Kugelhälfte hat aber im Punkt $(0\,;\,0\,;\,1)$ ihr Maximum.

L8: Wir haben die gegebenen Funktionen in die Eulersche Differenzialgleichung $x \cdot z'_x + y \cdot z'_y = v \cdot z$ einzusetzen und dann das v zu bestimmen:

(a) $z = x^2 + y^2 \;\rightarrow\; z'_x = 2x;\; z'_y = 2y$. Eingesetzt in die linke Seite der Differenzialgleichung: $2x^2 + 2y^2 = 2\cdot(x^2+y^2) = 2\cdot z \;\rightarrow\; v = 2$, das heißt der Homogenitätsgrad beträgt 2.

(b) $z = a \cdot x^r \cdot y^{1-r}$. Es gilt

$$z'_x = r \cdot a \cdot x^{r-1} \cdot y^{1-r} = r \cdot \frac{z}{x}$$

$$z'_y = (1-r) \cdot a \cdot x^r \cdot y^{-r} = (1-r) \cdot \frac{z}{y}$$

Eingesetzt in die linke Seite der Differenzialgleichung: $x \cdot r \cdot \dfrac{z}{x} + y \cdot (1-r) \cdot \dfrac{z}{y} = 1 \cdot z$. Damit

$v = 1$, also ist der Homogenitätsgrad 1.

(c) $z = \sqrt[r]{x^r + y^r}$. Ableitung nach der Kettenregel:

$$z'_x = \frac{dz}{dg} \cdot \frac{\partial g}{\partial x} \quad \text{beziehungsweise} \quad z'_y = \frac{dz}{dg} \cdot \frac{\partial g}{\partial y}$$

Sei dazu $g = x^r + y^r$, dann $z = \sqrt[r]{g} = g^{\frac{1}{r}}$. Damit

$$z'_x = \frac{1}{r} \cdot g^{\frac{1}{r}-1} \cdot r \cdot x^{r-1} = (x^r + y^r)^{\frac{1}{r}-1} \cdot x^{r-1}$$

$$z'_y = \frac{1}{r} \cdot g^{\frac{1}{r}-1} \cdot r \cdot y^{r-1} = (x^r + y^r)^{\frac{1}{r}-1} \cdot y^{r-1}$$

Eingesetzt in die linke Seite der Differenzialgleichung:

$$(x^r + y^r)^{\frac{1}{r}-1} \cdot x^{r-1} \cdot x + (x^r + y^r)^{\frac{1}{r}-1} \cdot y^{r-1} \cdot y = (x^r + y^r) \cdot (x^r + y^r)^{\frac{1}{r}-1} =$$

$$(x^r + y^r)^{\frac{1}{r}} = 1 \cdot z$$

Somit $v = 1$, das heißt der Homogenitätsgrad ist 1.

L9: Wir bilden gemäß Lehrsatz 3 zunächst die Summe z der Abweichungsquadrate:

$$z = [-3 - (a + b)]^2 + [5 - (2a + b)]^2 + [6 - (3a + b)]^2$$
$$= [-3 - a - b]^2 + [5 - 2a - b]^2 + [6 - 3a - b]^2$$

Quadrate leitet man nach der Kettenregel ab, indem man die Basis gleich g setzt. Jeder Summand nimmt dann die Form g^2 an. Die Ableitung beginnt daher mit dem Faktor $2g$. Der zweite Faktor besteht aus der Ableitung der Basis nach a beziehungsweise nach b.

$$z'_a = 2 \cdot (-3 - a - b) \cdot (-1) + 2 \cdot (5 - 2a - b) \cdot (-2) + 2 \cdot (6 - 3a - b) \cdot (-3)$$
$$= 2 \cdot (3 + a + b - 10 + 4a + 2b - 18 + 9a + 3b) = 2 \cdot (14a + 6b - 25)$$

und

$$z'_b = 2 \cdot (-3 - a - b) \cdot (-1) + 2 \cdot (5 - 2a - b) \cdot (-1) + 2 \cdot (6 - 3a - b) \cdot (-1)$$
$$= 2 \cdot (3 + a + b - 5 + 2a + b - 6 + 3a + b) = 2 \cdot (6a + 3b - 8)$$

womit $z''_{aa} = 28$; $z''_{ab} = 12$; $z''_{bb} = 6$.

Notwendige Bedingung:

$$28a + 12b - 50 = 0$$
$$12a + 6b - 16 = 0$$

Division beider Gleichungen durch den Faktor 2:

$$14a \;+\; 6b \;-\; 25 \;=\; 0$$
$$6a \;+\; 3b \;-\; 8 \;=\; 0$$

Aus der zweiten Gleichung: $3b = 8 - 6a$. Eingesetzt in die erste Gleichung:

$$14a + 2 \cdot (8 - 6a) - 25 = 0 \;\rightarrow\; 2a - 9 = 0 \;\rightarrow\; a = \frac{9}{2} \;\rightarrow$$

$$3b = 8 - 6 \cdot \frac{9}{2} \;\rightarrow\; b = -\frac{19}{3}$$

Hinreichende Bedingung: Die zweiten partiellen Ableitungen nach a beziehungsweise nach b sind Konstanten, sie gelten für alle a und b, also insbesondere auch für die errechneten Werte:

$$z''_{aa} \cdot z''_{bb} - (z''_{ab})^2 = 28 \cdot 6 - 12^2 = 24 > 0$$

Es liegt also ein Extremwert vor. Da $z''_{aa} = 28 > 0$ ist der Extremwert ein Minimum.

Die Regressionsgerade lautet: $y = \dfrac{9}{2} \cdot x - \dfrac{19}{3}$.

(b) Man erhält

$$z = [-4 - (2a + b)]^2 + [8 - (4a + b)]^2 + [6 - (5a + b)]^2 + [9 - (7a + b)]^2$$
$$= [-4 - 2a - b]^2 + [8 - 4a - b]^2 + [6 - 5a - b]^2 + [9 - 7a - b]^2$$

und damit

$$z'_a = 2 \cdot (-4 - 2a - b) \cdot (-2) + 2 \cdot (8 - 4a - b) \cdot (-4) + 2 \cdot (6 - 5a - b) \cdot (-5) +$$
$$2 \cdot (9 - 7a - b) \cdot (-7)$$
$$= 2 \cdot (8 + 4a + 2b - 32 + 16a + 4b - 30 + 25a + 5b - 63 + 49a + 7b)$$
$$= 2 \cdot (94a + 18b - 117)$$

sowie

$$z'_b = 2 \cdot (-4 - 2a - b) \cdot (-1) + 2 \cdot (8 - 4a - b) \cdot (-1) + 2 \cdot (6 - 5a - b) \cdot (-1) +$$
$$2 \cdot (9 - 7a - b) \cdot (-1)$$
$$= 2 \cdot (4 + 2a + b - 8 + 4a + b - 6 + 5a + b - 9 + 7a + b)$$
$$= 2 \cdot (18a + 4b - 19)$$

womit $z''_{aa} = 188$; $z''_{ab} = 36$; $z''_{bb} = 8$.

Notwendige Bedingung:

$$188a \;+\; 36b \;-\; 234 \;=\; 0$$
$$36a \;+\; 8b \;-\; 38 \;=\; 0$$

Die zweite Gleichung wird durch 2 geteilt:

$$188a + 36b - 234 = 0$$
$$18a + 4b - 19 = 0$$

Aus der zweiten Gleichung ergibt sich: $4b = 19 - 18a$. Eingesetzt in die erste Gleichung:

$$188a + 9 \cdot (19 - 18a) - 234 = 0 \rightarrow 188a + 171 - 162a - 234 = 0 \rightarrow 26\,a = 63 \rightarrow$$

$$a = \frac{63}{26} \rightarrow 4b = 19 - 18 \cdot \frac{63}{26} \rightarrow b = -\frac{80}{13}$$

Hinreichende Bedingung: $z''_{aa} \cdot z''_{bb} - (z''_{ab})^2 = 188 \cdot 8 - 36^2 = 208 > 0$. Es liegt ein Extremwert vor. Da $z''_{aa} = 188 > 0$, ist der Extremwert ein Minimum.

Die Regressionsgerade lautet: $y = \frac{63}{26} \cdot x - \frac{80}{13}$.

L10: Lösung nach Lehrsatz 4:

(a) $z = -x^2 - \frac{1}{2}y^2 + 4$. Nebenbedingung (in normierter Form): $-2x - y = 0$. Lagrange-Funktion:

$$Z(x, y, \lambda) = -x^2 - \frac{1}{2}y^2 + 4 + \lambda \cdot (-2x - y)$$

$$Z'_x = -2x - 2\lambda \qquad Z'_y = -y - \lambda \qquad Z'_\lambda = -2x - y$$
$$Z''_{xx} = -2 \qquad\quad Z''_{xy} = 0 \qquad\quad Z''_{x\lambda} = -2$$
$$Z''_{yy} = -1 \qquad\quad Z''_{y\lambda} = -1$$
$$Z''_{\lambda\lambda} = 0$$

Notwendige Bedingung: $Z'_x = 0$ und $Z'_y = 0$ und $Z'_\lambda = 0$

$$-2x - 2\lambda = 0$$
$$-y - \lambda = 0$$
$$-2x - y = 0$$

Aus der dritten Gleichung folgt: $y = -2x$. Eingesetzt in die zweite Gleichung:

$$-2x - 2\lambda = 0$$
$$2x - \lambda = 0$$

Aus der zweiten Gleichung folgt: $\lambda = 2x$. Eingesetzt in die erste Gleichung: $-2x - 2 \cdot 2x = 0$
$\rightarrow -6x = 0 \rightarrow x = 0 \rightarrow y = 0 \rightarrow z = 4$.

Hinreichende Bedingung:

$$\begin{vmatrix} Z''_{xx} & Z''_{xy} & Z''_{x\lambda} \\ Z''_{xy} & Z''_{yy} & Z''_{y\lambda} \\ Z''_{x\lambda} & Z''_{y\lambda} & Z''_{\lambda\lambda} \end{vmatrix} = \begin{vmatrix} -2 & 0 & -2 \\ 0 & -1 & -1 \\ -2 & -1 & 0 \end{vmatrix} = \begin{vmatrix} -2 & 0 & -2 \\ 2 & 0 & -1 \\ -2 & -1 & 0 \end{vmatrix} = \begin{vmatrix} -2 & -2 \\ 2 & -1 \end{vmatrix} = 6 > 0$$

Der Punkt (0 ; 0 ; 4) ist somit ein Maximum.

(b) $z = x + y + 4$. Nebenbedingung (in normierter Form): $x^2 + y^2 - 1 = 0$. Lagrange-Funktion:

$$Z(x, y, \lambda) = x + y + 4 + \lambda \cdot (x^2 + y^2 - 1)$$

$Z'_x = 1 + 2x\lambda$ $Z'_y = 1 + 2y\lambda$, $Z'_\lambda = x^2 + y^2 - 1$

$Z''_{xx} = 2\lambda$ $Z''_{xy} = 0$ $Z''_{x\lambda} = 2x$

$Z''_{yy} = 2\lambda$ $Z''_{y\lambda} = 2y$

$Z''_{\lambda\lambda} = 0$

Notwendige Bedingung: $Z'_x = 0$ und $Z'_y = 0$ und $Z'_\lambda = 0$

$$1 + 2\lambda x = 0$$
$$1 + 2\lambda y = 0$$
$$x^2 + y^2 - 1 = 0$$

Aus der ersten Gleichung: $2\lambda = -\dfrac{1}{x}$. Eingesetzt in die zweite Gleichung:

$$1 + (-\frac{1}{x} \cdot y) = 0$$
$$x^2 + y^2 - 1 = 0$$

Aus der ersten Gleichung folgt: $y = x$. Eingesetzt in die zweite Gleichung:

$$2x^2 = 1 \ \rightarrow \ x^2 = \frac{1}{2} \ \rightarrow \ x_1 = \frac{\sqrt{2}}{2} \ ; x_2 = -\frac{\sqrt{2}}{2} \ \rightarrow \ y_1 = \frac{\sqrt{2}}{2} \ ; y_2 = -\frac{\sqrt{2}}{2} \ \rightarrow$$

$$z_1 = \sqrt{2} + 4 \ ; z_2 = -\sqrt{2} + 4 \ \rightarrow \ \lambda_1 = -\frac{\sqrt{2}}{2} \ ; \lambda_2 = \frac{\sqrt{2}}{2}$$

Hinreichende Bedingung: (i) Für $(x_1 ; y_1 ; z_1)$:

$$\begin{vmatrix} Z''_{xx} & Z''_{xy} & Z''_{x\lambda} \\ Z''_{xy} & Z''_{yy} & Z''_{y\lambda} \\ Z''_{x\lambda} & Z''_{y\lambda} & Z''_{\lambda\lambda} \end{vmatrix} = \begin{vmatrix} 2\lambda & 0 & 2x \\ 0 & 2\lambda & 2y \\ 2x & 2y & 0 \end{vmatrix} = 2\lambda \cdot \begin{vmatrix} 2\lambda & 2y \\ 2y & 0 \end{vmatrix} + 2x \cdot \begin{vmatrix} 0 & 2x \\ 2\lambda & 2y \end{vmatrix}$$

$$= 2\lambda \cdot (-4y^2) + 2x \cdot (-4x\lambda) = -8\lambda y^2 - 8\lambda x^2 = -8\lambda \cdot (y^2 + x^2)$$

Setzt man jetzt x_1, y_1 und λ_1 ein, ergibt sich:

$$-8 \cdot \left(-\frac{\sqrt{2}}{2}\right) \cdot \left(\frac{1}{2}+\frac{1}{2}\right) = 4\sqrt{2} > 0$$

Der Punkt $(x_1 ; y_1 ; z_1)$ ist ein Maximum.

(ii) Für $(x_2 ; y_2 ; z_2)$: Man setze jetzt x_2, y_2 und λ_2 in die Determinante ein:

$$-8 \cdot \frac{\sqrt{2}}{2} \cdot \left(\frac{1}{2}+\frac{1}{2}\right) = -4\sqrt{2} < 0$$

Der Punkt $(x_2 ; y_2 ; z_2)$ ist ein Minimum.

(c) $z = x \cdot y$. Nebenbedingung (in normierter Form): $x + y^2 - 1 = 0$. Lagrange-Funktion:

$$Z(x, y, \lambda) = x \cdot y + \lambda \cdot (x + y^2 - 1)$$

$Z'_x = y + \lambda$ $Z'_y = x + 2\lambda y$ $Z'_\lambda = x + y^2 - 1$

$Z''_{xx} = 0$ $Z''_{xy} = 1$ $Z''_{x\lambda} = 1$

                  $Z''_{yy} = 2\lambda$ $Z''_{y\lambda} = 2y$

                                    $Z''_{\lambda\lambda} = 0$

Notwendige Bedingung: $Z'_x = 0$ und $Z'_y = 0$ und $Z'_\lambda = 0$

$$
\begin{aligned}
y \quad + \quad \lambda \quad &= \quad 0 \\
x \quad + \quad 2\lambda y \quad\quad &= \quad 0 \\
x \quad + \quad y^2 \quad - \quad 1 \quad &= \quad 0
\end{aligned}
$$

Aus der ersten Gleichung: $\lambda = -y$. Eingesetzt in die zweite Gleichung:

$$
\begin{aligned}
x \quad - \quad 2y^2 \quad\quad &= \quad 0 \\
x \quad + \quad y^2 \quad - \quad 1 \quad &= \quad 0
\end{aligned}
$$

Aus der ersten Gleichung: $x = 2y^2$. Eingesetzt in die zweite Gleichung:

$$3y^2 = 1 \ \rightarrow \ y^2 = \frac{1}{3} \ \rightarrow \ y_1 = \frac{\sqrt{3}}{3} \ ; y_2 = -\frac{\sqrt{3}}{3} \ \rightarrow \ x_1 = \frac{2}{3} \ ; x_2 = \frac{2}{3} \ \rightarrow$$

$$z_1 = \frac{2\sqrt{3}}{9} \ ; z_2 = -\frac{2\sqrt{3}}{9} \ \rightarrow \ \lambda_1 = -\frac{\sqrt{3}}{3} \ ; \lambda_2 = \frac{\sqrt{3}}{3}$$

Hinreichende Bedingung:

$$\begin{vmatrix} Z''_{xx} & Z''_{xy} & Z''_{x\lambda} \\ Z''_{xy} & Z''_{yy} & Z''_{y\lambda} \\ Z''_{x\lambda} & Z''_{y\lambda} & Z''_{\lambda\lambda} \end{vmatrix} = \begin{vmatrix} 0 & 1 & 1 \\ 1 & 2\lambda & 2y \\ 1 & 2y & 0 \end{vmatrix} = \begin{vmatrix} 0 & 1 & 1 \\ 0 & 2(\lambda-y) & 2y \\ 1 & 2y & 0 \end{vmatrix} = \begin{vmatrix} 1 & 1 \\ 2(\lambda-y) & 2y \end{vmatrix} = 4y - 2\lambda$$

(i) Einsetzen der Werte x_1, y_1 und λ_1: $4 \cdot \dfrac{\sqrt{3}}{3} + 2 \cdot \dfrac{\sqrt{3}}{3} = 2\sqrt{3} > 0$. Der Punkt $(x_1 ; y_1 ; z_1)$ ist

ein Maximum.

(ii) Einsetzen der Werte x_2, y_2 und λ_2: $-4 \cdot \dfrac{\sqrt{3}}{3} - 2 \cdot \dfrac{\sqrt{3}}{3} = -2\sqrt{3} < 0$. Der Punkt $(x_2 ; y_2 ; z_2)$

ist ein Minimum.

(d) $z = x \cdot y^2$. Nebenbedingung (in normierter Form): $x^2 + y - 1 = 0$. Lagrange-Funktion:

$$Z(x, y, \lambda) = x \cdot y^2 + \lambda \cdot (x^2 + y - 1)$$

$Z'_x = y^2 + 2\lambda x \qquad Z'_y = 2xy + \lambda \qquad Z'_\lambda = x^2 + y - 1$

$Z''_{xx} = 2\lambda \qquad\quad Z''_{xy} = 2y \qquad\quad Z''_{x\lambda} = 2x$

$\qquad\qquad\qquad\quad Z''_{yy} = 2x \qquad\quad Z''_{y\lambda} = 1$

$\qquad\qquad\qquad\qquad\qquad\qquad\quad Z''_{\lambda\lambda} = 0$

Notwendige Bedingung: $Z'_x = 0$ und $Z'_y = 0$ und $Z'_\lambda = 0$

$$
\begin{aligned}
2\lambda x \;+\; y^2 \qquad\qquad &= 0 \\
2xy \qquad\qquad +\; \lambda \;&= 0 \\
x^2 \;+\; y \;-\; 1 \;&= 0
\end{aligned}
$$

Aus der zweiten Gleichung: $\lambda = -2xy$. Eingesetzt in die erste Gleichung:

$$
\begin{aligned}
-4x^2y \;+\; y^2 \qquad\qquad &= 0 \\
x^2 \;+\; y \;-\; 1 \;&= 0
\end{aligned}
$$

Aus der zweiten Gleichung: $x^2 = 1 - y$. Eingesetzt in die erste Gleichung:

$$-4 \cdot (1 - y) \cdot y + y^2 = 0 \;\rightarrow\; 4y^2 - 4y + y^2 = 0 \;\rightarrow\; 5y^2 - 4y = 0 \;\rightarrow\; y \cdot (5y - 4) = 0$$

Ein Produkt aus zwei Faktoren ist 0, wenn der (i) erste oder (ii) zweite Faktor gleich 0 ist:

(i) $y_1 = 0 \;\rightarrow\; x_{11} = 1; x_{12} = -1 \;\rightarrow\; z_1 = 0 \;\rightarrow\; \lambda_1 = 0$

(ii) $y_2 = \dfrac{4}{5} \;\rightarrow\; x_{21} = \dfrac{\sqrt{5}}{5}; x_{22} = -\dfrac{\sqrt{5}}{5} \;\rightarrow\; z_{21} = \dfrac{16\sqrt{5}}{125}; z_{22} = -\dfrac{16\sqrt{5}}{125} \;\rightarrow\; \lambda_{21} = -\dfrac{8\sqrt{5}}{25};$

$\lambda_{22} = \dfrac{8\sqrt{5}}{25}$

Hinreichende Bedingung:

$$
\begin{vmatrix} Z''_{xx} & Z''_{xy} & Z''_{x\lambda} \\ Z''_{xy} & Z''_{yy} & Z''_{y\lambda} \\ Z''_{x\lambda} & Z''_{y\lambda} & Z''_{\lambda\lambda} \end{vmatrix} = \begin{vmatrix} 2\lambda & 2y & 2x \\ 2y & 2x & 1 \\ 2x & 1 & 0 \end{vmatrix} = 2x \cdot \begin{vmatrix} 2y & 2x \\ 2x & 1 \end{vmatrix} - \begin{vmatrix} 2\lambda & 2y \\ 2x & 1 \end{vmatrix}
$$

$$= 2x \cdot (2y - 4x^2) - (2\lambda - 4xy) = 4xy - 8x^3 - 2\lambda + 4xy = 8xy - 8x^3 - 2\lambda$$

(I) Wir setzen die Werte x_{11}, y_1 und λ_1 ein: $-8 < 0$. Der Punkt ist ein Minimum.

(II) Wir setzen die Werte x_{12}, y_1 und λ_1 ein: $8 > 0$. Der Punkt ist ein Maximum.

(III) Wir setzen die Werte x_{21}, y_2 und λ_{21} ein: $\dfrac{8\sqrt{5}}{5} > 0$. Der Punkt ist ein Maximum.

(IV) Wir setzen die Werte x_{22}, y_2 und λ_{22} ein: $-\dfrac{8\sqrt{5}}{5} < 0$. Der Punkt ist ein Minimum.

(e) $z = ax + by$. Nebenbedingung (in normierter Form): $x^r \cdot y^s - c = 0$. Lagrange-Funktion:

$$Z(x, y, \lambda) = ax + by + \lambda \cdot (x^r \cdot y^s - c)$$

$$Z'_x = a + \lambda r \cdot x^{r-1} \cdot y^s \qquad\qquad Z'_y = b + \lambda s \cdot x^r \cdot y^{s-1} \qquad\qquad Z'_\lambda = x^r \cdot y^s - c$$

$$Z''_{xx} = \lambda r(r-1) \cdot x^{r-2} \cdot y^s \qquad\qquad Z''_{xy} = \lambda rs \cdot x^{r-1} \cdot y^{s-1} \qquad\qquad Z''_{x\lambda} = r x^{r-1} \cdot y^s$$

$$Z''_{yy} = \lambda s(s-1) \cdot x^r \cdot y^{s-2} \qquad\qquad Z''_{y\lambda} = s \cdot x^r \cdot y^{s-1}$$

$$Z''_{\lambda\lambda} = 0$$

Um die Terme besser handhaben zu können, werden die Differenzen in den Exponenten in Brüche aufgelöst:

$$Z'_x = a + \lambda r \cdot \frac{x^r \cdot y^s}{x} \qquad\qquad Z'_y = b + \lambda s \cdot \frac{x^r \cdot y^s}{y} \qquad\qquad Z'_\lambda = x^r y^s - c$$

$$Z''_{xx} = \lambda r(r-1) \cdot \frac{x^r \cdot y^s}{x^2} \qquad\qquad Z''_{xy} = \lambda rs \cdot \frac{x^r \cdot y^s}{xy} \qquad\qquad Z''_{x\lambda} = r \cdot \frac{x^r \cdot y^s}{x}$$

$$Z''_{yy} = \lambda s(s-1) \cdot \frac{x^r \cdot y^s}{y^2} \qquad\qquad Z''_{y\lambda} = s \cdot \frac{x^r \cdot y^s}{y}$$

Notwendige Bedingung: $Z'_x = 0$ und $Z'_y = 0$ und $Z'_\lambda = 0$

$$a + \lambda r \cdot \frac{x^r y^s}{x} = 0$$

$$b + \lambda s \cdot \frac{x^r y^s}{y} = 0$$

$$x^r y^s - c = 0$$

Aus der dritten Gleichung folgt $x^r \cdot y^s = c$. Eingesetzt in die erste und dritte Gleichung:

$$a + \lambda r \cdot \frac{c}{x} = 0 \;\rightarrow\; ax + \lambda rc = 0 \;\rightarrow\; \lambda rc = -ax$$

$$b + \lambda s \cdot \frac{c}{y} = 0 \;\rightarrow\; by + \lambda sc = 0 \;\rightarrow\; \lambda sc = -by$$

Damit $\dfrac{\lambda rc}{\lambda sc} = \dfrac{-ax}{-by} \rightarrow \dfrac{r}{s} = \dfrac{ax}{by} \rightarrow y = \dfrac{as}{br}\cdot x$. Eingesetzt in $x^r \cdot y^s = c$ ergibt

$$x^r \cdot \left(\dfrac{as}{br}\right)^s \cdot x^s = c \rightarrow x^{r+s} = \left(\dfrac{br}{as}\right)^s \cdot c \rightarrow x = \left[\left(\dfrac{br}{as}\right)^s \cdot c\right]^{\frac{1}{r+s}} \rightarrow$$

$$y = \dfrac{as}{br}\cdot x = \dfrac{as}{br}\cdot\left(\dfrac{br}{as}\right)^{\frac{s}{r+s}} \cdot c^{\frac{1}{r+s}} = \left(\dfrac{br}{as}\right)^{-1}\cdot\left(\dfrac{br}{as}\right)^{\frac{s}{r+s}} \cdot c^{\frac{1}{r+s}} = \left(\dfrac{br}{as}\right)^{\frac{-r}{r+s}} \cdot c^{\frac{1}{r+s}} =$$

$$\left(\dfrac{as}{br}\right)^{\frac{r}{r+s}} \cdot c^{\frac{1}{r+s}} = \left[\left(\dfrac{as}{br}\right)^r \cdot c\right]^{\frac{1}{r+s}}$$

Hinreichende Bedingung: Wir fügen $x^r \cdot y^s = c$ in die zweiten partiellen Ableitungen ein:

$$D = \begin{vmatrix} Z''_{xx} & Z''_{xy} & Z''_{x\lambda} \\ Z''_{xy} & Z''_{yy} & Z''_{y\lambda} \\ Z''_{x\lambda} & Z''_{y\lambda} & Z''_{\lambda\lambda} \end{vmatrix} = \begin{vmatrix} \dfrac{\lambda r(r-1)c}{x^2} & \dfrac{\lambda rsc}{xy} & \dfrac{rc}{x} \\ \dfrac{\lambda rsc}{xy} & \dfrac{\lambda s(s-1)c}{y^2} & \dfrac{sc}{y} \\ \dfrac{rc}{x} & \dfrac{sc}{y} & 0 \end{vmatrix} =$$

Wir stellen aus der ersten Zeile, dann aus der zweiten und schließlich aus der dritten Zeile je einen Faktor vor:

$$D = \dfrac{rc}{x^2 y}\cdot\dfrac{sc}{xy^2}\cdot\dfrac{c}{xy}\cdot\begin{vmatrix} \lambda(r-1)y & \lambda sx & xy \\ \lambda ry & \lambda(s-1)x & xy \\ ry & sx & 0 \end{vmatrix}$$

$$= \dfrac{rc}{x^2 y}\cdot\dfrac{sc}{xy^2}\cdot\dfrac{c}{xy}\cdot\begin{vmatrix} -\lambda y & \lambda x & 0 \\ \lambda ry & \lambda(s-1)x & xy \\ ry & sx & 0 \end{vmatrix} = \dfrac{rsc^3}{x^4 y^4}\cdot(-1)\cdot xy\cdot\begin{vmatrix} -\lambda y & \lambda x \\ ry & sx \end{vmatrix}$$

$$= \dfrac{-rsc^3}{x^3 y^3}\cdot\lambda\cdot\begin{vmatrix} -y & x \\ ry & sx \end{vmatrix}$$

Wir stellen aus der ersten Spalte den Faktor y und aus der zweiten Spalte den Faktor x vor. Außerdem setzten wir $\lambda = -ax/(rc)$ ein:

$$D = \dfrac{-rsc^3}{x^3 y^3}\cdot\dfrac{-ax}{rc}\cdot xy\cdot\begin{vmatrix} -1 & 1 \\ r & s \end{vmatrix} = \dfrac{asc^2}{xy^2}(-s-r) = -\dfrac{asc^2}{xy^2}(s+r) < 0$$

da $x, y > 0$, $0 < r, s < 1$ und $a, c > 0$. Es liegt somit ein Minimum vor.

(f) $z = x^r \cdot y^s$. Nebenbedingung (in normierter Form): $ax + by - c = 0$. Lagrange-Funktion:

$$Z(x, y, \lambda) = x^r \cdot y^s + \lambda \cdot (ax + by - c)$$

$Z'_x = r \cdot x^{r-1} \cdot y^s + \lambda a$ $\qquad$ $Z'_y = s \cdot x^r \cdot y^{s-1} + \lambda b$ $\qquad$ $Z'_\lambda = ax + by - c$

$Z''_{xx} = r \cdot (r-1) \cdot x^{r-2} \cdot y^s$ $\qquad$ $Z''_{xy} = r \cdot s \cdot x^{r-1} \cdot y^{s-1}$ $\qquad$ $Z''_{x\lambda} = a$

$\qquad\qquad\qquad\qquad$ $Z''_{yy} = s \cdot (s-1) \cdot x^r \cdot y^{s-2}$ $\qquad$ $Z''_{y\lambda} = b$

$\qquad\qquad\qquad\qquad\qquad\qquad\qquad\qquad\qquad\qquad$ $Z''_{\lambda\lambda} = 0$

Um die Terme besser handhaben zu können, werden die Differenzen in den Exponenten in Brüche aufgelöst und dann $z = x^r \cdot y^s$ eingesetzt:

$Z'_x = \dfrac{r \cdot z}{x} + \lambda a$ $\qquad$ $Z'_y = \dfrac{s \cdot z}{y} + \lambda b$ $\qquad$ $Z'_\lambda = ax + by - c$

$Z''_{xx} = \dfrac{r \cdot (r-1) \cdot z}{x^2}$ $\qquad$ $Z''_{xy} = \dfrac{r \cdot s \cdot z}{xy}$ $\qquad$ $Z''_{x\lambda} = a$

$\qquad\qquad\qquad\qquad$ $Z''_{yy} = \dfrac{s \cdot (s-1) \cdot z}{y^2}$ $\qquad$ $Z''_{y\lambda} = b$

Notwendige Bedingung: $Z'_x = 0$ und $Z'_y = 0$ und $Z'_\lambda = 0$

$$\dfrac{rz}{x} + \lambda a \qquad = 0$$

$$\dfrac{sz}{x} + \lambda b \qquad = 0$$

$$ax + by - c = 0$$

Aus der ersten Gleichung folgt $r \cdot z = -\lambda ax$ und aus der zweiten $s \cdot z = -\lambda by$. Wir dividieren die umgeformten Gleichungen durcheinander: $\dfrac{r}{s} = \dfrac{ax}{by}$ $\rightarrow$ $y = \dfrac{as}{br} \cdot x$. Eingesetzt in die dritte

Gleichung: $ax + b \cdot \dfrac{as}{br} \cdot x - c = 0$. Multiplikation dieser Gleichung mit r: $arx + asx - rc = 0$ $\rightarrow$

$ax \cdot (r + s) = rc$ $\rightarrow$ $x = \dfrac{r \cdot c}{a \cdot (r+s)}$ $\rightarrow$ $y = \dfrac{as}{br} \cdot x = \dfrac{as}{br} \cdot \dfrac{r \cdot c}{a \cdot (r+s)} = \dfrac{s \cdot c}{b \cdot (r+s)}$.

Hinreichende Bedingung:

$$D = \begin{vmatrix} Z''_{xx} & Z''_{xy} & Z''_{x\lambda} \\ Z''_{xy} & Z''_{yy} & Z''_{y\lambda} \\ Z''_{x\lambda} & Z''_{y\lambda} & Z''_{\lambda\lambda} \end{vmatrix} = \begin{vmatrix} \dfrac{r(r-1)z}{x^2} & \dfrac{rsz}{xy} & a \\ \dfrac{rsz}{xy} & \dfrac{s(s-1)z}{y^2} & b \\ a & b & 0 \end{vmatrix}$$

$$= a \cdot \begin{vmatrix} rsz & s(s-1)z & \\ xy & y^2 & \\ a & b & \end{vmatrix} - b \cdot \begin{vmatrix} r(r-1)z & rsz \\ x^2 & xy \\ a & b \end{vmatrix}$$

Aus der ersten Zeile beider Determinanten wird ein Faktor vorgestellt, womit

$$D = a \cdot \frac{sz}{xy^2} \cdot \begin{vmatrix} ry & (s-1)x \\ a & b \end{vmatrix} - b \cdot \frac{rz}{x^2 y} \cdot \begin{vmatrix} (r-1)y & sx \\ a & b \end{vmatrix}$$

$$= \frac{asz}{xy^2} \cdot [rby - (s-1)ax] - \frac{brz}{x^2 y} \cdot [(r-1)by - asx]$$

$$= \frac{z}{x^2 y^2} \cdot [asx \cdot (rby - asx + ax) - bry \cdot (rby - by - asx)]$$

$$= \frac{z}{x^2 y^2} \cdot [asbrxy - a^2 s^2 x^2 + a^2 sx^2 - b^2 r^2 y^2 + b^2 ry^2 + asbrxy]$$

$$= \frac{z}{x^2 y^2} \cdot [-(asx - bry)^2 + a^2 sx^2 + b^2 ry^2]$$

In diesen Term sind der errechnete x-Wert und der y-Wert einzusetzen: Es genügt aber, diese Werte in die eckige Klammer einzusetzen, denn

$$as \cdot \frac{rc}{a(r+s)} - br \cdot \frac{sc}{b(r+s)} = \frac{src - rsc}{r+s} = 0$$

So verbleibt nur der Term $\dfrac{z}{x^2 y^2} \cdot [a^2 sx^2 + b^2 ry^2]$. Dieser ist positiv, da $a, b, r, s, x, y, z > 0$. Es liegt ein Maximum vor.

(g) $z = -p_1 \cdot \ln p_1 - p_2 \cdot \ln p_2$. Nebenbedingung (in normierter Form): $p_1 + p_2 - 1 = 0$. Lagrange-Funktion:

$$Z(p_1, p_2, \lambda) = -p_1 \cdot \ln p_1 - p_2 \cdot \ln p_2 + \lambda \cdot (p_1 + p_2 - 1)$$

Es gilt $Z'_{p_1} = -(\ln p_1 + p_1 \cdot \dfrac{1}{p_1}) + \lambda = -(\ln p_1 + 1) + \lambda$. Entsprechend für Z'_{p_2}, womit:

$$Z'_{p_1} = -(\ln p_1 + 1) + \lambda \qquad Z'_{p_2} = -(\ln p_2 + 1) + \lambda \qquad Z'_{\lambda} = p_1 + p_2 - 1$$

$$Z''_{p_1 p_1} = -\frac{1}{p_1} \qquad\qquad Z''_{p_1 p_2} = 0 \qquad\qquad Z''_{p_1 \lambda} = 1$$

$$Z''_{p_2 p_2} = -\frac{1}{p_2} \qquad\qquad Z''_{p_2 \lambda} = 1$$

$$Z''_{\lambda\lambda} = 0$$

Notwendige Bedingung: $Z'_{p_1} = 0$ und $Z'_{p_2} = 0$ und $Z'_\lambda = 0$

$$-(\ln p_1 + 1) + \lambda = 0 \;\rightarrow\; \ln p_1 = \lambda - 1 \;\rightarrow\; p_1 = e^{\lambda-1}$$

$$-(\ln p_2 + 1) + \lambda = 0 \;\rightarrow\; \ln p_2 = \lambda - 1 \;\rightarrow\; p_2 = e^{\lambda-1}$$

$$p_1 + p_2 - 1 = 0$$

Aus den beiden ersten Gleichungen ergibt sich $p_1 = p_2$. Setzt man dieses Ergebnis in die dritte Gleichung ein, erhält man $p_1 = p_2 = 1/2$.

Hinreichende Bedingung:

$$D = \begin{vmatrix} Z''_{p_1 p_1} & Z''_{p_1 p_2} & Z''_{p_1 \lambda} \\ Z''_{p_1 p_2} & Z''_{p_2 p_2} & Z''_{p_2 \lambda} \\ Z''_{p_1 \lambda} & Z''_{p_2 \lambda} & Z''_{\lambda\lambda} \end{vmatrix} = \begin{vmatrix} -\dfrac{1}{p_1} & 0 & 1 \\ 0 & -\dfrac{1}{p_2} & 1 \\ 1 & 1 & 0 \end{vmatrix} = \begin{vmatrix} -\dfrac{1}{p_1} & 0 & 1 \\ \dfrac{1}{p_1} & -\dfrac{1}{p_2} & 0 \\ 1 & 1 & 0 \end{vmatrix} = \begin{vmatrix} \dfrac{1}{p_1} & -\dfrac{1}{p_2} \\ 1 & 1 \end{vmatrix}$$

$$= \frac{1}{p_1} + \frac{1}{p_2} > 0$$

da $0 < p_1, p_2 < 1$. Es liegt ein Maximum vor.

L11: (a) $z = x^r \cdot y^s$. Gleichung der Niveaulinien:

$$x^{\frac{1}{4}} \cdot y^{\frac{3}{4}} = c \;\rightarrow\; y^{\frac{3}{4}} = \frac{c}{x^{\frac{1}{4}}} \;\rightarrow\; y = \left[\frac{c}{x^{\frac{1}{4}}}\right]^{\frac{4}{3}} = \frac{c^{\frac{4}{3}}}{x^{\frac{1}{3}}} = \frac{c \cdot \sqrt[3]{c}}{\sqrt[3]{x}}$$

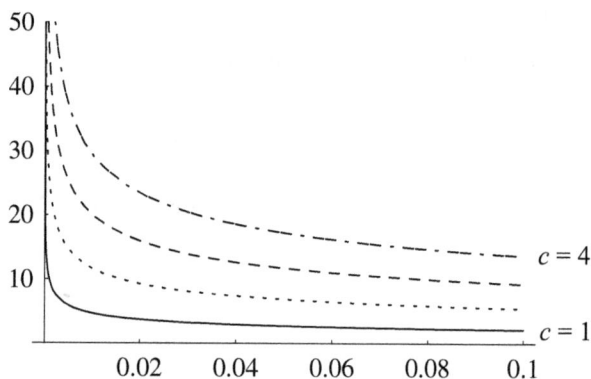

Für $c = 1$ ist $y = \dfrac{1}{\sqrt[3]{x}}$ (durchgezogene Linie); für $c = 2$ ist $y = \dfrac{2 \cdot \sqrt[3]{2}}{\sqrt[3]{x}}$ (gepunktete Linie); für

$c = 3$ ist $y = \dfrac{3 \cdot \sqrt[3]{3}}{\sqrt[3]{x}}$ (gestrichelte Linie); für $c = 4$ ist $y = \dfrac{4 \cdot \sqrt[3]{4}}{\sqrt[3]{x}}$ (Punkt-Strich-Linie).

(b) $z = x^r \cdot y^s \;\rightarrow\; z'_x = r \cdot x^{r-1} \cdot y^s = \dfrac{rz}{x}$ und $z'_y = s \cdot x^r \cdot y^{s-1} = \dfrac{sz}{y} \;\rightarrow\;$

$$\frac{dy}{dx} = -\frac{z'_x}{z'_y} = -\frac{rz \cdot y}{x \cdot sz} = -\frac{r \cdot y}{s \cdot x}$$

Weiterhin $z''_{xx} = r(r-1) \cdot x^{r-2} \cdot y^s = \dfrac{r(r-1) \cdot z}{x^2}$; $z''_{xy} = rs \cdot x^{r-1} \cdot y^{s-1} = \dfrac{rs \cdot z}{xy}$; $z''_{yy} = s(s-1) \cdot x^r \cdot y^{s-2}$

$= \dfrac{s(s-1) \cdot z}{y^2}$, womit

$$\frac{d^2 y}{dx^2} = \frac{-1}{\left(\dfrac{sz}{y}\right)^3} \cdot \left[\left(\frac{sz}{y}\right)^2 \cdot \frac{r(r-1) \cdot z}{x^2} - 2 \cdot \frac{rz}{x} \cdot \frac{sz}{y} \cdot \frac{rsz}{xy} + \left(\frac{rz}{x}\right)^2 \cdot \frac{s(s-1) \cdot z}{y^2} \right]$$

$$= \frac{-y^3}{s^3 z^3} \cdot \frac{s^2 z^3 \cdot r(r-1) - 2 \cdot r^2 s^2 z^3 + r^2 z^3 \cdot s(s-1)}{x^2 y^2}$$

$$= -\frac{y^3 z^3}{s^3 z^3 x^2 y^2} \cdot \left(s^2 r^2 - rs^2 - 2 \cdot r^2 s^2 + r^2 s^2 - sr^2 \right)$$

$$= -\frac{y^3 z^3}{s^3 z^3 x^2 y^2} \cdot \left(-rs^2 - sr^2 \right) = \frac{y^3 z^3}{s^3 z^3 x^2 y^2} \cdot r \cdot s \cdot (r+s)$$

Also

$$\frac{d^2 y}{dx^2} = \frac{r \cdot y \cdot (r+s)}{s^2 x^2}$$

L12: $z = x^r \cdot y^s \;\rightarrow\; z'_x = r \cdot x^{r-1} \cdot y^s = \dfrac{r \cdot z}{x}$. Elastizität von z bezüglich x: $\dfrac{\partial z}{\partial x} \cdot \dfrac{x}{z} = r$. Andererseits $z'_y = s \cdot x^r \cdot y^{s-1} \;\rightarrow\; \dfrac{s \cdot z}{y}$. Elastizität von z bezüglich y: $\dfrac{\partial z}{\partial y} \cdot \dfrac{y}{z} = s$.

L13: (a) $z = Ax + \dfrac{c - A^2}{b} \cdot y - \dfrac{aA}{2b} \cdot y^2 + B \;\rightarrow$

$$z'_x = A \quad \text{und} \quad z'_y = \dfrac{c - A^2}{b} - \dfrac{aA}{b} \cdot y$$

Dies eingesetzt in die linke Seite der Differenzialgleichung ergibt

$$A^2 + ay \cdot A + b \cdot \left[\dfrac{c - A^2}{b} - \dfrac{aA}{b} \cdot y \right] = A^2 + ay \cdot A + c - A^2 - aA \cdot y = c$$

Letzteres ist die rechte Seite.

(b) $z = A \cdot y^2 - \left(x + \dfrac{B}{y} \right)^2$. Zur partiellen Ableitung der Klammer benötigen wir die Kettenre-

gel: $g = x + \dfrac{B}{y}$. Die Klammer erhält dann die Form g^2, womit

$$z'_x = -2g \cdot 1 = -2 \cdot \left(x + \dfrac{B}{y} \right)$$

$$z'_y = 2A \cdot y - 2g \cdot B \cdot \dfrac{-1}{y^2} = 2A \cdot y + \dfrac{B}{y^2} \cdot \left(x + \dfrac{B}{y} \right)$$

Linke Seite der Differenzialgleichung:

$$4 \cdot \left(x + \dfrac{B}{y} \right)^2 - 2x \cdot \left(x + \dfrac{B}{y} \right) - y \cdot \left(2A \cdot y + \dfrac{2B}{y^2} \cdot \left(x + \dfrac{B}{y} \right) \right) + 2 \cdot \left(A \cdot y^2 - \left(x + \dfrac{B}{y} \right)^2 \right)$$

$$= 4 \cdot \left(x + \dfrac{B}{y} \right)^2 - 2x \cdot \left(x + \dfrac{B}{y} \right) - 2A \cdot y^2 - \dfrac{2B}{y} \cdot \left(x + \dfrac{B}{y} \right) + 2A \cdot y^2 - 2 \cdot \left(x + \dfrac{B}{y} \right)^2$$

$$= 2 \cdot \left(x + \dfrac{B}{y} \right)^2 - 2 \cdot \left(x + \dfrac{B}{y} \right) \cdot \left(x + \dfrac{B}{y} \right) = 0$$

Letzteres ist die rechte Seite.

(c) $z = 2 \cdot \sqrt{\dfrac{A}{x}} + \dfrac{Ay + B}{x}$. Die Quadratwurzel wird nach der Kettenregel abgeleitet. Sei $g =$

$\dfrac{A}{x}$, dann nimmt die Wurzel die Form $\sqrt{g}$ an, womit

$$z'_x = 2 \cdot \frac{1}{2\sqrt{g}} \cdot A \cdot \frac{-1}{x^2} + (Ay+B) \cdot \frac{-1}{x^2} = \frac{-1}{x^2} \cdot \left(\frac{A}{\sqrt{\dfrac{A}{x}}} + Ay + B \right) = -\frac{1}{x^2} \cdot \left(\sqrt{Ax} + Ay + B \right)$$

$$z'_y = \frac{A}{x}$$

Linke Seite der Differenzialgleichung:

$$\left[-\frac{1}{x} \cdot \left(\sqrt{Ax} + Ay + B \right) + 2 \cdot \sqrt{\frac{A}{x} + \frac{Ay+B}{x}} \right]^2$$

$$= \left[-\frac{1}{x} \cdot \left(\sqrt{Ax} + Ay + B - 2 \cdot \sqrt{Ax} - Ay - B \right) \right]^2 = \left[\frac{\sqrt{Ax}}{x} \right]^2 = \frac{A}{x} = z'_y$$

Letzteres ist die rechte Seite.

(d) $z = Axe^y - \dfrac{a}{A} \cdot \left(y^2 + 2y + 2 \right) \cdot e^{-y} + B \quad \rightarrow \quad z'_x = Ae^y$. Zur Berechnung von z'_y benötigen wir zunächst die Produktregel und innerhalb dieser die Kettenregel:

$$z'_y = Axe^y - \frac{a}{A} \cdot \left[(y^2 + 2y + 2) \cdot \left[e^{-y} \right]'_y + (2y+2) \cdot e^{-y} \right]$$

Die innere eckige Klammer wird nach der Kettenregel abgeleitet. Sei $g = -y$, dann nimmt die Klammer die Form e^g an. Ableitung: $e^g \cdot (-1)$, womit

$$z'_y = Axe^y - \frac{a}{A} \cdot \left[(y^2 + 2y + 2) \cdot e^{-y} \cdot (-1) + (2y+2) \cdot e^{-y} \right]$$

$$= Axe^y - \frac{a}{A} \cdot e^{-y} \cdot \left[-y^2 - 2y - 2 + 2y + 2 \right] = Axe^y + \frac{a}{A} \cdot y^2 \cdot e^{-y}$$

Linke Seite der Differenzialgleichung:

$$x \cdot \left(A \cdot e^y \right)^2 - Ae^y \cdot \left[Axe^y + \frac{a}{A} \cdot y^2 \cdot e^{-y} \right] + ay^2 = x \cdot A^2 \cdot e^{2y} - x \cdot A^2 \cdot e^{2y} - ay^2 + ay^2 = 0$$

Letzteres ist die rechte Seite.

V. Integralrechnung

A. Definitionen, Lehrsätze und Erläuterungen

Lehrsatz 1: Es sei $y = f(x)$ eine (stetige) Funktion. Dann gibt es unendlich viele Funktionen der Form $F(x) + C$, wobei C ein Parameter für reelle Zahlen ist, mit der Eigenschaft $\dfrac{d[F(x)+C]}{dx} = f(x)$. Man bezeichnet die Funktionenmenge $F(x) + C$ als *unbestimmtes Integral der Funktion* $y = f(x)$ und schreibt

$$\int f(x)dx = F(x) + C$$

Dabei ist x die *Integrationsvariable* und C die *Integrationskonstante*.

Lehrsatz 2: *Grundintegrale*

(a) $\int x^n dx = \dfrac{x^{n+1}}{n+1} + C$ mit $n \in \mathbf{R}$ und $n \neq -1$ (b) $\int e^x dx = e^x + C$

(c) $\int \dfrac{1}{x} dx = \ln x + C$ (d) $\int \sin x\, dx = -\cos x + C$

(e) $\int \cos x\, dx = \sin x + C$ (f) $\int \dfrac{1}{\cos^2 x} dx = \tan x + C$

(g) $\int \dfrac{1}{\sin^2 x} dx = -\cot x + C$ (h) $\int a^x dx = \dfrac{a^x}{\ln a} + C$ mit $a > 1$

Lehrsatz 3: *Integrationsregeln*
(a) Summen werden summandenweise integriert:

$$\int (f(x) + g(x))dx = \int f(x)dx + \int g(x)dx$$

Kurz: $\int (f + g)dx = \int f dx + \int g dx$

(b) Konstante Faktoren bleiben erhalten:

$$\int a \cdot f(x)dx = a \cdot \int f(x)dx \quad \text{mit } a \text{ konstant}$$

Kurz: $\int a \cdot f dx = a \cdot \int f dx$

Lehrsatz 4: *Partielle Integration*

$$\int f(x) \cdot g'(x)dx = f(x) \cdot g(x) - \int f'(x) \cdot g(x)dx$$

Kurz: $\int f \cdot g' dx = f \cdot g - \int f' \cdot g dx$

Lehrsatz 5: *Partialbruchzerlegung*

Gegeben sei eine gebrochen-rationale Funktion $y = \dfrac{p(x)}{q(x)}$, das heißt $p(x)$ und $q(x)$ sind Polynome, wobei der Nenner nur reelle Nullstellen $x_1, x_2, \ldots, x_n$ hat. Der Grad von $p(x)$ sei kleiner als der Grad von $q(x)$. Dann gilt:

(a) Sind die Nullstellen von $q(x)$ paarweise verschieden, so gilt

$$\frac{p(x)}{q(x)} = \frac{a_1}{x - x_1} + \frac{a_2}{x - x_2} + \frac{a_3}{x - x_3} + \ldots + \frac{a_n}{x - x_n}$$

mit $a_1, a_2, a_3, \ldots, a_n$ konstant.

(b) Hat $q(x)$ eine Nullstelle, die k-fach auftritt, also $x_1 = x_2 = \ldots = x_k$, die übrigen Nullstellen aber paarweise verschieden sind, gilt:

$$\frac{p(x)}{q(x)} = \frac{a_1}{x - x_1} + \frac{a_2}{(x - x_1)^2} + \frac{a_3}{(x - x_1)^3} + \ldots + \frac{a_k}{(x - x_1)^k} + \frac{a_{k+1}}{x - x_{k+1}} + \ldots + \frac{a_n}{x - x_n}$$

mit $a_1, a_2, a_3, \ldots, a_n$ konstant. Sollten mehrere Nullstellen mehrfach auftreten, so ist entsprechend zu verfahren.

Bemerkung: Ist der Grad von $p(x)$ größer als der Grad von $q(x)$, muss man zuerst die Polynomdivision durchführen:

$$\frac{p(x)}{q(x)} = r(x) + \frac{s(x)}{t(x)}$$

Dabei sind $r(x)$, $s(x)$ und $t(x)$ Polynome von x und der Grad von $s(x)$ ist kleiner als der von $t(x)$. Anschließend gehe man nach Lehrsatz 5 vor.

Lehrsatz 6: *Substitutionsmethode*
Die zu integrierende Funktion habe die Form $f(g(x)) \cdot g'(x)$. Dann kann man zur Berechnung des unbestimmten Integrals dieser Funktion von der Integrationsvariablen x zur Integrationsvariablen g übergehen:

$$\int f(g(x)) \cdot g'(x)dx = \int f(g)dg$$

Beispiel: Zu berechnen ist das unbestimmte Integral

$$\int x^2 \cdot \sqrt{x^3 + 1}\,dx$$

Sei $g = x^3 + 1 \ \rightarrow \ \dfrac{dg}{dx} = 3x^2 \ \rightarrow \ dx = \dfrac{dg}{3x^2}$. Ins Integral eingesetzt:

$$\int x^2 \cdot \sqrt{x^3 + 1}\,dx = \int x^2 \cdot \sqrt{g}\,\frac{dg}{3x^2} = \frac{1}{3} \cdot \int g^{\frac{1}{2}}dg = \frac{1}{3} \cdot \frac{g^{\frac{3}{2}}}{\frac{3}{2}} + C = \frac{2}{9} \cdot g\sqrt{g} + C$$

$$= \frac{2}{9} \cdot (x^3 + 1) \cdot \sqrt{x^3 + 1} + C$$

Definition: Das Intervall $[a;\, b]$ sei eine Teilmenge der Definitionsmenge von $y = f(x)$ und $\int f(x)dx = F(x) + C$. Dann nennt man die Differenz $F(b) - F(a)$ das *bestimmte Integral der Funktion* $y = f(x)$ *in den Grenzen a und b* und bezeichnet es mit

$$F(b) - F(a) = \int_a^b f(x)dx$$

Lehrsatz 7: *Rechenregeln für das bestimmte Integral:* Sei $a < c < b$:

(a) $\displaystyle\int_a^b f(x)dx = \int_a^c f(x)dx + \int_c^b f(x)dx$ \qquad (b) $\displaystyle\int_a^b f(x)dx = -\int_b^a f(x)dx$

Definition: Den Term

$$\int_a^\infty f(x)dx = \lim_{b \to \infty} \int_a^b f(x)dx$$

nennt man ein *uneigentliches Integral*. Entsprechend hierzu:

$$\int_{-\infty}^b f(x)dx = \lim_{a \to -\infty} \int_a^b f(x)dx \quad \text{und} \quad \int_{-\infty}^\infty f(x)dx = \int_{-\infty}^b f(x)dx + \int_b^\infty f(x)dx$$

für irgendein $b \in \mathbf{R}$.

Bemerkung: Bestimmte Integrale können als Flächen gedeutet werden. Sei $y = f(x)$ im Intervall $[a; b]$ nicht-negativ. Dann ist $F(b) - F(a)$ der Inhalt der Fläche zwischen der x-Achse, den Senkrechten $x = a$ und $x = b$ und dem Graphen der Funktion $y = f(x)$.

Beispiel: $\int\limits_{-5}^{0} \sqrt{x+5}\, dx$. Wir berechnen zunächst das zugehörige unbestimmte Integral

$\int \sqrt{x+5}\, dx$. Sei $g = x + 5 \;\rightarrow\; \dfrac{dg}{dx} = 1 \;\rightarrow\; dx = dg$. Eingesetzt:

$$\int \sqrt{x+5}\, dx = \int g^{\frac{1}{2}}\, dg = \frac{g^{\frac{3}{2}}}{\frac{3}{2}} + C = \frac{2}{3}\cdot g\cdot \sqrt{g} + C = \frac{2}{3}\cdot (x+5)\cdot \sqrt{x+5} + C$$

Also

$$\int\limits_{-5}^{0} \sqrt{x+5}\, dx = \left(\frac{2}{3}\cdot 5\cdot \sqrt{5}\right) - 0 = \frac{10\cdot \sqrt{5}}{3} \approx 7{,}45$$

Grafische Darstellung: $y = f(x) = \sqrt{x+5}$. Berechnet wurde der Inhalt der Fläche zwischen der x-Achse, der y-Achse und dem Graphen der Funktion $y = \sqrt{x+5}$.

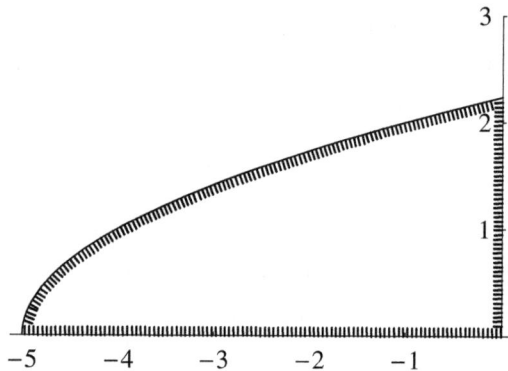

Bemerkung: Das Integrieren ist viel schwieriger als das Differenzieren. Viele Funktionen aus der von uns definierten Funktionenmenge haben als unbestimmtes Integral nicht wieder eine Funktion dieser Menge. Der folgende „Fragebaum" hilft beim Berechnen der Integrale mit Hilfe der Substitutionsmethode.

Integration durch Substitution

Ist ein Bruch zu integrieren?	
(a) Wenn „Ja":	(b) Wenn „Nein":
Ist der Zähler (bis auf einen konstanten Faktor) die erste Ableitung des Nenners?	Müsste man die Kettenregel verwenden, wenn man den Integranden ableiten wollte?
Wenn „Nein", siehe (b).	Wenn „Nein", versuche man es mit der partiellen Integration oder der Partialbruchzerlegung.
Wenn „Ja":	
Man löse das Integral mit Hilfe der Substitution g = Nenner.	Wenn „Ja":
	Welcher Term wäre gleich g zu setzen? Man beginne mit dieser Substitution die Berechnung des Integrals.

B. Aufgaben

Zu den Aufgaben 1 bis 4: Man berechne die angegebenen unbestimmten Integrale.

1. (a) $\int x^{-2} dx$ (b) $\int (3x^2 - 4x + 2) dx$ (c) $\int (x^2 - \frac{1}{x^3}) dx$ (d) $\int \frac{2x^{-1} + 3x^5}{12x^3} dx$

(e) $\int \frac{1}{(2x+3)^{-2}} dx$ (f) $\int (\sqrt{x^3} - 4\sqrt[3]{x}) dx$ (g) $\int (x^{-1} + 1 + \cos x) dx$ (h) $\int (2x - e^x) dx$

(i) $\int \sqrt{\sqrt{\sqrt{x}}}\, dx$

2. (a) $\int x \cdot \cos x\, dx$ (b) $\int x^2 \cdot \sin x\, dx$ (c) $\int x^3 \cdot e^x dx$ (d) $\int x^n \cdot \ln x\, dx$ mit $n \neq -1$

(e) $\int \sin^2 x\, dx$ (f) $\int \cos^2 x\, dx$ (g) $\int \sin x \cdot \cos x\, dx$ (h) $\int e^x \cdot \sin x\, dx$

(i) $\int e^x \cdot \cos x\, dx$

3. (a) $\int \frac{2x-1}{x^2 - 2x} dx$ (b) $\int \frac{2}{x^2 - 6x + 8} dx$ (c) $\int \frac{2x^2 - 3x + 1}{x^3 + 5x^2 + 4x} dx$ (d) $\int \frac{x^4 + 2x^3 + 3}{x^2 - 1} dx$

(e) $\int \frac{2x^2 - 2}{(x-3)^3} dx$ (f) $\int \frac{x^2 + 1}{x^3 - 2x^2 + x} dx$

4. (a) $\int \sin(x-2) dx$ (b) $\int \sqrt[7]{1 - 5x}\, dx$ (c) $\int \frac{1}{x+a} dx$ (d) $\int (x-1) \cdot \sqrt{x+3}\, dx$

(e) $\int \tan x\, dx$ (f) $\int \cot x\, dx$ (g) $\int \frac{\sin x}{\sqrt[3]{1 - \cos x}} dx$ (h) $\int \frac{e^{2x}}{1 + e^{2x}} dx$ (i) $\int 10^{-x} dx$

(j) $\int \frac{\sqrt{1 + \tan x}}{\cos^2 x} dx$ (k) $\int 3x^3 \cdot \sqrt{x^2 - 2}\, dx$ (l) $\int \frac{e^x - e^{-x}}{(e^x + e^{-x})^2} dx$

5. Man berechne die folgenden bestimmten Integrale:

(a) $\int\limits_0^1 \frac{x}{e^{x^2}} dx$ (b) $\int\limits_0^{\frac{\pi}{6}} \frac{\cos x + \sin x}{\cos x - \sin x} dx$ (c) $\int\limits_0^1 x \cdot e^{-x} dx$ (d) $\int\limits_0^1 \sqrt{\sqrt[3]{x} + 4}\, dx$

(e) $\int\limits_0^{\pi} (1 + \sqrt{1 + \sin x}) \cdot \cos x\, dx$ (f) $\int\limits_0^1 \frac{\sqrt{1 + \sqrt{x}}}{\sqrt{x}} dx$

6. Wie groß ist der Inhalt der Fläche, die durch die angegebenen Kurven eingegrenzt wird?

(a) Graphen von $y = -x^2 + 5$ und $y = -x + 3$

(b) Graphen von $y = x^2$ und $y = \sqrt{x}$

(c) Graph von $y = x^3 - 8x^2 + 15x$ und die x-Achse

(d) Graph von $y = \dfrac{1}{4}x^4 - 2x^2 + 4$ und die Tangente im Maximum dieser Kurve

7. Man berechne die folgenden uneigentlichen Integrale:

(a) $\displaystyle\int_0^\infty e^{-x} dx$ (b) $\displaystyle\int_{-\infty}^{-1} \frac{1}{x^2} dx$ (c) $\displaystyle\int_{-\infty}^\infty 2x \cdot e^{-x^2} dx$

8. Zu bestimmen sind die folgenden Integrale mit Parametern:

(a) $\displaystyle\int_0^1 \frac{a}{\sqrt{bx+c}} dx$ mit $x \geq 0$ und $a, b, c > 0$

(b) $\displaystyle\int \left(2a - \frac{2a}{a \cdot e^x + 1}\right) dx$ mit $a \neq 0$ (c) $\displaystyle\int 4 \cdot e^{-x} \cdot (a - e^{-x}) dx$

9. Kann $a > 0$ so gewählt werden, dass

(a) $\displaystyle\int_0^a \frac{x}{(x^2+4)^2} dx = \frac{1}{16}$ (b) $\displaystyle\int_0^a \frac{2x}{\sqrt{1+4x^2}} dx = 1$ (c) $\displaystyle\int_0^a \frac{x}{4-x^2} dx = 0$

(d) $\displaystyle\int_0^a (4x-2) \cdot e^{x^2-x+2} dx = 0$

10. Kann b so gewählt werden, dass $\displaystyle\int_0^1 \frac{x^2}{(x^3+b)^2} dx = -\frac{4}{3}$?

C. Lösungen

L1: Vergleiche Lehrsatz 3:

(a) $\int x^{-2}dx = \dfrac{x^{-1}}{-1} + C = -\dfrac{1}{x} + C$

(b) $\int (3x^2 - 4x + 2)dx = 3\cdot\int x^2 dx - 4\cdot\int x dx + 2\cdot\int 1 dx = 3\cdot\dfrac{x^3}{3} - 4\cdot\dfrac{x^2}{2} + 2\cdot x + C$

$= x^3 - 2x^2 + 2x + C$

(c) $\int (x^2 - \dfrac{1}{x^3})dx = \int x^2 dx - \int x^{-3}dx = \dfrac{x^3}{3} - \dfrac{x^{-2}}{-2} + C = \dfrac{1}{3}\cdot x^3 + \dfrac{1}{2x^2} + C$

(d) $\int \dfrac{2x^{-1} + 3x^5}{12x^3}dx = \int (\dfrac{x^{-4}}{6} + \dfrac{x^2}{4})dx = \dfrac{1}{6}\cdot\int x^{-4}dx + \dfrac{1}{4}\cdot\int x^2 dx = \dfrac{1}{6}\cdot\dfrac{x^{-3}}{-3} + \dfrac{1}{4}\cdot\dfrac{x^3}{3} + C$

$= \dfrac{1}{12}\cdot x^3 - \dfrac{1}{18x^3} + C$

(e) $\int \dfrac{1}{(2x+3)^{-2}}dx = \int (2x+3)^2 dx = \int (4x^2 + 12x + 9)dx = 4\cdot\dfrac{x^3}{3} + 12\cdot\dfrac{x^2}{2} + 9x + C$

$= \dfrac{4}{3}\cdot x^3 + 6x^2 + 9x + C$

(f) $\int (\sqrt{x^3} - 4\cdot\sqrt[3]{x})dx = \int x^{\frac{3}{2}}dx - 4\cdot\int x^{\frac{1}{3}}dx = \dfrac{x^{\frac{5}{2}}}{\dfrac{5}{2}} - 4\cdot\dfrac{x^{\frac{4}{3}}}{\dfrac{4}{3}} + C = \dfrac{2}{5}\cdot x^2\cdot\sqrt{x} - 3\cdot x\cdot\sqrt[3]{x} + C$

(g) $\int (x^{-1} + 1 + \cos x)dx = \int \dfrac{1}{x}dx + \int 1 dx + \int \cos x\, dx = \ln x + x + \sin x + C$

(h) $\int (2x - e^x)dx = 2\cdot\int x dx - \int e^x dx = 2\cdot\dfrac{x^2}{2} - e^x + C = x^2 - e^x + C$

(i) $\int \sqrt{\sqrt{\sqrt{x}}}\, dx = \int x^{\frac{1}{8}}dx = \dfrac{x^{\frac{9}{8}}}{\dfrac{9}{8}} + C = \dfrac{8}{9}\cdot x\cdot\sqrt[8]{x} + C$

L2: Vergleiche Lehrsatz 4.

(a) $\int x\cdot\cos x\, dx$. Sei $f = x$, $g' = \cos x$. Dann $f' = 1$, $g = \sin x$, womit

$$\ldots = x{\cdot}\sin x - \int 1{\cdot}\sin x\, dx \;=x{\cdot}\sin x - (-\cos x) + C = x{\cdot}\sin x + \cos x + C$$

(b) $\int x^2 \cdot \sin x\, dx$. Sei $f = x^2$, $g' = \sin x$. Dann $f' = 2x$, $g = -\cos x$, womit

$$\ldots = x^2{\cdot}(-\cos x) - \int 2x \cdot(-\cos x)dx \;=-x^2{\cdot}\cos x + 2{\cdot}\int x \cdot \cos x\, dx$$

Das letzte unbestimmte Integral wurde schon in Teil (a) von L2 bestimmt, weshalb

$$\ldots = -x^2{\cdot}\cos x + 2{\cdot}(x{\cdot}\sin x + \cos x) + C = 2{\cdot}x{\cdot}\sin x\; + (2 - x^2){\cdot}\cos x + C$$

(c) $\int x^3 \cdot e^x dx$. Sei $f = x^3$, $g' = e^x$. Dann $f' = 3x^2$, $g = e^x$, womit

$$\ldots = x^3{\cdot}e^x - \int 3\cdot x^2 \cdot e^x dx \;=x^3{\cdot}e^x - 3{\cdot}\int x^2 \cdot e^x dx$$

Wir legen die Variablen f und g' erneut fest und wenden die Formel für die partielle Integration ein zweites Mal an: Sei $f = x^2$, $g' = e^x$. Dann $f' = 2x$, $g = e^x$, womit

$$\ldots = x^3{\cdot}e^x - 3{\cdot}[x^2{\cdot}e^x - \int 2x \cdot e^x dx\,] = x^3{\cdot}e^x - 3{\cdot}x^2{\cdot}e^x + 6{\cdot}\int x \cdot e^x dx$$

Die Formel für die partielle Integration wird ein drittes Mal angewendet. Die Variablen f und g' werden nochmals festgelegt: Sei $f = x$, $g' = e^x$. Dann $f' = 1$, $g = e^x$, womit

$$\ldots = x^3{\cdot}e^x - 3{\cdot}x^2{\cdot}e^x + 6{\cdot}[x{\cdot}e^x - \int 1 \cdot e^x dx\,] = x^3{\cdot}e^x - 3{\cdot}x^2{\cdot}e^x + 6{\cdot}x{\cdot}e^x - 6{\cdot}e^x + C$$

$$= (x^3 - 3{\cdot}x^2 + 6x - 6){\cdot}e^x + C$$

(d) $\int x^n \cdot \ln x\, dx$. Sei $f = \ln x$, $g' = x^n$. Dann $f' = \dfrac{1}{x}$, $g = \dfrac{x^{n+1}}{n+1}$, womit

$$\ldots = \frac{x^{n+1}}{n+1}\cdot \ln x - \int \frac{1}{x}\cdot \frac{x^{n+1}}{n+1}dx \;=\frac{x^{n+1}}{n+1}\cdot \ln x - \frac{1}{n+1}\cdot \int x^n dx$$

$$= \frac{x^{n+1}}{n+1}\cdot \ln x - \frac{1}{n+1}\cdot \frac{x^{n+1}}{n+1}\; + C = \frac{x^{n+1}}{(n+1)^2}\cdot[(n+1){\cdot}\ln x - 1] + C$$

In den Teilen (e) bis (i) verzichten wir darauf, bei den Zwischenschritten die Integrationskonstanten anzugeben. Erst nach Beendigung der Rechnung fügen wir ein C als Zusammenfassung aller Integrationskonstanten hinzu.

(e) $\int \sin^2 x\, dx \;= \int \sin x \cdot \sin x\, dx$. Sei $f = \sin x$, $g' = \sin x$. Dann $f' = \cos x$, $g = -\cos x$, womit

$$\ldots = \sin x{\cdot}(-\cos x) - \int \cos x \cdot(-\cos x)dx \;=-\sin x{\cdot}\cos x + \int \cos^2 x\, dx$$

Wir setzen $\cos^2 x = 1 - \sin^2 x$, dann

$$\ldots = -\sin x \cdot \cos x + \int (1 - \sin^2 x)dx \ = -\sin x \cdot \cos x + \int 1 dx \ - \int \sin^2 x \ dx$$

$$= -\sin x \cdot \cos x + x - \int \sin^2 x \ dx$$

Insgesamt folgt nun

$$2 \cdot \int \sin^2 x \ dx \ = x - \sin x \cdot \cos x$$

Also schließlich

$$\int \sin^2 x \ dx \ = \frac{1}{2} \cdot (x - \sin x \cdot \cos x) + C$$

(f) $\int \cos^2 x \ dx \ = \int \cos x \cdot \cos x \ dx$. Sei $f = \cos x$, $g' = \cos x$. Dann $f' = -\sin x$, $g = \sin x$, womit

$$\ldots = \cos x \cdot \sin x - \int (-\sin x) \cdot \sin x \ dx \ = \sin x \cdot \cos x + \int \sin^2 x \ dx$$

$$= \sin x \cdot \cos x + \int (1 - \cos^2 x)dx \ = \sin x \cdot \cos x + \int 1 dx \ - \int \cos^2 x \ dx$$

$$= \sin x \cdot \cos x + x - \int \cos^2 x \ dx$$

Insgesamt folgt nun

$$2 \cdot \int \cos^2 x \ dx \ = x + \sin x \cdot \cos x$$

Also schließlich

$$\int \cos^2 x \ dx \ = \frac{1}{2} \cdot (x + \sin x \cdot \cos x) + C$$

(g) $\int \sin x \cdot \cos x \ dx$. Sei $f = \sin x$, $g' = \cos x$. Dann $f' = \cos x$, $g = \sin x$, womit

$$\ldots = \sin x \cdot \sin x - \int \cos x \cdot \sin x \ dx \ = \sin^2 x - \int \cos x \cdot \sin x \ dx$$

Insgesamt folgt nun

$$2 \cdot \int \sin x \cdot \cos x \ dx \ = \sin^2 x$$

Also schließlich

$$\int \sin x \cdot \cos x \ dx \ = \frac{1}{2} \cdot \sin^2 x + C$$

(h) $\int e^x \cdot \sin x \ dx$. Sei $f = e^x$, $g' = \sin x$. Dann $f' = e^x$, $g = -\cos x$, womit

$$\ldots = e^x \cdot (-\cos x) + \int e^x \cdot (-\cos x)\, dx\ = -e^x \cdot \cos x - \int e^x \cdot \cos x\, dx$$

Wir wenden die Formel für die partielle Integration nochmals an und müssen daher die Variablen f und g' neu vereinbaren: Sei $f = e^x$, $g' = \cos x$. Dann $f' = e^x$, $g = \sin x$, womit

$$\ldots = -e^x \cdot \cos x + e^x \cdot \sin x - \int e^x \cdot \sin x\, dx\ = e^x \cdot (\sin x - \cos x) - \int e^x \cdot \sin x\, dx$$

Insgesamt folgt nun

$$2 \cdot \int e^x \cdot \sin x\, dx\ = e^x \cdot (\sin x - \cos x)$$

Also schließlich

$$\int e^x \cdot \sin x\, dx\ = \frac{1}{2} \cdot e^x \cdot (\sin x - \cos x) + C$$

(i) $\int e^x \cdot \cos x\, dx$. Sei $f = e^x$, $g' = \cos x$. Dann $f' = e^x$, $g = \sin x$, womit

$$\ldots = e^x \cdot \sin x - \int e^x \cdot \sin x\, dx$$

Wir wenden die Formel für die partielle Integration erneut an und legen jetzt fest: Sei $f = e^x$, $g' = \sin x$. Dann $f' = e^x$, $g = -\cos x$, womit

$$\ldots = e^x \cdot \sin x - [\,e^x \cdot (-\cos x) - \int e^x \cdot (-\cos x)\, dx\,] = e^x \cdot (\sin x + \cos x) - \int e^x \cdot \cos x\, dx\,]$$

Insgesamt folgt nun

$$2 \cdot \int e^x \cdot \cos x\, dx\ = e^x \cdot (\sin x + \cos x)$$

Also schließlich

$$\int e^x \cdot \cos x\, dx\ = \frac{1}{2} \cdot e^x \cdot (\sin x + \cos x) + C$$

L3: Vergleiche Lehrsatz 5:

(a) $\int \dfrac{2x-1}{x^2 - 2x} dx$. Zerlegung des Nenners in ein Produkt von Linearfaktoren:

$$x^2 - 2x = x \cdot (x - 2)$$

Ansatz zur Partialbruchzerlegung:

$$\frac{2x-1}{x^2 - 2x} = \frac{a_1}{x} + \frac{a_2}{x-2} = \frac{a_1 \cdot (x-2) + a_2 \cdot x}{x^2 - 2x} = \frac{(a_1 + a_2) \cdot x - 2a_1}{x^2 - 2x}$$

$$= \frac{(a_1 + a_2) \cdot x - 2a_1}{x^2 - 2x}$$

Die Brüche und die Nenner sind gleich, also müssen auch die Zähler übereinstimmen:

$$a_1 + a_2 = 2 \text{ und } -2a_1 = -1 \;\rightarrow\; a_1 = \frac{1}{2} \text{ und } a_2 = \frac{3}{2}$$

Damit

$$\int \frac{2x-1}{x^2 - 2x} dx \;=\; \int (\frac{\frac{1}{2}}{x} + \frac{\frac{3}{2}}{x-2}) dx \;=\; \frac{1}{2} \cdot \int \frac{1}{x} dx \;+\; \frac{3}{2} \cdot \int \frac{1}{x-2} dx$$

Für das zweite Integral sei $g = x - 2 \;\rightarrow\; \dfrac{dg}{dx} = 1 \;\rightarrow\; dx = dg$

$$\dots = \frac{1}{2} \cdot \ln x + \frac{3}{2} \cdot \int \frac{1}{g} dg \;=\; \frac{1}{2} \cdot \ln x + \frac{3}{2} \cdot \ln g + C = \frac{1}{2} \cdot \ln x + \frac{3}{2} \cdot \ln(x-2) + C$$

$$= \ln(\sqrt{x} \cdot \sqrt{x-2}^3) \;+ C = \ln((x-2) \cdot \sqrt{x \cdot (x-2)}) + C$$

(b) $\int \dfrac{2}{x^2 - 6x + 8} dx$. Linearfaktorenzerlegung des Nenners. Dazu benötigt man zunächst die Nullstellen des Nenners: $x^2 - 6x + 8 = 0 \;\rightarrow$

$$x = \frac{6 \pm \sqrt{36 - 4 \cdot 1 \cdot 8}}{2 \cdot 1} \;=\; \frac{6 \pm 2}{2} \;=\; 3 \pm 1 \;\rightarrow\; x = 2 \text{ oder } x = 4$$

Also $x^2 - 6x + 8 = (x - 2) \cdot (x - 4)$. Ansatz für die Partialbruchzerlegung:

$$\frac{2}{x^2 - 6x + 8} = \frac{a_1}{x-2} + \frac{a_2}{x-4} = \frac{a_1(x-4) + a_2(x-2)}{x^2 - 6x + 8} = \frac{(a_1 + a_2) \cdot x - 4a_1 - 2a_2}{x^2 - 6x + 8}$$

$$= \frac{(a_1 + a_2) \cdot x + (-4a_1 - 2a_2)}{x^2 - 6x + 8}$$

Die Brüche und der Nenner sind gleich, also müssen auch die Zähler übereinstimmen:

$$a_1 + a_2 = 0 \quad \text{und} \quad -4a_1 - 2a_2 = 2$$

Also $a_2 = -a_1$ und $-4a_1 + 2a_1 = 2 \rightarrow -2a_1 = 2 \;\rightarrow\; a_1 = -1$ und $a_2 = 1$. Damit

$$\int \frac{2}{x^2 - 6x + 8} dx \;=\; \int \frac{-1}{x-2} dx \;+\; \int \frac{1}{x-4} dx$$

Beide Integrale werden mit Hilfe der Substitutionsmethode gelöst: Sei $g = x - 2$, dann $dg/dx = 1$, also $dx = dg$. Und sei $h = x - 4$, dann $dh/dx = 1$, also $dx = dh$. Eingesetzt:

$$\ldots = -\int \frac{1}{g} dg + \int \frac{1}{h} dh = -\ln g + \ln h + C = \ln \frac{h}{g} = \ln \frac{x-4}{x-2} + C$$

(c) $\int \frac{2x^2 - 3x + 1}{x^3 + 5x^2 + 4x} dx$. Linearfaktoren des Nenners. Dazu benötigt man die Nullstellen des Nenners: $x^3 + 5x^2 + 4x = 0 \rightarrow x \cdot (x^2 + 5x + 4) = 0$. Ein Produkt aus zwei Faktoren ist gleich 0, wenn (i) der erste oder (ii) der zweite Faktor gleich 0 ist:

(i) $x = 0$

(ii) $x^2 + 5x + 4 = 0 \rightarrow x = \frac{-5 \pm \sqrt{25 - 4 \cdot 1 \cdot 4}}{2 \cdot 1} = \frac{-5 \pm 3}{2} \rightarrow x = -1$ oder $x = -4$

Also $x^3 + 5x^2 + 4x = x \cdot (x+1) \cdot (x+4)$. Ansatz für die Partialbruchzerlegung:

$$\frac{2x^2 - 3x + 1}{x^3 + 5x^2 + 4x} = \frac{a_1}{x} + \frac{a_2}{x+1} + \frac{a_3}{x+4} = \frac{a_1(x+1)(x+4) + a_2(x+4)x + a_3(x+1)x}{x^3 + 5x^2 + 4x}$$

$$= \frac{(a_1 + a_2 + a_3) \cdot x^2 + (5a_1 + 4a_2 + a_3) \cdot x + 4a_1}{x^3 + 5x^2 + 4x}$$

Die Brüche und die Nenner sind gleich, also müssen auch die Zähler übereinstimmen:

$$
\begin{array}{rrrcr}
a_1 & + \ a_2 & + \ a_3 & = & 2 \\
5a_1 & + \ 4a_2 & + \ a_3 & = & -3 \\
4a_1 & & & = & 1
\end{array}
$$

Aus der dritten Gleichung folgt $a_1 = 1/4$. Eingesetzt in die erste und zweite Gleichung:

$$
\begin{array}{rrcr}
a_2 & + \ a_3 & = & 7/4 \\
4a_2 & + \ a_3 & = & -17/4
\end{array}
$$

Aus der ersten Gleichung folgt $a_3 = \dfrac{7}{4} - a_2$. Eingesetzt in die zweite Gleichung:

$$4a_2 + \frac{7}{4} - a_2 = -\frac{17}{4} \rightarrow 3a_2 = -6 \rightarrow a_2 = -2 \rightarrow a_3 = \frac{7}{4} + 2 = \frac{15}{4}$$

Aus dem Ansatz für die Partialbruchzerlegung folgt:

$$\int \frac{2x^2 - 3x + 1}{x^3 + 5x^2 + 4x} dx = \int \frac{\frac{1}{4}}{x} dx + \int \frac{-2}{x+1} dx + \int \frac{\frac{15}{4}}{x+4} dx$$

$$= \frac{1}{4} \cdot \int \frac{1}{x} dx - 2 \cdot \int \frac{1}{x+1} dx + \frac{15}{4} \cdot \int \frac{1}{x+4} dx$$

Für das zweite Integral: $g = x + 1$, damit $dg/dx = 1$, also $dx = dg$; für das dritte Integral: $h = x + 4$, damit $dh/dx = 1$, also $dx = dh$.

$$\ldots = \frac{1}{4} \cdot \ln x - 2 \cdot \int \frac{1}{g} dg + \frac{15}{4} \cdot \int \frac{1}{h} dh = \frac{1}{4} \cdot \ln x - 2 \cdot \ln g + \frac{15}{4} \cdot \ln h + C$$

$$= \ln \frac{\sqrt[4]{x} \cdot \sqrt[4]{h}^{15}}{g^2} + C = \ln \frac{(x+4)^3 \cdot \sqrt[4]{x(x+4)^3}}{(x+1)^2} + C$$

(d) $\int \frac{x^4 + 2x^3 + 3}{x^2 - 1} dx$. Da der Grad des Zählers größer als der Grad des Nenners, ist zunächst die Polynomdivision durchzuführen:

$$
\begin{array}{l}
(x^4 + 2x^3 + 3) : (x^2 - 1) = x^2 + 2x + 1 \\
\underline{-(x^4 - x^2)} \\
\quad 2x^3 + x^2 + 3 \\
\quad \underline{-(2x^3 - 2x)} \\
\qquad x^2 + 2x + 3 \\
\qquad \underline{-(x^2 - 1)} \\
\qquad\quad 2x + 4
\end{array}
$$

Ergebnis:

$$\frac{x^4 + 2x^3 + 3}{x^2 - 1} = x^2 + 2x + 1 + \frac{2x + 4}{x^2 - 1}$$

Die ersten drei Summanden sind direkt zu integrieren, für den letzten Summanden benötigt man die Partialbruchzerlegung: Da $x^2 - 1 = (x + 1) \cdot (x - 1)$ folgt

$$\frac{2x + 4}{x^2 - 1} = \frac{a_1}{x + 1} + \frac{a_2}{x - 1} = \frac{a_1(x - 1) + a_2(x + 1)}{x^2 - 1} = \frac{(a_1 + a_2) \cdot x + (-a_1 + a_2)}{x^2 - 1}$$

Die Brüche und die Nenner sind gleich, daher müssen auch die Zähler übereinstimmen:

$$
\begin{array}{rcrcl}
a_1 & + & a_2 & = & 2 \\
-a_1 & + & a_2 & = & 4
\end{array}
$$

Aus der ersten Gleichung: $a_2 = 2 - a_1$. Eingesetzt in die zweite Gleichung:

$$-a_1 + 2 - a_1 = 4 \;\rightarrow\; -2a_1 = 2 \;\rightarrow\; a_1 = -1 \;\rightarrow\; a_2 = 3$$

Also

$$\int \frac{2x + 4}{x^2 - 1} dx = \int \frac{-1}{x + 1} dx + \int \frac{3}{x - 1} dx = -\int \frac{1}{x + 1} dx + 3 \cdot \int \frac{1}{x - 1} dx$$

Für das erste Integral: $g = x + 1$, dann $dg/dx = 1$, also $dx = dg$; für das zweite Integral $h = x - 1$, dann $dh/dx = 1$, also $dx = dh$. Also

$$\int \frac{2x+4}{x^2-1} dx = -\int \frac{1}{g} dg + 3 \cdot \int \frac{1}{h} dh = -\ln g + 3 \cdot \ln h + C = \ln \frac{h^3}{g} + C = \ln \frac{(x-1)^3}{x+1} + C$$

Für das gegebene Integral folgt:

$$\int \frac{x^4 + 2x^3 + 3}{x^2 - 1} dx = \int (x^2 + 2x + 1) dx + \int \frac{2x+4}{x^2-1} dx$$

$$= \frac{1}{3} \cdot x^3 + x^2 + x + \ln \frac{(x-1)^3}{x+1} + C$$

(e) $\int \frac{2x^2 - 2}{(x-3)^3} dx$. Wie man sofort sieht, hat der Nenner bei $x = 3$ eine dreifache Nullstelle.

Also ist der Ansatz für die Partialbruchzerlegung wie folgt:

$$\frac{2x^2 - 2}{(x-3)^3} = \frac{a_1}{x-3} + \frac{a_2}{(x-3)^2} + \frac{a_3}{(x-3)^3} = \frac{a_1(x-3)^2 + a_2(x-3) + a_3}{(x-3)^3}$$

$$= \frac{a_1 x^2 + (-6a_1 + a_2)x + (9a_1 - 3a_2 + a_3)}{(x-3)^3}$$

Die Brüche und der Nenner sind gleich, also müssen auch die Zähler übereinstimmen:

$$
\begin{array}{rcrcrcl}
a_1 & & & & & = & 2 \\
-6a_1 & + & a_2 & & & = & 0 \\
9a_1 & - & 3a_2 & + & a_3 & = & -2
\end{array}
$$

Es ergibt sich $a_1 = 2$. Aus der zweiten Gleichung: $a_2 = 6a_1 \rightarrow a_2 = 12$. Aus der dritten Gleichung: $a_3 = -2 - 9a_1 + 3a_2 \rightarrow a_3 = 16$. Damit

$$\int \frac{2x^2 - 2}{(x-3)^3} dx = \int \frac{2}{x-3} dx + \int \frac{12}{(x-3)^2} dx + \int \frac{16}{(x-3)^3} dx$$

Für alle Integrale: $g = x - 3$, dann $dg/dx = 1$, also $dg = dx$; womit

$$\ldots = 2 \cdot \int \frac{1}{g} dg + 12 \cdot \int \frac{1}{g^2} dx + 16 \cdot \int \frac{1}{g^3} dx = 2 \cdot \int \frac{1}{g} dg + 12 \cdot \int g^{-2} dx + 16 \cdot \int g^{-3} dx$$

$$= 2 \cdot \ln g + 12 \cdot \frac{g^{-1}}{-1} + 16 \cdot \frac{g^{-2}}{-2} + C = 2 \cdot \ln g - \frac{12}{g} - \frac{8}{g^2} + C$$

$$= 2 \cdot \ln(x-3) - \frac{12}{x-3} - \frac{8}{(x-3)^2} + C$$

(f) $\int \dfrac{x^2+1}{x^3-2x^2+x}dx$. Zerlegung des Nenners in Linearfaktoren:

$$x^3 - 2x^2 + x = x\cdot(x^2 - 2x + 1) = x\cdot(x-1)^2$$

Der Nenner hat eine einfache Nullstelle bei $x = 0$ und eine zweifache Nullstelle bei $x = 1$. Ansatz für die Partialbruchzerlegung:

$$\frac{x^2+1}{x^3-2x^2+x} = \frac{a_1}{x} + \frac{a_2}{x-1} + \frac{a_3}{(x-1)^2} = \frac{a_1(x-1)^2 + a_2(x-1)x + a_3 x}{x(x-1)^2}$$

$$= \frac{(a_1+a_2)x^2 + (-2a_1 - a_2 + a_3)x + a_1}{x^3 - 2x^2 + x}$$

Der Bruch und die Nenner sind gleich, also müssen auch die Zähler übereinstimmen:

$$
\begin{array}{rcrcrcl}
a_1 & + & a_2 & & & = & 1 \\
-2a_1 & - & a_2 & + & a_3 & = & 0 \\
a_1 & & & & & = & 1
\end{array}
$$

Aus $a_1 = 1$ folgt durch Einsetzen in die erste Gleichung: $a_2 = 0$. Aus der zweiten Gleichung ergibt sich dann: $-2 + a_3 = 0$, also $a_3 = 2$.

$$\int \frac{x^2+1}{x^3-2x^2+x}dx = \int(\frac{1}{x} + \frac{2}{(x-1)^2})dx = \int \frac{1}{x}dx + 2\cdot\int\frac{1}{(x-1)^2}dx$$

Für das zweite Integral: $g = x-1 \rightarrow dg/dx = 1 \rightarrow dx = dg$. Also

$$\dots = \ln x + 2\cdot\int\frac{1}{g^2}dg = \ln x + 2\cdot\frac{g^{-1}}{-1} + C = \ln x - \frac{2}{x-1} + C$$

L4: Vergleiche Lehrsatz 6:

(a) $\int \sin(x-2)dx$. Sei $g = x-2 \rightarrow \dfrac{dg}{dx} = 1 \rightarrow dx = dg$. Also

$$\int \sin(x-2)dx = \int \sin g\, dg = -\cos g + C = -\cos(x-2) + C$$

(b) $\int\sqrt[7]{1-5x}dx$. Sei $g = 1-5x \rightarrow \dfrac{dg}{dx} = -5 \rightarrow dx = \dfrac{dg}{-5}$. Also

$$\int\sqrt[7]{1-5x}dx = \int g^{\frac{1}{7}}\cdot\frac{dg}{-5} = -\frac{1}{5}\cdot\int g^{\frac{1}{7}}dg = -\frac{1}{5}\cdot\frac{g^{\frac{8}{7}}}{\frac{8}{7}} + C = -\frac{7}{40}\cdot(1-5x)\cdot\sqrt[7]{1-5x} + C$$

(c) $\int \dfrac{1}{x+a} dx$. Sei $g = x+a \;\rightarrow\; \dfrac{dg}{dx} = 1 \;\rightarrow\; dx = dg$. Also

$$\int \frac{1}{x+a} dx = \int \frac{1}{g} dg = \ln g + C = \ln(x+a) + C$$

(d) $\int (x-1)\cdot\sqrt{x+3}\; dx$. Sei $g = x+3 \;\rightarrow\; \dfrac{dg}{dx} = 1 \;\rightarrow\; dx = dg$. Also

$$\int (x-1)\cdot\sqrt{x+3}\; dx = \int (x-1)\cdot\sqrt{g}\; dg$$

Aus $g = x+3$ folgt $x = g-3$. Eingesetzt:

$$\ldots = \int (g-4)\cdot\sqrt{g}\; dg = \int (g^{\frac{3}{2}} - 4\cdot g^{\frac{1}{2}}) dg = \int g^{\frac{3}{2}} dg - 4\cdot\int g^{\frac{1}{2}} dg$$

$$= \frac{g^{\frac{5}{2}}}{\frac{5}{2}} - 4\cdot\frac{g^{\frac{3}{2}}}{\frac{3}{2}} + C = \frac{2}{5}\cdot g^2\cdot\sqrt{g} - \frac{8}{3}\cdot g\cdot\sqrt{g} + C = g\sqrt{g}\cdot(\frac{2}{5}\cdot g - \frac{8}{3}) + C$$

$$= (x+3)\cdot\sqrt{x+3}\cdot(\frac{2}{5}\cdot(x+3) - \frac{8}{3}) + C$$

(e) $\int \tan x\; dx = \int \dfrac{\sin x}{\cos x} dx$. Sei $g = \cos x \;\rightarrow\; \dfrac{dg}{dx} = -\sin x \;\rightarrow\; dx = \dfrac{dg}{-\sin x}$. Bis auf den
Faktor (-1) ist der Zähler die erste Ableitung des Nenners.

$$\int \tan x\; dx = \int \frac{\sin x}{\cos x} dx = \int \frac{\sin x}{g}\cdot\frac{dg}{-\sin x} = -\int \frac{1}{g} dg = -\ln g + C = -\ln(\cos x) + C$$

$$= \ln\frac{1}{\cos x} + C$$

(f) $\int \cot x\; dx = \int \dfrac{\cos x}{\sin x} dx$. Sei $g = \sin x \;\rightarrow\; \dfrac{dg}{dx} = \cos x \;\rightarrow\; dx = \dfrac{dg}{\cos x}$. Der Zähler ist
gleich der ersten Ableitung des Nenners.

$$\int \cot x\; dx = \int \frac{\cos x}{\sin x} dx = \int \frac{\cos x}{g}\cdot\frac{dg}{\cos x} = \int \frac{1}{g} dg = \ln g + C = \ln(\sin x) + C$$

(g) $\int \dfrac{\sin x}{\sqrt[3]{1-\cos x}} dx$. Sei $g = 1 - \cos x \;\rightarrow\; \dfrac{dg}{dx} = \sin x \;\rightarrow\; dx = \dfrac{dg}{\sin x}$. Also

$$\int \frac{\sin x}{\sqrt[3]{1-\cos x}} dx = \int \frac{\sin x}{\sqrt[3]{g}} \cdot \frac{dg}{\sin x} = \int g^{-\frac{1}{3}} dg = \frac{g^{\frac{2}{3}}}{\frac{2}{3}} + C = \frac{3}{2} \cdot \sqrt[3]{g^2} + C$$

$$= \frac{3}{2} \cdot \sqrt[3]{(1-\cos x)^2} + C$$

(h) $\int \dfrac{e^{2x}}{1+e^{2x}} dx$. Sei $g = 1 + e^{2x}$. Ableitung nach der Kettenregel: $h = 2x \;\rightarrow\; g = 1 + e^h \;\rightarrow$

$dg/dx = e^h \cdot 2 = 2 \cdot e^{2x}$. Bis auf den konstanten Faktor 2 ist die erste Ableitung des Nenners gleich dem Zähler.

$$\int \frac{e^{2x}}{1+e^{2x}} dx = \int \frac{e^{2x}}{g} \cdot \frac{dg}{2 \cdot e^{2x}} = \frac{1}{2} \cdot \int \frac{1}{g} dg = \frac{1}{2} \cdot \ln g + C = \frac{1}{2} \cdot \ln(1 + e^{2x}) + C$$

$$= \ln \sqrt{1 + e^{2x}} + C$$

(i) $\int 10^{-x} dx$. Umrechnung des Integranden in eine Potenz mit der Basis e: $y = 10^{-x} \rightarrow \ln y =$

$\ln(10^{-x}) = -x \cdot \ln 10 \rightarrow y = e^{-x \cdot \ln 10}$. Also

$$\int 10^{-x} dx = \int e^{-x \cdot \ln 10} dx$$

Sei $g = -x \cdot \ln 10 \;\rightarrow\; \dfrac{dg}{dx} = -\ln 10 \;\rightarrow\; dx = \dfrac{dg}{-\ln 10}$. Also

$$\ldots = \int e^{-x \cdot \ln 10} dx = \int e^g \cdot \frac{dg}{-\ln 10} = -\frac{1}{\ln 10} \cdot \int e^g dg = -\frac{1}{\ln 10} \cdot e^g + C$$

$$= -\frac{1}{\ln 10} \cdot e^{-x \cdot \ln 10} + C = -\frac{1}{\ln 10} \cdot 10^{-x} + C$$

(j) $\int \dfrac{\sqrt{1+\tan x}}{\cos^2 x} dx$. Sei $g = 1 + \tan x \;\rightarrow\; \dfrac{dg}{dx} = \dfrac{1}{\cos^2 x} \;\rightarrow\; dx = (\cos^2 x) \cdot dg$. Also

$$\int \frac{\sqrt{1+\tan x}}{\cos^2 x} dx = \int \frac{\sqrt{g}}{\cos^2 x} \cdot (\cos^2 x) dg = \int g^{\frac{1}{2}} dg = \frac{g^{\frac{3}{2}}}{\frac{3}{2}} + C$$

$$= \frac{2}{3} \cdot (1+\tan x) \cdot \sqrt{1+\tan x} + C$$

(k) $\int 3x^3 \cdot \sqrt{x^2 - 2}\, dx$. Sei $g = x^2 - 2 \;\rightarrow\; \dfrac{dg}{dx} = 2x \;\rightarrow\; dx = \dfrac{dg}{2x}$. Also

$$\int 3x^3 \cdot \sqrt{x^2 - 2}\, dx = \int 3x^3 \sqrt{g}\,\frac{dg}{2x} = \frac{3}{2} \cdot \int x^2 \sqrt{g}\, dg$$

Aus $g = x^2 - 2$ folgt $x^2 = g + 2$. Eingesetzt:

$$\ldots = \frac{3}{2} \cdot \int (g+2)\sqrt{g}\, dg = \frac{3}{2} \cdot \int (g^{\frac{3}{2}} + 2 \cdot g^{\frac{1}{2}})\, dg = \frac{3}{2} \cdot \int g^{\frac{3}{2}}\, dg + 3 \cdot \int g^{\frac{1}{2}}\, dg$$

$$= \frac{3}{2} \cdot \frac{g^{\frac{5}{2}}}{\frac{5}{2}} + 3 \cdot \frac{g^{\frac{3}{2}}}{\frac{3}{2}} + C = \frac{3}{5} \cdot g^2 \cdot \sqrt{g} + 2 \cdot g \cdot \sqrt{g} + C = g\sqrt{g}\,\left(\frac{3}{5}g + 2\right) + C$$

$$= (x^2 - 2)\sqrt{x^2 - 2} \cdot \left(\frac{3}{5}(x^2 - 2) + 2\right) + C$$

(l) $\int \dfrac{e^x - e^{-x}}{(e^x + e^{-x})^2}\, dx$. Sei $g = e^x + e^{-x}$. Zur Berechnung der ersten Ableitung benötigt man für

den zweiten Summanden die Kettenregel: $h = -x \;\rightarrow\; dh/dx = -1 \;\rightarrow\; dg/dx = e^x + e^h \cdot (-1) =$

$e^x - e^{-x} \;\rightarrow\; dx = \dfrac{dg}{e^x - e^{-x}}$. Also

$$\ldots = \int \frac{e^x - e^{-x}}{g^2} \cdot \frac{dg}{e^x - e^{-x}} = \int g^{-2}\, dg = \frac{g^{-1}}{-1} + C = -\frac{1}{g} + C = -\frac{1}{e^x + e^{-x}} + C$$

L5: Wir lösen die bestimmten Integrale in zwei Schritten: (i) Lösung des zugehörigen unbestimmten Integrals, (ii) Einsetzen der Grenzen in die gefundene Stammfunktion.

(a) $\displaystyle\int_0^1 \frac{x}{e^{x^2}}\, dx = \int_0^1 x \cdot e^{-x^2}\, dx$. (i) $\int x \cdot e^{-x^2}\, dx$. Sei $g = -x^2 \;\rightarrow\; \dfrac{dg}{dx} = -2x \;\rightarrow\; dx = \dfrac{dg}{-2x}$. Also

$$\int x \cdot e^{-x^2}\, dx = \int x \cdot e^g \cdot \frac{dg}{-2x} = -\frac{1}{2} \cdot \int e^g\, dg = -\frac{1}{2} \cdot e^g + C = -\frac{1}{2} \cdot e^{-x^2} + C$$

(ii) $\displaystyle\int_0^1 \frac{x}{e^{x^2}}\, dx = \int_0^1 x \cdot e^{-x^2}\, dx = \left| -\frac{1}{2} \cdot e^{-x^2} \right|_0^1 = -\frac{1}{2} \cdot e^{-1} - \left(-\frac{1}{2} \cdot 1\right) = \frac{1}{2}\left(1 - \frac{1}{e}\right)$

(b) $\displaystyle\int_0^{\frac{\pi}{6}} \frac{\cos x + \sin x}{\cos x - \sin x}\, dx$. (i) $\int \dfrac{\cos x + \sin x}{\cos x - \sin x}\, dx$. Sei $g = \cos x - \sin x \;\rightarrow\; \dfrac{dg}{dx} = -\sin x - \cos x =$

$-(\cos x + \sin x) \;\rightarrow\; dx = \dfrac{dg}{-(\cos x + \sin x)}$. Also

$$\int \frac{\cos x + \sin x}{\cos x - \sin x}\,dx = \int \frac{\cos x + \sin x}{g} \cdot \frac{dg}{-(\cos x + \sin x)} = -\int \frac{1}{g}\,dg = -\ln g + C$$

$$= -\ln(\cos x - \sin x) + C = \ln \frac{1}{\cos x - \sin x} + C$$

(ii) $\displaystyle\int_0^{\frac{\pi}{6}} \frac{\cos x + \sin x}{\cos x - \sin x}\,dx = \left| \ln \frac{1}{\cos x - \sin x} \right|_0^{\frac{\pi}{6}} = \ln \frac{1}{\cos \frac{\pi}{6} - \sin \frac{\pi}{6}} - \ln \frac{1}{1} = \ln \frac{1}{\cos \frac{\pi}{6} - \sin \frac{\pi}{6}} \approx 1$

(c) $\displaystyle\int_0^1 x \cdot e^{-x}\,dx$. (i) $\displaystyle\int x \cdot e^{-x}\,dx$. Sei $g = -x \;\rightarrow\; \dfrac{dg}{dx} = -1 \;\rightarrow\; dx = -dg$. Also

$$\int x \cdot e^{-x}\,dx = \int x \cdot e^{g} \cdot (-1)\,dg = \int (-g) \cdot e^{g} \cdot (-1)\,dg = \int g \cdot e^{g}\,dg$$

Jetzt Anwendung der Formel für die partielle Integration: $\int g \cdot e^{g}\,dg$. Wir setzen $h = g$ und k' $= e^{g} \;\rightarrow\; h' = 1$ und $k = e^{g}$. Also

$$\int g \cdot e^{g}\,dg = g \cdot e^{g} - \int 1 \cdot e^{g}\,dg = g \cdot e^{g} - e^{g} + C = (g-1) \cdot e^{g} + C \;\rightarrow$$

$$\int x \cdot e^{-x}\,dx = (-x-1) \cdot e^{-x} + C = -(x+1) \cdot e^{-x} + C$$

(ii) $\displaystyle\int_0^1 x \cdot e^{-x}\,dx = \left| -(x+1) \cdot e^{-x} \right|_0^1 = -2 \cdot e^{-1} - (-1) = 1 - \dfrac{2}{e}$

(d) $\displaystyle\int_0^1 \sqrt[3]{\sqrt{x+4}}\,dx = \int_0^1 \left((x+4)^{\frac{1}{3}} \right)^{\frac{1}{2}}\,dx = \int_0^1 (x+4)^{\frac{1}{6}}\,dx$. (i) $\displaystyle\int (x+4)^{\frac{1}{6}}\,dx$. Sei $g = x+4 \;\rightarrow\; \dfrac{dg}{dx}$
$= 1 \;\rightarrow\; dx = dg$. Also

$$\int (x+4)^{\frac{1}{6}}\,dx = \int g^{\frac{1}{6}}\,dg = \frac{g^{\frac{7}{6}}}{\frac{7}{6}} + C = \frac{6}{7} \cdot g \cdot \sqrt[6]{g} + C = \frac{6}{7} \cdot (x+4) \cdot \sqrt[6]{x+4} + C$$

(ii) $\displaystyle\int_0^1 \sqrt[3]{\sqrt{x+4}}\,dx = \left| \frac{6}{7} \cdot (x+4) \cdot \sqrt[6]{x+4} \right|_0^1 = \frac{6}{7} \cdot 5 \cdot \sqrt[6]{5} - \frac{6}{7} \cdot 4 \cdot \sqrt[6]{4} = \frac{6}{7} \cdot (5 \cdot \sqrt[6]{5} - 4 \cdot \sqrt[6]{4}) \approx 1,3$

(e) $\displaystyle\int_0^{\pi} (1 + \sqrt{1 + \sin x}) \cdot \cos x\,dx$. (i) $\displaystyle\int (1 + \sqrt{1 + \sin x}) \cdot \cos x\,dx$. Sei $g = 1 + \sin x \;\rightarrow\; \dfrac{dg}{dx} =$

$\cos x \;\rightarrow\; dx = \dfrac{dg}{\cos x}$. Also

$$\int (1+\sqrt{1+\sin x}) \cdot \cos x \, dx = \int (1+\sqrt{g}) \cdot \cos x \cdot \frac{dg}{\cos x} = \int (1+g^{\frac{1}{2}}) dg$$

$$= \int 1 \, dg + \int g^{\frac{1}{2}} dg = g + \frac{g^{\frac{3}{2}}}{\frac{3}{2}} + C = g + \frac{2}{3} \cdot g \cdot \sqrt{g} + C = g \cdot (1 + \frac{2}{3} \cdot \sqrt{g}) + C$$

$$= (1 + \sin x) \cdot (1 + \frac{2}{3} \cdot \sqrt{1+\sin x}) + C$$

(ii) $\displaystyle\int_0^\pi (1+\sqrt{1+\sin x}) \cdot \cos x \, dx = \left| (1+\sin x) \cdot (1+\frac{2}{3} \cdot \sqrt{1+\sin x}) \right|_0^\pi = 0$

(f) $\displaystyle\int_0^1 \frac{\sqrt{1+\sqrt{x}}}{\sqrt{x}} dx$. (i) $\displaystyle\int \frac{\sqrt{1+\sqrt{x}}}{\sqrt{x}} dx$. Sei $g = 1 + \sqrt{x}$ $\rightarrow$ $\dfrac{dg}{dx} = \dfrac{1}{2\sqrt{x}}$ $\rightarrow$ $dx = 2 \cdot \sqrt{x} \cdot dg$.

Also

$$\int \frac{\sqrt{1+\sqrt{x}}}{\sqrt{x}} dx = \int \frac{\sqrt{g}}{\sqrt{x}} \cdot 2\sqrt{x} dg = 2 \cdot \int g^{\frac{1}{2}} dg = 2 \cdot \frac{g^{\frac{3}{2}}}{\frac{3}{2}} + C = \frac{4}{3} \cdot g \sqrt{g} + C$$

$$= \frac{4}{3} \cdot (1 + \sqrt{x}) \cdot \sqrt{1+\sqrt{x}} + C$$

(ii) $\displaystyle\int_0^1 \frac{\sqrt{1+\sqrt{x}}}{\sqrt{x}} dx = \left| \frac{4}{3} \cdot (1+\sqrt{x}) \cdot \sqrt{1+\sqrt{x}} \right|_0^1 = \frac{4}{3} \cdot 2\sqrt{2} - \frac{4}{3} \cdot 1 \sqrt{1} = \frac{4}{3} \cdot (2\sqrt{2} - 1) \approx 2{,}44$

L6. Für die Flächenberechnung ist die Frage wichtig, ob der Integrand zwischen den Grenzen Nullstellen hat oder nicht.

(a) $y = -x^2 + 5$ und $y = -x + 3$. Schnitt beider Kurven: $-x^2 + 5 = -x + 3$ $\rightarrow$ $x^2 - x - 2 = 0$ $\rightarrow$

$$x = \frac{1 \pm \sqrt{1 - 4 \cdot 1 \cdot (-2)}}{2 \cdot 1} = \frac{1 \pm 3}{2}$$

Also $x = -1$ oder $x = 2$. Die Nullstellen der Parabel liegen bei $x = \pm\sqrt{5}$; die Nullstelle der Geraden bei $x = 3$, das heißt, keine dieser Nullstellen liegt zwischen -1 und 2. Für die Fläche F gilt

$$F = \int_{-1}^2 (-x^2 + 5) dx - \int_{-1}^2 (-x + 3) dx = \left| -\frac{x^3}{3} + 5x - \left(-\frac{x^2}{2} + 3x \right) \right|_{-1}^2 = \left| -\frac{x^3}{3} + \frac{x^2}{2} + 2x \right|_{-1}^2$$

$$= -\frac{8}{3} + 2 + 4 - (\frac{1}{3} + \frac{1}{2} - 2) = \frac{9}{2}$$

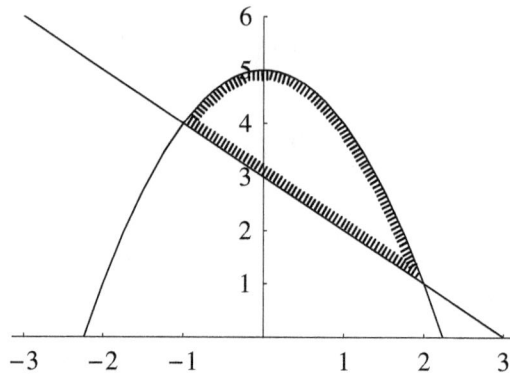

(b) $y = x^2$ und $y = \sqrt{x}$. Diese Funktionen haben für $x > 0$ keine Nullstellen. Schnitt beider Kurven: $x^2 = \sqrt{x} \rightarrow x^2 - \sqrt{x} = 0 \rightarrow \sqrt{x} \cdot (\sqrt{x}^3 - 1) = 0$. Ein Produkt aus zwei Faktoren ist gleich 0, wenn (i) der erste oder (ii) der zweite Faktor gleich 0 ist:

(i) $\sqrt{x} = 0 \rightarrow x = 0$

(ii) $\sqrt{x}^3 - 1 = 0 \rightarrow \sqrt{x}^3 = 1 \rightarrow \sqrt{x} = 1 \rightarrow x = 1$

Damit

$$F = \int_0^1 \sqrt{x}\,dx - \int_0^1 x^2\,dx = \left| \frac{x^{\frac{3}{2}}}{\frac{3}{2}} - \frac{x^3}{3} \right|_0^1 = \left| \frac{2}{3} \cdot \sqrt{x}^3 - \frac{x^3}{3} \right|_0^1 = \frac{2}{3} - \frac{1}{3} - 0 = \frac{1}{3}$$

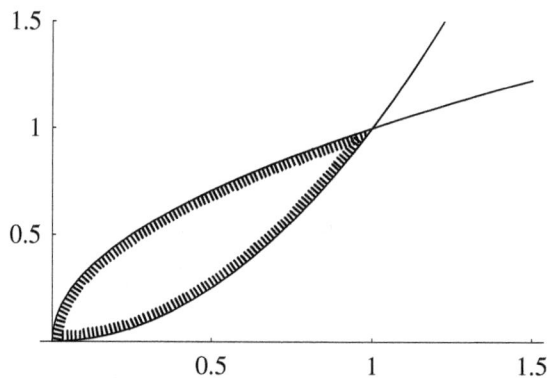

(c) $y = x^3 - 8x^2 + 15x$. Wir untersuchen zunächst, welche Nullstellen diese Funktion hat: $x^3 - 8x^2 + 15x = 0 \rightarrow x \cdot (x^2 - 8x + 15) = 0$. Ein Produkt aus zwei Faktoren ist gleich 0, wenn (i) der erste oder (ii) der zweite Faktor gleich 0 ist:

    (i) $x = 0$

    (ii) $x^2 - 8x + 15 = 0 \rightarrow x = \dfrac{8 \pm \sqrt{64 - 4 \cdot 1 \cdot 15}}{2 \cdot 1} = \dfrac{8 \pm 2}{2} = 4 \pm 1 \rightarrow x = 3 \text{ oder } x = 5$

Im Intervall $]0; 3[$ sind die Funktionswerte positiv, im Intervall $]3; 5[$ negativ. Wir dürfen das bestimmte Integral somit nicht in den Grenzen von 0 bis 5 nehmen, sondern müssen dieses Intervall bei 3 teilen:

$$\int_0^3 x^3 - 8x^2 + 15x \, dx = \left| \frac{x^4}{4} - 8 \cdot \frac{x^3}{3} + 15 \cdot \frac{x^2}{2} \right|_0^3 = \frac{63}{4}$$

$$\int_3^5 x^3 - 8x^2 + 15x \, dx = \left| \frac{x^4}{4} - 8 \cdot \frac{x^3}{3} + 15 \cdot \frac{x^2}{2} \right|_3^5 = \frac{125}{12} - \frac{63}{4} = -\frac{16}{3}$$

Also $F = \dfrac{63}{4} - \left(-\dfrac{16}{3}\right) = \dfrac{253}{12}$

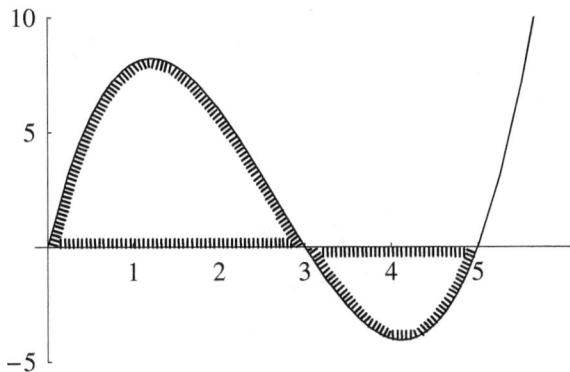

(d) $y = \dfrac{1}{4} x^4 - 2x^2 + 4$. Wir berechnen zunächst die Extremwerte dieser Funktion: $y' = x^3 - 4x \rightarrow y'' = 3 \cdot x^2 - 4$.

Notwendige Bedingung: $x^3 - 4x = 0 \rightarrow x \cdot (x^2 - 4) = 0$. Ein Produkt aus zwei Faktoren ist 0, wenn (i) der erste oder (ii) der zweite Faktor gleich 0 ist:

    (i) $x = 0$

    (ii) $x^2 - 4 = 0 \rightarrow x^2 = 4 \rightarrow x = -2 \text{ oder } x = 2$

Hinreichende Bedingung: $y''(-2) = 3 \cdot 4 - 4 = 8 > 0$, also liegt an der Stelle $x = -2$ ein Minimum vor; $y''(0) = -4 < 0$, also liegt an der Stelle $x = 0$ ein Maximum vor; $y''(2) = 3 \cdot 4 - 4 = 8 > 0$, also liegt an der Stelle $x = 2$ ein Minimum vor. Das gegebene Polygon vierten Grades ist nach oben geöffnet, die Minima sind die kleinsten Funktionswerte. Daher kann

$$y = \frac{1}{4}x^4 - 2x^2 + 4$$

keine negativen Funktionswerte annehmen. Da aus $x = 0$ die Gleichheit $y = 4$ folgt, ist $y = 4$ die Gleichung der Tangente im Punkt $(0 ; 4)$. Schnitt der gegebenen Funktion mit $y = 4$:

$$\frac{1}{4}x^4 - 2x^2 + 4 = 4 \;\rightarrow\; \frac{1}{4}x^4 - 2x^2 = 0 \;\rightarrow\; x^2 \cdot (\frac{1}{4}x^2 - 2) = 0$$

Ein Produkt aus zwei Faktoren ist 0, wenn (i) der erste oder (ii) der zweite Faktor gleich 0 ist:

(i) $x^2 = 0 \;\rightarrow\; x = 0$

(ii) $\frac{1}{4}x^2 - 2 = 0 \;\rightarrow\; \frac{1}{4}x^2 = 2 \;\rightarrow\; x^2 = 8 \;\rightarrow\; x = -2\sqrt{2}$ oder $x = 2\sqrt{2}$

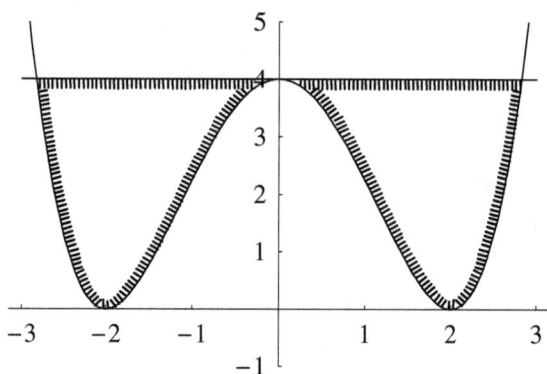

Da die gegebene Funktion $y = \frac{1}{4}x^4 - 2x^2 + 4$ symmetrisch zur y-Achse ist, ist auch die gesuchte Fläche symmetrisch zur y-Achse. Es genügt also, das bestimmte Integral in den Grenzen von 0 bis $2\sqrt{2}$ zu berechnen und dann das Ergebnis zu verdoppeln. Die gesuchte Fläche F ist somit die Restfläche des Rechtecks mit Grundlinie von $x = -2\sqrt{2}$ bis $x = 2\sqrt{2}$ und der Höhe 4. Also

$$4\sqrt{2} \cdot 4 - F = 2 \cdot \int_0^{2\sqrt{2}} (\frac{1}{4} \cdot x^4 - 2x^2 + 4)dx = 2 \cdot \left| \frac{1}{4} \cdot \frac{x^5}{5} - 2 \cdot \frac{x^3}{3} + 4x \right|_0^{2\sqrt{2}}$$

$$= 2 \cdot (\frac{32\sqrt{2}}{5} - \frac{32\sqrt{2}}{3} + 8\sqrt{2}) = 2 \cdot \frac{56\sqrt{2}}{15} = \frac{112\sqrt{2}}{15}$$

Daher

$$F = 16\sqrt{2} - \frac{112\sqrt{2}}{15} = \frac{128\sqrt{2}}{15}$$

L7: Wir lösen die einseitig uneigentlichen Integrale in drei Schritten: (i) Wir berechnen zunächst das zugehörige unbestimmte Integral, (ii) ersetzen die obere Grenze ∞ durch b beziehungsweise die untere Grenze $(-\infty)$ durch a und (iii) lassen schließlich $b \to \infty$ beziehungsweise $a \to -\infty$ gehen.

(a) $\int\limits_0^\infty e^{-x} dx$. (i) $\int e^{-x} dx$. Sei $g = -x \to \dfrac{dg}{dx} = -1 \to dx = -dg$. Also

$$\int e^{-x} dx = \int e^g \cdot (-1) dg = -\int e^g dg = -e^g + C = -e^{-x} + C$$

(ii) $\int\limits_0^b e^{-x} dx = \left| -e^{-x} \right|_0^b = -e^{-b} - (-1) = 1 - \dfrac{1}{e^b}$. (iii) $\int\limits_0^\infty e^{-x} dx = \lim\limits_{b \to \infty} (1 - \dfrac{1}{e^b}) = 1$

(b) $\int\limits_{-\infty}^{-1} \dfrac{1}{x^2} dx = \int\limits_{-\infty}^{-1} x^{-2} dx$. (i) $\int x^{-2} dx = \dfrac{x^{-1}}{-1} + C = -\dfrac{1}{x} + C$. (ii) $\int\limits_a^{-1} x^{-2} dx = \left| -\dfrac{1}{x} \right|_a^{-1} = 1 + \dfrac{1}{a}$.

(iii) $\int\limits_{-\infty}^{-1} \dfrac{1}{x^2} dx = \lim\limits_{a \to -\infty} (1 + \dfrac{1}{a}) = 1$

(c) $\int\limits_{-\infty}^\infty 2x \cdot e^{-x^2} dx = \int\limits_{-\infty}^0 2x \cdot e^{-x^2} dx + \int\limits_0^\infty 2x \cdot e^{-x^2} dx$. (i) $\int\limits_{-\infty}^0 2x \cdot e^{-x^2} dx$. Sei $g = -x^2 \to \dfrac{dg}{dx} = -2x$

$\to dx = \dfrac{dg}{-2x}$. Also

$$\int 2x \cdot e^{-x^2} dx = \int 2x \cdot e^g \dfrac{dg}{-2x} = -\int e^g dg = -e^g + C = -e^{-x^2} + C$$

(ii) $\int\limits_a^0 2x \cdot e^{-x^2} dx = \left| -e^{-x^2} \right|_a^0 = -1 + \dfrac{1}{e^{a^2}}$ und $\int\limits_0^b 2x \cdot e^{-x^2} dx = \left| -e^{-x^2} \right|_0^b = -\dfrac{1}{e^{b^2}} + 1$.

(iii) $\int\limits_{-\infty}^\infty 2x \cdot e^{-x^2} dx = \lim\limits_{a \to -\infty} (-1 + \dfrac{1}{e^{a^2}}) + \lim\limits_{b \to \infty} (-\dfrac{1}{e^{b^2}} + 1) = -1 + 1 = 0$

L8: (a) $\int\limits_0^1 \dfrac{a}{\sqrt{bx + c}} dx$. (i) $\int \dfrac{a}{\sqrt{bx + c}} dx$. Sei $g = bx + c \to \dfrac{dg}{dx} = b \to dx = \dfrac{dg}{b}$. Also

$$\int \dfrac{a}{\sqrt{bx + c}} dx = \int \dfrac{a}{\sqrt{g}} \cdot \dfrac{dg}{b} = \dfrac{a}{b} \cdot \int g^{-\frac{1}{2}} dg = \dfrac{a}{b} \cdot \dfrac{g^{\frac{1}{2}}}{\frac{1}{2}} + C = \dfrac{2a}{b} \cdot \sqrt{g} + C$$

$$= \dfrac{2a}{b} \cdot \sqrt{bx + c} + C$$

(ii) $\int\limits_0^1 \dfrac{a}{\sqrt{bx+c}}\,dx = \left|\dfrac{2a}{b}\cdot\sqrt{bx+c}\right|_0^1 = \dfrac{2a}{b}\cdot\sqrt{b+c} - \dfrac{2a}{b}\cdot\sqrt{c} = \dfrac{2a}{b}\cdot(\sqrt{b+c}-\sqrt{c})$

(b) $\int(2a - \dfrac{2a}{a\cdot e^x+1})\,dx = \int\dfrac{2a^2 e^x + 2a - 2a}{ae^x+1}\,dx = \int\dfrac{2a^2 e^x}{ae^x+1}\,dx$. Sei $g = ae^x + 1 \;\rightarrow\; \dfrac{dg}{dx} =$

$ae^x \;\rightarrow\; dx = \dfrac{dg}{ae^x}$. Die erste Ableitung des Nenners ist bis auf den konstanten Faktor $(2a)$

gleich dem Zähler. Also

$$\dots = \int\dfrac{2a^2 e^x}{ae^x+1}\,dx = \int\dfrac{2a^2 e^x}{g}\cdot\dfrac{dg}{ae^x} = 2a\cdot\int\dfrac{1}{g}\,dg = 2a\cdot\ln g + C = 2a\cdot\ln(ae^x+1) + C$$

(c) $\int 4\cdot e^{-x}\cdot(a - e^{-x})\,dx = \int(4ae^{-x} - 4e^{-2x})\,dx = 4a\cdot\int e^{-x}\,dx - 4\cdot\int e^{-2x}\,dx$. Für das erste Inte-

gral: $g = -x \;\rightarrow\; \dfrac{dg}{dx} = -1 \;\rightarrow\; dx = -dg$; für das zweite Integral: $h = -2x \;\rightarrow\; \dfrac{dh}{dx} = -2 \;\rightarrow\;$

$dx = \dfrac{dh}{-2}$. Also

$$\dots = 4a\cdot\int e^g\cdot(-dg) - 4\cdot\int e^h\dfrac{dh}{-2} = -4a\cdot\int e^g\,dg + 2\cdot\int e^h\,dh = -4a\cdot e^g + 2\cdot e^h + C$$

$$= -4a\cdot e^{-x} + 2\cdot e^{-2x} + C = 2e^{-x}\cdot(e^{-x} - 2a) + C$$

L9: (a) $\int\limits_0^a \dfrac{x}{(x^2+4)^2}\,dx = \dfrac{1}{16}$. (i) $\int\dfrac{x}{(x^2+4)^2}\,dx$. Sei $g = x^2 + 4 \;\rightarrow\; \dfrac{dg}{dx} = 2x \;\rightarrow\; dx = \dfrac{dg}{2x}$.

Also

$$\int\dfrac{x}{(x^2+4)^2}\,dx = \int\dfrac{x}{g^2}\cdot\dfrac{dg}{2x} = \dfrac{1}{2}\cdot\int g^{-2}\,dg = \dfrac{1}{2}\cdot\dfrac{g^{-1}}{-1} + C = -\dfrac{1}{2g} + C$$

$$= -\dfrac{1}{2\cdot(x^2+4)} + C$$

(ii) $\int\limits_0^a \dfrac{x}{(x^2+4)^2}\,dx = \left|-\dfrac{1}{2\cdot(x^2+4)}\right|_0^a = -\dfrac{1}{2\cdot(a^2+4)} + \dfrac{1}{8} = \dfrac{1}{16} \;\rightarrow\; \dfrac{1}{2\cdot(a^2+4)} = \dfrac{1}{16} \;\rightarrow\;$

$2\cdot(a^2+4) = 16 \;\rightarrow\; a^2 + 4 = 8 \;\rightarrow\; a^2 = 4 \;\rightarrow\; a = -2$ oder $a = 2$. Da $a > 0$ nach Voraussetzung, folgt $a = 2$.

(b) $\int\limits_0^a \dfrac{2x}{\sqrt{1+4x^2}}\,dx = 1$. (i) $\int\dfrac{2x}{\sqrt{1+4x^2}}\,dx$. Sei $g = 1 + 4x^2 \;\rightarrow\; \dfrac{dg}{dx} = 8x \;\rightarrow\; dx = \dfrac{dg}{8x}$. Also

$$\int \frac{2x}{\sqrt{1+4x^2}}\,dx = \int \frac{2x}{\sqrt{g}}\cdot\frac{dg}{8x} = \frac{1}{4}\cdot\int g^{-\frac{1}{2}}dg = \frac{1}{4}\cdot\frac{g^{\frac{1}{2}}}{\frac{1}{2}} + C = \frac{1}{2}\cdot\sqrt{g} + C$$

$$= \frac{1}{2}\cdot\sqrt{1+4x^2} + C$$

(ii) $\displaystyle\int_0^a \frac{2x}{\sqrt{1+4x^2}}\,dx = \left|\frac{1}{2}\cdot\sqrt{1+4x^2}\right|_0^a = \frac{1}{2}\cdot\sqrt{1+4a^2} - \frac{1}{2} = \frac{1}{2}(\sqrt{1+4a^2} - 1)$

(iii) $\dfrac{1}{2}(\sqrt{1+4a^2} - 1) = 1 \;\rightarrow\; \dfrac{1}{2}\cdot\sqrt{1+4a^2} = \dfrac{3}{2} \;\rightarrow\; \sqrt{1+4a^2} = 3 \rightarrow 1 + 4a^2 = 9 \;\rightarrow\;$

$4a^2 = 8 \rightarrow a^2 = 2 \rightarrow a = \sqrt{2}$ oder $a = -\sqrt{2}$. Da nach Voraussetzung $a > 0$, folgt $a = \sqrt{2}$.

(c) $\displaystyle\int_0^a \frac{x}{4-x^2}\,dx = 0.$ (i) $\displaystyle\int \frac{x}{4-x^2}\,dx$. Sei $g = 4 - x^2 \;\rightarrow\; \dfrac{dg}{dx} = -2x \;\rightarrow\; dx = \dfrac{dg}{-2x}$. Also

$$\int \frac{x}{4-x^2}\,dx = \int \frac{x}{g}\cdot\frac{dg}{-2x} = -\frac{1}{2}\cdot\int\frac{1}{g}dg = -\frac{1}{2}\cdot\ln g + C = -\frac{1}{2}\cdot\ln(4 - x^2) + C$$

(ii) $\displaystyle\int_0^a \frac{x}{4-x^2}\,dx = \left|-\frac{1}{2}\cdot\ln(4-x^2)\right|_0^a = -\frac{1}{2}\cdot\ln(4 - a^2) + \frac{1}{2}\cdot\ln 4$

(iii) $-\dfrac{1}{2}\cdot\ln(4 - a^2) + \dfrac{1}{2}\cdot\ln 4 = 0 \;\rightarrow\; \dfrac{1}{2}\cdot\ln(4 - a^2) = \dfrac{1}{2}\cdot\ln 4 \;\rightarrow\; \ln(4 - a^2) = \ln 4 \;\rightarrow\;$

$4 - a^2 = 4 \rightarrow a^2 = 0 \rightarrow a = 0.$ Es gibt kein $a > 0$ mit $\displaystyle\int_0^a \frac{x}{4-x^2}\,dx = 0.$

(d) $\displaystyle\int_0^a (4x-2)\cdot e^{x^2-x+2}dx = 0.$ (i) $\displaystyle\int (4x-2)\cdot e^{x^2-x+2}dx$. Sei $g = x^2 - x + 2 \;\rightarrow\; \dfrac{dg}{dx} = 2x - 1 \;\rightarrow\;$

$dx = \dfrac{dg}{2x-1}$. Also

$$\int (4x-2)\cdot e^{x^2-x+2}dx = \int 2\cdot(2x-1)\cdot e^g\cdot\frac{dg}{2x-1} = 2\cdot\int e^g dg = 2\cdot e^g + C = 2\cdot e^{x^2-x+2} + C$$

(ii) $\displaystyle\int_0^a (4x-2)\cdot e^{x^2-x+2}dx = \left|2\cdot e^{x^2-x+2}\right|_0^a = 2\cdot e^{a^2-a+2} - 2\cdot e^2 = 2\cdot e^2\cdot(e^{a^2-a} - 1)$

(iii) $2 \cdot e^2 \cdot (e^{a^2-a} - 1) = 0 \rightarrow e^{a^2-a} = 1 \rightarrow a^2 - a = 0 \rightarrow a \cdot (a-1) = 0$. Ein Produkt aus zwei Faktoren ist gleich 0, wenn der erste oder der zweite Faktor gleich 0 ist, also $a = 0$ oder $a = 1$. Da nach Voraussetzung $a > 0$, folgt $a = 1$.

L10: $\displaystyle\int_0^1 \frac{x^2}{(x^3+b)^2} dx = -\frac{4}{3}$. (i) $\displaystyle\int \frac{x^2}{(x^3+b)^2} dx$. Sei $g = x^3 + b \rightarrow \dfrac{dg}{dx} = 3x^2 \rightarrow$

$dx = \dfrac{dg}{3x^2}$. Also

$$\int \frac{x^2}{(x^3+b)^2} dx = \int \frac{x^2}{g^2} \cdot \frac{dg}{3x^2} = \frac{1}{3} \cdot \int g^{-2} dg = \frac{1}{3} \cdot \frac{g^{-1}}{-1} + C = -\frac{1}{3g} + C$$

$$= -\frac{1}{3 \cdot (x^3+b)} + C$$

(ii) $\displaystyle\int_0^1 \frac{x^2}{(x^3+b)^2} dx = \left| -\frac{1}{3 \cdot (x^3+b)} \right|_0^1 = -\frac{1}{3 \cdot (1+b)} + \frac{1}{3b} = \frac{1}{3} \cdot \left(\frac{1}{b} - \frac{1}{1+b} \right)$

(iii) $\dfrac{1}{3} \cdot \left(\dfrac{1}{b} - \dfrac{1}{1+b} \right) = -\dfrac{4}{3} \rightarrow \dfrac{1}{b \cdot (1+b)} = -4 \rightarrow -4 \cdot b \cdot (1+b) = 1 \rightarrow 4b^2 + 4b + 1 = 0 \rightarrow$

$(2b+1)^2 = 0 \rightarrow b = -\dfrac{1}{2}$.

Teil II:

Aufgaben zur
Linearen Algebra
mit Lösungen

I. Auflösung linearer Gleichungssysteme

A. Definitionen, Lehrsätze und Erläuterungen

Definition: Jedes Gleichungssystem, das durch Äquivalenzumformungen in die folgende Form gebracht werden kann, bezeichnet man als ein *lineares Gleichungssystem*:

$$
\begin{aligned}
a_{11} \cdot x_1 &+ a_{12} \cdot x_2 + \cdots + a_{1n} \cdot x_n = b_1 \\
a_{21} \cdot x_1 &+ a_{22} \cdot x_2 + \cdots + a_{2n} \cdot x_n = b_2 \\
&\vdots \\
a_{m1} \cdot x_1 &+ a_{m2} \cdot x_2 + \cdots + a_{mn} \cdot x_n = b_m
\end{aligned}
$$

Dabei sind $x_1, x_2, \ldots, x_n$ die Variablen (für reelle Zahlen) des Gleichungssystems. Die b_i und a_{ij} ($i = 1, 2, \ldots, m; j = 1, 2, \ldots, n$) sind Parameter für reelle Zahlen. Man bezeichnet die a_{ij} auch als die *Koeffizienten* des Gleichungssystems.

Definition: Ein lineares Gleichungssystem ist *normiert*, wenn gilt:
(a) In allen Gleichungen des Systems befinden sich die Summanden mit den Variablen auf der linken, die übrigen auf der rechten Seite.
(b) Die Summanden mit gleichen Variablen stehen senkrecht untereinander.

Definition: Gilt $b_1 = b_2 = \ldots = b_m = 0$, so bezeichnet man das lineare Gleichungssystem als *homogen*, sonst als *inhomogen*.

Definition: Ein n-Tupel reeller Zahlen $(x_1^*, x_2^*, \ldots, x_n^*)$ bezeichnet man als eine *Lösung des linearen Gleichungssystem*, wenn die Einsetzung $x_1 = x_1^*, x_2 = x_2^*, \ldots, x_n = x_n^*$ alle Gleichungen des Systems erfüllt. Die Menge aller Lösungen ist die *Lösungsmenge* des linearen Gleichungssystems.

Als Lösungsverfahren verwenden wir das *Gaußsche Eliminationsverfahren* und beschränken uns auf die beiden folgenden *Äquivalenzumformungen* des Gleichungssystems:
(i) Multiplikation einer Gleichung mit einer Zahl ungleich null,
(ii) Addition einer Gleichung zu einer anderen. Das heißt, es sind jeweils die linken Seiten und auch die rechten Seiten von zwei Gleichungen zu addieren.

Da die Multiplikation mit (-1) und anschließende Addition einer Subtraktion entspricht und die Division durch eine Zahl ungleich 0 gleichbedeutend ist mit einer Multiplikation mit dem

Kehrwert dieser Zahl, umschließen die beiden Äquivalenzumformungen auch die Subtraktion und die Division.

Für die praktische Durchführung der Lösung eines linearen Gleichungssystems ist es zweckmäßig, am Rande anzugeben, welche Rechenschritte man vorgenommen hatte, damit eine Kontrollrechnung möglichst einfach wird. Wir erläutern die Bezeichnungen an einem Beispiel:

$$
\begin{array}{rrrrr}
2x_1 & -5x_2 & +x_3 & = & 9 \\
x_1 & +6x_2 & -x_3 & = & -7 \\
-3x_1 & +x_2 & -2x_3 & = & -8
\end{array}
$$

Multiplikation der zweiten Gleichung mit (-2):

$$
\begin{array}{rrrrrl}
2x_1 & -5x_2 & +x_3 & = & 9 \\
x_1 & +6x_2 & -x_3 & = & -7 & \cdot(-2) \\
-3x_1 & +x_2 & -2x_3 & = & -8
\end{array}
$$

Ergebnis:

$$
\begin{array}{rrrrr}
2x_1 & -5x_2 & +x_3 & = & 9 \\
-2x_1 & -12x_2 & +2x_3 & = & 14 \\
-3x_1 & +x_2 & -2x_3 & = & -8
\end{array}
$$

Addition der zweiten zur ersten Gleichung, das heißt, die erste wird durch die Summe ersetzt, die zweite bleibt unverändert:

$$
\begin{array}{rrrrrl}
2x_1 & -5x_2 & +x_3 & = & 9 & + \\
-2x_1 & -12x_2 & +2x_3 & = & 14 & + \\
-3x_1 & +x_2 & -2x_3 & = & -8
\end{array}
$$

Ergebnis:

$$
\begin{array}{rrrrr}
0x_1 & -17x_2 & +3x_3 & = & 23 \\
-2x_1 & -12x_2 & +2x_3 & = & 14 \\
-3x_1 & +x_2 & -2x_3 & = & -8
\end{array}
$$

Um die Schreibarbeit möglichst einzugrenzen, empfiehlt es sich, mehrere Schritte zusammenzufassen. Beispielsweise:

$$
\begin{array}{rrrrrl}
2x_1 & -5x_2 & +x_3 & = & 9 & + \\
x_1 & +6x_2 & -x_3 & = & -7 & \cdot(-2) \\
-3x_1 & +x_2 & -2x_3 & = & -8
\end{array}
$$

Durch die Zeichen rechts vom Gleichungssystem werden drei Schritte zusammengefasst:

(a) Multiplikation der zweiten Gleichung mit (–2),

(b) Addition der zweiten Gleichung zur ersten,

(c) Division der zweiten Gleichung durch (–2).

Ergebnis:

$$
\begin{aligned}
0x_1 \quad -17x_2 \quad +3x_3 &= 23 \\
x_1 \quad +6x_2 \quad -x_3 &= -7 \\
-3x_1 \quad +x_2 \quad -2x_3 &= -8
\end{aligned}
$$

Insgesamt heißt dies: Die erste Gleichung wird ersetzt durch die Summe, die zweite und die dritte (diese wurde gar nicht in die Umformung mit einbezogen) bleiben unverändert.

Solche Rechen-Dreischritte können jetzt wiederholt werden:

$$
\begin{aligned}
0x_1 \quad -17x_2 \quad +3x_3 &= 23 \\
x_1 \quad +6x_2 \quad -x_3 &= -7 \quad \cdot 3 \\
-3x_1 \quad +x_2 \quad -2x_3 &= -8 \quad +
\end{aligned}
$$

$$
\begin{aligned}
0x_1 \quad -17x_2 \quad +3x_3 &= 23 \quad \cdot 2 \\
x_1 \quad +6x_2 \quad -x_3 &= -7 \\
0x_1 \quad +19x_2 \quad -5x_3 &= -29 \quad +
\end{aligned}
$$

$$
\begin{aligned}
0x_1 \quad -17x_2 \quad +3x_3 &= 23 \quad + \\
x_1 \quad +6x_2 \quad -x_3 &= -7 \quad\quad + \\
0x_1 \quad -15x_2 \quad +1x_3 &= 17 \quad \cdot(-3) \quad +
\end{aligned}
$$

Die Bezeichnung neben dem letzten Gleichungssystem meint die Durchführung eines Rechen-Dreischritts und gleich danach die eines zweiten.

$$
\begin{aligned}
0x_1 \quad +28x_2 \quad +0x_3 &= -28 \quad : 28 \\
1x_1 \quad -9x_2 \quad +0x_3 &= 10 \\
0x_1 \quad -15x_2 \quad +1x_3 &= 17
\end{aligned}
$$

$$
\begin{aligned}
0x_1 \quad +1x_2 \quad +0x_3 &= -1 \quad \cdot 9 \quad \cdot 15 \\
1x_1 \quad -9x_2 \quad +0x_3 &= 10 \quad + \\
0x_1 \quad -15x_2 \quad +1x_3 &= 17 \quad\quad +
\end{aligned}
$$

$$\begin{aligned}
0x_1 &+ 1x_2 &+ 0x_3 &= -1 \\
1x_1 &+ 0x_2 &+ 0x_3 &= 1 \\
0x_1 &+ 0x_2 &+ 1x_3 &= 2
\end{aligned}$$

Befreit man nun das letzte Gleichungssystem von den überflüssigen Nullen und Einsen, ergibt sich als Lösung $x_1 = 1$; $x_2 = -1$; $x_3 = 2$. Setzt man diese Zahlen in das zu Anfang gegebene Gleichungssystem ein, sind alle drei Gleichungen erfüllt.

Wir wollen die Durchrechnung jetzt noch etwas vereinfachen.

Geht man stets von einem linearen Gleichungssystem in normierter Form aus, so ändern sich bei der Durchführung der Äquivalenzumformungen (i) und (ii) lediglich die Koeffizienten und die Konstanten der rechten Seiten, die Variablen dagegen behalten ihre Position. Daher genügt es – bei der Anwendung des Gaußschen Eliminationsverfahrens – sich die Position der Variablen zu merken und lediglich die Veränderung der Konstanten zu verfolgen.

Definition: Jedes rechteckige Schema

$$\begin{pmatrix} t_{11} & \cdots & t_{1n} \\ \cdots & \cdots & \cdots \\ t_{m1} & \cdots & t_{mn} \end{pmatrix}$$

wobei die t reelle Terme sind, bezeichnet man als eine *Matrix*. Die horizontalen Anordnungen sind die *Zeilen*, die vertikalen die *Spalten* der Matrix.

Wir beginnen die Lösung eines linearen Gleichungssystems mit dem Aufstellen der so genannten *erweiterten Koeffizientenmatrix*:

x_1	x_2	$\cdots$	x_n	
a_{11}	a_{12}	$\cdots$	a_{1n}	b_1
a_{21}	a_{22}	$\cdots$	a_{2n}	b_2
$\cdots$	$\cdots$	$\cdots$	$\cdots$	$\cdots$
a_{m1}	a_{m2}	$\cdots$	a_{mn}	b_m

Die beiden Äquivalenzumformungen lassen sich nun als Matrixumformungen umformulieren:

   (i*) Multiplikation einer Zeile mit einer Zahl ungleich 0. Jedes Element dieser Zeile wird mit der Zahl multipliziert.

   (ii*) Addition einer Zeile zu einer anderen. Die senkrecht übereinander stehenden Elemente beider Zeilen werden addiert. Eine Zeile wird durch die Summe beider ersetzt.

Definition: Diese beiden Umformungen einer Matrix bezeichnet man als *Elementartransformationen* einer Matrix.

Wir wenden uns dem oben bereits gelösten linearen Gleichungssystem nochmals zu.

$$\begin{aligned} 2x_1 \quad -5x_2 \quad +x_3 &= 9 \\ x_1 \quad +6x_2 \quad -x_3 &= -7 \\ -3x_1 \quad +x_2 \quad -2x_3 &= -8 \end{aligned}$$

Wir wiederholen jetzt alle Umformungsschritte am Gleichungssystem durch die entsprechenden Elementartransformationen der erweiterten Koeffizientenmatrix:

x_1	x_2	x_3				
2	−5	1	9	+		
[1]	6	−1	−7	·(−2)	·3	
−3	1	−2	−8	+		
0	−17	3	23	·2		
1	6	−1	−7			
0	19	−5	−29	+		
0	−17	3	23	+		
1	6	−1	−7		+	
0	−15	[1]	17	·(−3)	+	
0	28	0	−28	:28		
1	−9	0	10			
0	−15	1	17			
0	[1]	0	−1	·9	·15	
1	−9	0	10	+		
0	−15	1	17		+	
0	1	0	−1			
1	0	0	1			
0	0	1	2			

Ableseregel: Man deute auf x_1, gehe senkrecht nach unten bis zur 1 im letzten Schema, dann waagrecht zur rechten Seite der Zeile dieser 1. $x_1 = 1$. Entsprechend für die übrigen Variablen: $x_2 = -1$; $x_3 = 2$.

Es ist für den Anfänger zweckmäßig, bei dieser Durchführung eine Systematik einzuhalten. Man verzichtet zwar dadurch manchmal auf das Ausnützen von Rechenvorteilen, aber der Anfänger kann sich so am schnellsten an das Verfahren gewöhnen:

(a) Als *Koeffizientenmatrix* bezeichnet man die Matrix aus den Koeffizienten, das heißt aus den Konstanten der linken Seite eines normierten linearen Gleichungssystems. Man wähle nun ein Element der Koeffizientenmatrix, das ungleich 0 ist. Zu bevorzugen sind Einsen.

(b) Ist das ausgewählte Element ungleich 1, sorge man durch Anwendung der Elementartransformationen dafür, dass an dieser Stelle eine 1 entsteht. Häufig wird dies durch eine Division der Zeile durch das ausgewählte Element möglich sein. Diese 1 ist im Beispiel in eckige Klammern gesetzt ("Kästcheneins").

(c) Unter ausschließlicher Verwendung der Zeile mit der Kästcheneins forme man die übrigen Zeilen der erweiterten Koeffizientenmatrix so um, dass in der Spalte der Kästcheneins (abgesehen von dieser 1) nur noch Nullen stehen.

(d) Diese drei Schritte sind jetzt zu wiederholen. Schritt (a) bedeutet nun: Man wähle ein neues Element, das weder in einer Zeile noch in einer Spalte eines Elementes steht, das zuvor bereits einmal ausgesucht worden ist.

(e) Das Umformungsverfahren muss spätestens dann beendet sein, wenn jede Zeile einmal der Transformation mit einer Kästcheneins gedient hat. Zeilen der erweiterten Koeffizientenmatrix, die im Laufe der Umformung zu Zeilen aus lauter Nullen wurden, können gestrichen werden, weil sich hinter solchen Zeilen Gleichungen verbergen, welche die Lösung nicht beeinflussen.

Lehrsatz 1:

(a) Für ein lineares Gleichungssystem gilt stets eine der folgenden Aussagen:
  (i)   Es hat genau eine Lösung (Lösungsmenge besteht aus genau einem Element).
  (ii) Es hat keine Lösung (Lösungsmenge ist leer).
  (iii) Es hat unendliche viele Lösungen (Lösungsmenge besteht aus unendlich vielen Elementen).

(b) Homogene lineare Gleichungssysteme sind stets lösbar.

(c) Inhomogene lineare Gleichungssysteme sind unlösbar, wenn bei der Durchführung des Gaußschen Eliminationsverfahrens mindestens eine Zeile in der jeweiligen erweiterten Koeffizientenmatrix entstanden ist, die innerhalb der Koeffizientenmatrix nur Nullen, rechts aber eine Zahl ungleich 0 hat.

(d) Zeilen der erweiterten Koeffizientenmatrix, die im Laufe der Umformung zu Zeilen aus lauter Nullen werden, können gestrichen werden, weil sich hinter solchen Zeilen Gleichungen verbergen, welche die Lösung nicht beeinflussen.

(e) Ein inhomogenes lineares Gleichungssystem hat genau eine Lösung, wenn nach Abschluss des Gaußschen Eliminationsverfahrens (nachdem eventuell aufgetretene Zeilen aus lauter Nullen gestrichen worden sind) in der verbleibenden Matrix die Anzahl der Variablen mit der Anzahl der Zeilen übereinstimmt.

(f) Ein inhomogenes lineares Gleichungssystem hat unendlich viele Lösungen, wenn in der verbleibenden Matrix die Anzahl der Variablen die Anzahl der Zeilen übersteigt.

Die erweiterte Koeffizientenmatrix eines linearen Gleichungssystems kann Parameter enthalten. Wenn nichts Gegenteiliges angegeben ist, darf für jeden Parameter jede reelle Zahl eingesetzt werden. Es ist zu erwarten, dass die Lösbarkeit beziehungsweise die Lösungsmenge von den Zahlen abhängt, die für die Parameter eingesetzt werden. Diese Abhängigkeit zu untersuchen ist jeweils Aufgabe bei der Lösung eines linearen Gleichungssystems mit Parametern.

B. Aufgaben

Die folgenden Aufgaben sind mit Hilfe des Gaußschen Eliminationsverfahrens zu lösen:

1.

$$
\begin{aligned}
2x_1 &-5x_2 &+x_3 &= 9 \\
x_1 &+6x_2 &-x_3 &= -7 \\
-3x_1 &+x_2 &-2x_3 &= -8
\end{aligned}
$$

2.

$$
\begin{aligned}
3x_1 &= 4x_2 - x_3 \\
3x_3 &+ 9x_1 - 2x_2 = 0 \\
4x_3 &= 6x_2 - 13x_1
\end{aligned}
$$

3.

$$
\begin{aligned}
x_1 &-3x_2 &+x_3 &= 7 \\
-2x_1 &+7x_2 &-x_3 &= -9 \\
3x_1 &-8x_2 &+4x_3 &= 26
\end{aligned}
$$

4.

$$
\begin{aligned}
3x_1 + 4x_2 &= x_3 - 10 \\
x_1 - 3x_2 &= -5x_3 \\
x_2 + 5x_3 + 5 &= 2x_1
\end{aligned}
$$

5.

$$
\begin{aligned}
-15x_1 &+3x_2 &-x_3 &+x_4 &= 7 \\
17x_1 &-12x_2 &+3x_3 & &= -2 \\
-13x_1 &-6x_2 &+x_3 &+2x_4 &= 5
\end{aligned}
$$

6.

$$
\begin{aligned}
x_1 & &-x_3 &= 4 \\
3x_1 &+x_2 &-3x_3 &= -1 \\
x_1 &+2x_2 &-2x_3 &= 2
\end{aligned}
$$

7.

$$
\begin{aligned}
2x_1 &-x_2 &+3x_3 &-x_4 &= 0 \\
x_1 &+3x_2 &-x_3 &+2x_4 &= -1 \\
-2x_1 &-x_2 &+x_3 &-4x_4 &= 2 \\
-x_1 &+3x_2 &-2x_3 &+x_4 &= 1
\end{aligned}
$$

8.

$$
\begin{aligned}
2x_1 &-x_2 &+x_3 &= 3 \\
-x_1 &+2x_2 &-3x_3 &= 0 \\
5x_1 &-x_2 & &= 9
\end{aligned}
$$

9.

$$
\begin{aligned}
x_1 &-x_2 &+x_3 &-2x_4 &= 0 \\
2x_1 &+5x_2 &-3x_3 &+x_4 &= 0 \\
-x_1 &+2x_2 &-x_3 &+x_4 &= 0 \\
3x_1 &-3x_2 &+2x_3 &-x_4 &= 0
\end{aligned}
$$

10.

$$
\begin{aligned}
2x_1 &-x_2 &+x_3 &= 0 \\
-x_1 &+3x_2 &+x_3 &= 0 \\
7x_1 &-x_2 &+5x_3 &= 0 \\
-11x_1 &+8x_2 &-4x_3 &= 0 \\
x_1 &+2x_2 &+2x_3 &= 0
\end{aligned}
$$

11.

$$
\begin{aligned}
x_1 &+x_2 & &-2x_4 &= -1 \\
x_1 &-x_2 &+2x_3 & &= 0 \\
x_1 &-x_2 & &-x_4 &= 0 \\
& &x_3 &-x_4 &= 1
\end{aligned}
$$

12.

$$
\begin{aligned}
x_1 &-x_2 &+x_3 &= 0 \\
-x_1 &+2x_2 &-x_3 &= 0 \\
x_1 &+4x_2 &-2x_3 &= 5 \\
2x_1 &+x_2 &-x_3 &= 5
\end{aligned}
$$

13.
$$
\begin{aligned}
2x_1 &+x_2 &+5x_3 &+8x_4 &= 1 \\
-x_1 &+2x_2 &+5x_3 &+6x_4 &= 5 \\
&3x_2 &+9x_3 &+12x_4 &= 3
\end{aligned}
$$

14.
$$
\begin{aligned}
-2x_1 &+x_2 &-x_3 &+x_4 &= 0 \\
3x_1 &+2x_2 &+3x_3 &-x_4 &= 0 \\
x_1 &-x_2 &+x_3 &-2x_4 &= 0
\end{aligned}
$$

15.
$$
\begin{aligned}
3x_1 &-2x_2 &+x_3 &-x_4 &= -2 \\
-x_1 &+2x_2 &-2x_3 &+x_4 &= 1 \\
14x_1 &-8x_2 &+3x_3 &-4x_4 &= -9 \\
-4x_1 &+4x_2 &-3x_3 &+2x_4 &= 3
\end{aligned}
$$

16.
$$
\begin{aligned}
2x_1 &-3x_2 &-x_3 & & &= 0 \\
&2x_2 &-3x_3 &+4x_4 & &= 0 \\
-4x_1 & &+2x_3 & &-x_5 &= 0 \\
x_1 &+x_2 &-x_3 &-x_4 &+x_5 &= 0 \\
5x_1 &+6x_2 & & &-7x_5 &= 0
\end{aligned}
$$

17.
$$
\begin{aligned}
&x_2 &-2x_3 &+x_4 &-x_5 &= -3 \\
2x_1 & &-x_3 &+2x_4 &+x_5 &= 0 \\
x_1 &+x_2 &+x_3 &+x_4 & &= -1 \\
-x_1 &+2x_2 &-2x_3 & &-2x_5 &= 0 \\
2x_1 &-x_2 & &-x_4 &-x_5 &= 2
\end{aligned}
$$

18.
$$
\begin{aligned}
-5x_1 &+3x_2 &-7x_3 &+x_4 &-x_5 &= 3 \\
2x_1 &-x_2 & &+2x_4 &-3x_5 &= 0
\end{aligned}
$$

19.
$$
\begin{aligned}
3x_1 &-x_2 &+x_3 &-x_4 &= 0 \\
x_1 &-x_2 &+x_3 & &= 0 \\
-3x_1 &+x_2 &-x_3 &+x_4 &= 0 \\
5x_1 &-3x_2 &+3x_3 &-x_4 &= 0
\end{aligned}
$$

20.
$$
\begin{aligned}
2x_1 &-3x_2 &+x_3 &-2x_4 &= 0 \\
-x_1 &+2x_2 &-3x_3 &+2x_4 &= 0 \\
7x_1 &-10x_2 &+x_3 &-6x_4 &= 0 \\
-5x_1 &+8x_2 &-5x_3 &+6x_4 &= 0
\end{aligned}
$$

21.
$$
\begin{aligned}
x_1 &-x_2 & & &= 4 \\
&+x_2 &-2x_3 & &= 1 \\
x_1 & &+x_3 &-x_4 &= 0 \\
&x_2 &-2x_3 &+x_4 &= 0
\end{aligned}
$$

22.
$$
\begin{aligned}
2x_1 &+3x_2 &+x_3 &= 7 \\
-x_1 &+7x_2 &-3x_3 &= 0 \\
3x_1 &-9x_2 &+x_3 &= 8 \\
x_1 &-x_2 & &= 5
\end{aligned}
$$

Bei den nachfolgenden Aufgaben ist jeweils die Frage zu beantworten: Für welche Werte der Parameter hat das gegebene Gleichungssystem (a) genau eine Lösung, (b) keine Lösung, (c) unendlich viele Lösungen?

23.

$$\begin{aligned} ax_1 \;\; +2ax_2 \;\; &= \;\; 1 \\ -a^2x_1 \;\; -x_2 \;\; &= \;\; 0 \end{aligned}$$

24.

$$\begin{aligned} x_1 \;\; -ax_2 \;\; -x_3 \;\; &= \;\; 1 \\ ax_1 \;\; +x_2 \;\; -ax_3 \;\; &= \;\; 0 \\ -x_1 \;\; +ax_2 \;\; &= \;\; -1 \end{aligned}$$

25.

$$\begin{aligned} x_1 \;\; +ax_2 \;\; -bx_3 \;\; &= \;\; 0 \\ -ax_1 \;\; +x_2 \;\; -x_3 \;\; &= \;\; 0 \\ -x_1 \;\; +bx_2 \;\; &= \;\; 0 \end{aligned}$$

26.

$$\begin{aligned} x_1 \;\; +ax_3 \;\; &= \;\; 0 \\ ax_2 \;\; +2x_3 \;\; &= \;\; 0 \\ 2x_1 \;\; -x_2 \;\; &= \;\; 0 \end{aligned}$$

27.

$$\begin{aligned} (a-2)x_1 \;\; +x_2 \;\; -ax_3 \;\; &= \;\; 0 \\ -x_2 \;\; +2x_3 \;\; &= \;\; 0 \\ a^2x_3 \;\; &= \;\; 1 \end{aligned}$$

28.

$$\begin{aligned} x_1 \;\; +b^2x_2 \;\; &= \;\; 0 \\ bx_1 \;\; +a^3x_2 \;\; &= \;\; 0 \end{aligned}$$

29.

$$\begin{aligned} a_{11}x_1 \;\; +a_{12}x_2 \;\; &= \;\; b_1 \\ a_{21}x_1 \;\; +a_{22}x_2 \;\; &= \;\; b_2 \end{aligned}$$

mit $a_{11} \neq 0$

30.

$$\begin{aligned} x_1 \;\; -ax_2 \;\; &= \;\; 1 \\ bx_1 \;\; +ax_2 \;\; &= \;\; 0 \\ -x_1 \;\; +2ax_2 \;\; &= \;\; -1 \end{aligned}$$

C. Lösungen

L1:

x_1	x_2	x_3			
2	−5	[1]	9	+	·2
1	6	−1	−7	+	
−3	1	−2	−8		+
2	−5	1	9	+	
3	1	0	2		+
[1]	−9	0	10	·(−2)	·(−3)
0	13	1	−11		
0	[28]	0	−28	:28	
1	−9	0	10		
0	13	1	−11	+	
0	[1]	0	−1	·(−13)	·9
1	−9	0	10		+
0	0	1	2		
0	1	0	−1		
1	0	0	1		

Lösung: $x_1 = 1$; $x_2 = -1$; $x_3 = 2$

Probe:

$$2\cdot 1 \quad -5\cdot(-1) \quad +1\cdot 2 \quad = \quad 9$$
$$1\cdot 1 \quad +6\cdot(-1) \quad -1\cdot 2 \quad = \quad -7$$
$$-3\cdot 1 \quad +1\cdot(-1) \quad -2\cdot 2 \quad = \quad -8$$

L2: Das Gleichungssystem ist zuerst zu normieren:

$$3x_1 \quad -4x_2 \quad +x_3 \quad = \quad 0$$
$$9x_1 \quad -2x_2 \quad +3x_3 \quad = \quad 0$$
$$13x_1 \quad -6x_2 \quad +4x_3 \quad = \quad 0$$

x_1	x_2	x_3			
3	−4	[1]	0	·(−3)	·(−4)
9	−2	3	0	+	
13	−6	4	0		+
3	−4	1	0	+	
0	10	0	0		
[1]	10	0	0	·(−3)	
0	−34	1	0		
0	[10]	0	0	:10	
1	10	0	0		

0	−34	1	0	+	
0	[1]	0	0	·34	·(−10)
1	10	0	0		+
0	0	1	0		
0	1	0	0		
1	0	0	0		

Lösung: $x_1 = x_2 = x_3 = 0$

Probe: trivial

L3:

x_1	x_2	x_3			
1	−3	[1]	7	+	·(−4)
−2	7	−1	−9	+	
3	−8	4	26		+
1	−3	1	7		
[−1]	4	0	−2	:(−1)	
−1	4	0	−2		
1	−3	1	7	+	
[1]	−4	0	2	·(−1)	+
−1	4	0	−2		+
0	1	1	5		
1	−4	0	2		
0	0	0	0	XXX	
0	1	1	5		
1	−4	0	2		

Lösung: $x_1 = 2 + 4c$; $x_2 = c$ beliebig; $x_3 = 5 - c$

Probe:

$$
\begin{aligned}
1 \cdot (2+4c) \quad -3c \quad +1 \cdot (5-c) &= 7 \\
-2 \cdot (2+4c) \quad +7c \quad -1 \cdot (5-c) &= -9 \\
3 \cdot (2+4c) \quad -8c \quad +4 \cdot (5-c) &= 26
\end{aligned}
$$

L4: Das Gleichungssystem ist zuerst zu normieren:

$$
\begin{aligned}
3x_1 \quad +4x_2 \quad -x_3 &= -10 \\
x_1 \quad -3x_2 \quad +5x_3 &= 0 \\
-2x_1 \quad +x_2 \quad +5x_3 &= -5
\end{aligned}
$$

x_1	x_2	x_3			
3	4	−1	−10	+	
[1]	−3	5	0	·(−3)	·2
−2	1	5	−5		+

0	13	−16	−10	
1	−3	5	0	
0	[−5]	15	−5	:(−5)
0	13	−16	−10	+
1	−3	5	0	+
0	[1]	−3	1	·(−13) ·3
0	0	[23]	−23	:23
1	0	−4	3	
0	1	−3	1	
0	0	[1]	−1	·4 ·3
1	0	−4	3	+
0	1	−3	1	+
0	0	1	−1	
1	0	0	−1	
0	1	0	−2	

Lösung: $x_1 = -1$; $x_2 = -2$; $x_3 = -1$

Probe:

$$3\cdot(-1) \quad +4\cdot(-2) \quad -1\cdot(-1) \quad = \quad -10$$
$$1\cdot(-1) \quad -3\cdot(-2) \quad +5\cdot(-1) \quad = \quad 0$$
$$-2\cdot(-1) \quad +1\cdot(-2) \quad +5\cdot(-1) \quad = \quad -5$$

L5:

x_1	x_2	x_3	x_4		
−15	3	−1	[1]	7	·(−2)
17	−12	3	0	−2	
−13	−6	1	2	5	+
−15	3	−1	1	7	
17	−12	[3]	0	−2	:3
17	−12	3	0	−9	
−15	3	−1	1	7	+
17/3	−4	[1]	0	−2/3	+ ·(−3)
17	−12	3	0	−9	+
−28/3	−1	0	1	19/3	
17/3	−4	1	0	−2/3	
0	0	0	0	−7	

Die letzte Zeile zeigt einen Widerspruch an. Das Gleichungssystem hat also keine Lösung.

L6:

x_1	x_2	x_3		
1	0	−1	4	
3	[1]	−3	−1	·(−2)
1	2	−2	2	+

[1]	0	−1	4	·(−3)	·5
3	1	−3	−1	+	
−5	0	4	4		+
1	0	−1	4		
0	1	0	−13		
0	0	[−1]	24	:(−1)	
1	0	−1	4	+	
0	1	0	−13		
0	0	[1]	−24	+	
1	0	0	−20		
0	1	0	−13		
0	0	1	−24		

Lösung: $x_1 = -20$; $x_2 = -13$; $x_3 = -24$

Probe:

$$1 \cdot (-20) \qquad\qquad -1 \cdot (-24) = 4$$
$$3 \cdot (-20) \quad +1 \cdot (-13) \quad -3 \cdot (-24) = -1$$
$$1 \cdot (-20) \quad +2 \cdot (-13) \quad -2 \cdot (-24) = 2$$

L7:

x_1	x_2	x_3	x_4				
2	−1	3	−1	0	+		
[1]	3	−1	2	−1	·(−2)	2	+
−2	−1	1	−4	2	+		
−1	3	−2	1	1			+
0	−7	5	−5	2			
1	3	−1	2	−1			
0	5	[−1]	0	0	:(−1)		
0	6	−3	3	0			
0	−7	5	−5	2	+		
1	3	−1	2	−1		+	
0	−5	[1]	0	0	·(−5)	+	·3
0	6	−3	3	0			+
0	18	0	−5	2			
1	−2	0	2	−1			
0	−5	1	0	0			
0	−9	0	[3]	0	:3		
0	18	0	−5	2	+		
1	−2	0	2	−1		+	
0	−5	1	0	0			
0	−3	0	[1]	0	·5	·(−2)	

0	[3]	0	0	2	:3			
1	4	0	0	−1				
0	−5	1	0	0				
0	−3	0	1	0				
0	[1]	0	0	2/3	·(−4)	·5	·3	
1	4	0	0	−1	+			
0	−5	1	0	0		+		
0	−3	0	1	0			+	
0	1	0	0	2/3				
1	0	0	0	−11/3				
0	0	1	0	10/3				
0	0	0	1	2				

Lösung: $x_1 = \dfrac{-11}{3}$; $x_2 = \dfrac{2}{3}$; $x_3 = \dfrac{10}{3}$; $x_4 = 2$

Probe:

$$2 \cdot \frac{-11}{3} \quad -1 \cdot \frac{2}{3} \quad +3 \cdot \frac{10}{3} \quad -1 \cdot 2 \;=\; 0$$

$$1 \cdot \frac{-11}{3} \quad +3 \cdot \frac{2}{3} \quad -1 \cdot \frac{10}{3} \quad +2 \cdot 2 \;=\; -1$$

$$-2 \cdot \frac{-11}{3} \quad -1 \cdot \frac{2}{3} \quad +1 \cdot \frac{10}{3} \quad -4 \cdot 2 \;=\; 2$$

$$-1 \cdot \frac{-11}{3} \quad +3 \cdot \frac{2}{3} \quad -2 \cdot \frac{10}{3} \quad +1 \cdot 2 \;=\; 1$$

L8:

x_1	x_2	x_3				
2	−1	[1]	3	·3		
−1	2	−3	0	+		
5	−1	0	9			
2	−1	1	3			
5	[−1]	0	9	:(−1)		
5	−1	0	9			
2	−1	1	3	+		
−5	[1]	0	−9	+	+	
5	−1	0	9		+	
−3	0	1	−6			
−5	1	0	−9			
0	0	0	0	XXX		
−3	0	1	−6			
−5	1	0	−9			

Lösung: $x_1 = c$ beliebig; $x_2 = -9 + 5c$; $x_3 = -6 + 3c$

Probe:

$$2c \quad -1\cdot(-9+5c) \quad +1\cdot(-6+3c) \quad = \quad 3$$
$$-c \quad +2\cdot(-9+5c) \quad -3\cdot(-6+3c) \quad = \quad 0$$
$$5c \quad -1\cdot(-9+5c) \qquad\qquad\qquad = \quad 9$$

L9:

x_1	x_2	x_3	x_4				
[1]	−1	1	−2	0	·(−2)	+	·(−3)
2	5	−3	1	0	+		
−1	2	−1	1	0		+	
3	−3	2	−1	0			+
1	−1	1	−2	0	+		
0	7	−5	5	0		+	
0	[1]	0	−1	0	+	·(−7)	
0	0	−1	5	0			
1	0	1	−3	0			
0	0	−5	12	0			
0	1	0	−1	0			
0	0	[−1]	5	0	:(−1)		
1	0	1	−3	0	+		
0	0	−5	12	0		+	
0	1	0	−1	0			
0	0	[1]	−5	0	·(−1)	·5	
1	0	0	2	0			
0	0	0	[−13]	0	:(−13)		
0	1	0	−1	0			
0	0	1	−5	0			
1	0	0	2	0	+		
0	0	0	[1]	0	·(−2)	+	·5
0	1	0	−1	0	+		
0	0	1	−5	0		+	
1	0	0	0	0			
0	0	0	1	0			
0	1	0	0	0			
0	0	1	0	0			

Lösung: $x_1 = x_2 = x_3 = x_4 = 0$

Probe: trivial

L10:

x_1	x_2	x_3					
2	−1	1	0	+			
−1	3	[1]	0	·(−1)	·(−5)	·4	·(−2)
7	−1	5	0	+			
−11	8	−4	0		+		
1	2	2	0			+	
[3]	−4	0	0	:3			
−1	3	1	0				
12	−16	0	0				
−15	20	0	0				
3	−4	0	0				
[1]	−4/3	0	0	+	·(−12)	·15	·(−3)
−1	3	1	0	+			
12	−16	0	0		+		
−15	20	0	0			+	
3	−4	0	0				+
1	−4/3	0	0				
0	5/3	1	0				
0	0	0	0	XXX			
0	0	0	0	XXX			
0	0	0	0	XXX			
1	−4/3	0	0				
0	5/3	1	0				

Lösung: $x_1 = \dfrac{4}{3}\,c$; $x_2 = c$ beliebig; $x_3 = \dfrac{-5}{3}\,c$

Probe:

$$2 \cdot \frac{4}{3} c \quad -1 \cdot c \quad +1 \cdot \frac{-5}{3} c \quad = \quad 0$$

$$-1 \cdot \frac{4}{3} c \quad +3 \cdot c \quad +1 \cdot \frac{-5}{3} c \quad = \quad 0$$

$$7 \cdot \frac{4}{3} c \quad -1 \cdot c \quad +5 \cdot \frac{-5}{3} c \quad = \quad 0$$

$$-11 \cdot \frac{4}{3} c \quad +8 \cdot c \quad -4 \cdot \frac{-5}{3} c \quad = \quad 0$$

$$1 \cdot \frac{4}{3} c \quad +2 \cdot c \quad +2 \cdot \frac{-5}{3} c \quad = \quad 0$$

L11:

x_1	x_2	x_3	x_4				
1	1	0	-2	-1			
1	-1	2	0	0	+		
1	-1	0	-1	0			
0	0	[1]	-1	1	·(-2)		
1	[1]	0	-2	-1	+	+	
1	-1	0	2	-2	+		
1	-1	0	-1	0		+	
0	0	1	-1	1			
1	1	0	-2	-1			
[2]	0	0	0	-3	:2		
2	0	0	-3	-1			
0	0	1	-1	1			
1	1	0	-2	-1	+		
[1]	0	0	0	-3/2	·(-1)	·(-2)	
2	0	0	-3	-1		+	
0	0	1	-1	1			
0	1	0	-2	1/2			
1	0	0	0	-3/2			
0	0	0	[-3]	2	:(-3)		
0	0	1	-1	1			
0	1	0	-2	1/2	+		
1	0	0	0	-3/2			
0	0	0	[1]	-2/3	·2	+	
0	0	1	-1	1		+	
0	1	0	0	-5/6			
1	0	0	0	-3/2			
0	0	0	1	-2/3			
0	0	1	0	1/3			

Lösung: $x_1 = \dfrac{-3}{2}$; $x_2 = \dfrac{-5}{6}$; $x_3 = \dfrac{1}{3}$; $x_4 = \dfrac{-2}{3}$

Probe:

$$1 \cdot \frac{-3}{2} \quad +1 \cdot \frac{-5}{6} \qquad\qquad -2 \cdot \frac{-2}{3} \;=\; -1$$

$$1 \cdot \frac{-3}{2} \quad -1 \cdot \frac{-5}{6} \quad +2 \cdot \frac{1}{3} \qquad\qquad =\; 0$$

$$1 \cdot \frac{-3}{2} \quad -1 \cdot \frac{-5}{6} \qquad\qquad -1 \cdot \frac{-2}{3} \;=\; 0$$

$$\qquad\qquad\qquad 1 \cdot \frac{1}{3} \quad -1 \cdot \frac{-2}{3} \;=\; 1$$

L12:

x_1	x_2	x_3				
[1]	−1	1	0	+	·(−1)	·(−2)
−1	2	−1	0	+		
1	4	−2	5		+	
2	1	−1	5			+
1	−1	1	0	+		
0	[1]	0	0	+	·(−5)	·(−3)
0	5	−3	5		+	
0	3	−3	5			+
1	0	1	0			
0	1	0	0			
0	0	−3	5			
0	0	[−3]	5	:(−3)		
1	0	1	0	+		
0	1	0	0			
0	0	−3	5		+	
0	0	[1]	−5/3	·(−1)	·3	
1	0	0	5/3			
0	1	0	0			
0	0	0	0	XXX		
0	0	1	−5/3			
1	0	0	5/3			
0	1	0	0			
0	0	1	−5/3			

Lösung: $x_1 = \dfrac{5}{3}$; $x_2 = 0$; $x_3 = \dfrac{-5}{3}$

Probe:

$$1 \cdot \frac{5}{3} \quad -1 \cdot 0 \quad +1 \cdot \frac{-5}{3} \quad = \quad 0$$

$$-1 \cdot \frac{5}{3} \quad +2 \cdot 0 \quad -1 \cdot \frac{-5}{3} \quad = \quad 0$$

$$1 \cdot \frac{5}{3} \quad +4 \cdot 0 \quad -2 \cdot \frac{-5}{3} \quad = \quad 5$$

$$2 \cdot \frac{5}{3} \quad +1 \cdot 0 \quad -1 \cdot \frac{-5}{3} \quad = \quad 5$$

L13:

x_1	x_2	x_3	x_4			
2	[1]	5	8	1	·(−2)	·(−3)
−1	2	5	6	5	+	
0	3	9	12	3		+

2	1	5	8	1		
−5	0	−5	−10	3		
−6	0	[−6]	−12	0	:(−6)	
2	1	5	8	1	+	
−5	0	−5	−10	3		+
[1]	0	1	2	0	·(−2)	·5
0	1	3	4	1		
0	0	0	0	3		
1	0	1	2	0		

Die vorletzte Zeile zeigt einen Widerspruch an. Das Gleichungssystem hat also keine Lösung.

L14:

x_1	x_2	x_3	x_4			
−2	1	−1	[1]	0	+	·2
3	2	3	−1	0	+	
1	−1	1	−2	0		+
−2	1	−1	1	0	+	
1	3	2	0	0		+
−3	[1]	−1	0	0	·(−1)	·(−3)
1	0	0	1	0		
10	0	[5]	0	0	:5	
−3	1	−1	0	0		
1	0	0	1	0		
2	0	[1]	0	0	+	
−3	1	−1	0	0	+	
1	0	0	1	0		
2	0	1	0	0		
−1	1	0	0	0		

Lösung: $x_1 = c$ beliebig; $x_2 = c$; $x_3 = -2c$; $x_4 = -c$

Probe:

$$-2 \cdot c \quad +1 \cdot c \quad -1 \cdot (-2c) \quad +1 \cdot (-c) \quad = \quad 0$$
$$3 \cdot c \quad +2 \cdot c \quad +3 \cdot (-2c) \quad -1 \cdot (-c) \quad = \quad 0$$
$$1 \cdot c \quad -1 \cdot c \quad +1 \cdot (-2c) \quad -2 \cdot (-c) \quad = \quad 0$$

L15:

x_1	x_2	x_3	x_4				
3	−2	1	−1	−2	+		
−1	2	−2	[1]	1	+	·4	·(−2)
14	−8	3	−4	−9	+		
−4	4	−3	2	3		+	

2	0	-1	0	-1	+				
-1	2	-2	1	1		+			
10	0	-5	0	-5			+		
-2	0	[1]	0	1	+			·2	·5
0	0	0	0	0	XXX				
-5	2	0	1	3					
0	0	0	0	0	XXX				
-2	0	1	0	1					
-5	2	0	1	3					
-2	0	1	0	1					

Lösung: $x_1 = c_1$ beliebig; $x_2 = c_2$ beliebig; $x_3 = 1 + 2c_1$; $x_4 = 3 + 5c_1 - 2c_2$

Probe:

$$\begin{aligned}
3c_1 &\;-2c_2 &\;+1\cdot(1+2c_1) &\;-1\cdot(3+5c_1-2c_2) &= -2\\
-c_1 &\;+2c_2 &\;-2\cdot(1+2c_1) &\;+1\cdot(3+5c_1-2c_2) &= 1\\
14c_1 &\;-8c_2 &\;+3\cdot(1+2c_1) &\;-4\cdot(3+5c_1-2c_2) &= -9\\
-4c_1 &\;+4c_2 &\;-3\cdot(1+2c_1) &\;+2\cdot(3+5c_1-2c_2) &= 3
\end{aligned}$$

L16:

x_1	x_2	x_3	x_4	x_5							
2	-3	-1	0	0	0						
0	2	-3	4	0	0						
-4	0	2	0	-1	0	+					
1	1	-1	-1	[1]	0	+		·7			
5	6	0	0	-7	0	+					
2	-3	-1	0	0	0	+					
0	2	-3	4	0	0		+				
-3	1	[1]	-1	0	0	+		·3	+		·7
1	1	-1	-1	1	0				+		
12	13	-7	-7	0	0					+	
-1	-2	0	-1	0	0	+					
-9	5	0	[1]	0	0	+			+	·2	·14
-3	1	1	-1	0	0				+		
-2	2	0	-2	1	0					+	
-9	20	0	-14	0	0						+
-10	3	0	0	0	0						
-9	5	0	1	0	0						
-12	6	1	0	0	0						
-20	12	0	0	1	0						
-135	[90]	0	0	0	0			:90			

−10	3	0	0	0	0	+			
−9	5	0	1	0	0		+		
−12	6	1	0	0	0			+	
−20	12	0	0	1	0				+
−3/2	[1]	0	0	0	0	·(−3)	·(−5)	·(−6)	·(−12)
−11/2	0	0	0	0	0	:(−11/2)			
−3/2	0	0	1	0	0				
−3	0	1	0	0	0				
−2	0	0	0	1	0				
−3/2	1	0	0	0	0				
[1]	0	0	0	0	0	·(3/2)	·3	·2	·(3/2)
−3/2	0	0	1	0	0	+			
−3	0	1	0	0	0		+		
−2	0	0	0	1	0			+	
−3/2	1	0	0	0	0				+
1	0	0	0	0	0				
0	0	0	1	0	0				
0	0	1	0	0	0				
0	0	0	0	1	0				
0	1	0	0	0	0				

Lösung: $x_1 = x_2 = x_3 = x_4 = x_5 = 0$

Probe: trivial

L17:

x_1	x_2	x_3	x_4	x_5					
0	1	−2	[1]	−1	−3	·(−2)	·(−1)	+	
2	0	−1	2	1	0	+			
1	1	1	1	0	−1		+		
−1	2	−2	0	−2	0			+	
2	−1	0	−1	−1	2			+	
0	1	−2	1	−1	−3				
2	−2	3	0	3	6	+			
[1]	0	3	0	1	2	·(−2)	+	·(−2)	
−1	2	−2	0	−2	0	+	+		
2	0	−2	0	−2	−1			+	
0	1	−2	1	−1	−3	+			
0	−2	−3	0	[1]	2	+	·(−1)	+	·4
1	0	3	0	1	2		+		
0	2	1	0	−1	2			+	
0	0	−8	0	−4	−5				+

0	−1	−5	1	0	−1					
0	−2	−3	0	1	2					
1	2	6	0	0	0					
0	0	[−2]	0	0	4	:(−2)				
0	−8	−20	0	0	3					
0	−1	−5	1	0	−1	+				
0	−2	−3	0	1	2		+			
1	2	6	0	0	0			+		
0	0	[1]	0	0	−2	·5	·3	·(−6)	·20	
0	−8	−20	0	0	3				+	
0	−1	0	1	0	−11					
0	−2	0	0	1	−4					
1	2	0	0	0	12					
0	0	1	0	0	−2					
0	[−8]	0	0	0	−37	:(−8)				
0	−1	0	1	0	−11	+				
0	−2	0	0	1	−4		+			
1	2	0	0	0	12			+		
0	0	1	0	0	−2					
0	[1]	0	0	0	37/8	+	·2	·(−2)		
0	0	0	1	0	−51/8					
0	0	0	0	1	21/4					
1	0	0	0	0	11/4					
0	0	1	0	0	−2					
0	1	0	0	0	37/8					

Lösung: $x_1 = \dfrac{11}{4}$; $x_2 = \dfrac{37}{8}$; $x_3 = -2$; $x_4 = \dfrac{-51}{8}$; $x_5 = \dfrac{21}{4}$

Probe:

$$1 \cdot \frac{37}{8} \quad -2 \cdot (-2) \quad +1 \cdot \frac{-51}{8} \quad -1 \cdot \frac{21}{4} \quad = \quad -3$$

$$2 \cdot \frac{11}{4} \qquad\qquad -1 \cdot (-2) \quad +2 \cdot \frac{-51}{8} \quad +1 \cdot \frac{21}{4} \quad = \quad 0$$

$$1 \cdot \frac{11}{4} \quad +1 \cdot \frac{37}{8} \quad +1 \cdot (-2) \quad +1 \cdot \frac{-51}{8} \qquad\qquad = \quad -1$$

$$-1 \cdot \frac{11}{4} \quad +2 \cdot \frac{37}{8} \quad -2 \cdot (-2) \qquad\qquad -2 \cdot \frac{21}{4} \quad = \quad 0$$

$$2 \cdot \frac{11}{4} \quad -1 \cdot \frac{37}{8} \qquad\qquad -1 \cdot \frac{-51}{8} \quad -1 \cdot \frac{21}{4} \quad = \quad 2$$

L18:

x_1	x_2	x_3	x_4	x_5		
-5	3	-7	[1]	-1	3	$\cdot(-2)$
2	-1	0	2	-3	0	+
-5	3	-7	1	-1	3	
12	-7	14	0	[-1]	-6	$:(-1)$
-5	3	-7	1	-1	3	+
-12	7	-14	0	[1]	6	+
-17	10	-21	1	0	9	
-12	7	-14	0	1	6	

Lösung: $x_1 = c_1$ beliebig; $x_2 = c_2$ beliebig; $x_3 = c_3$ beliebig; $x_4 = 9 + 17c_1 - 10c_2 + 21c_3$; $x_5 = 6 + 12c_1 - 7c_2 + 14c_3$

Probe:

$-5c_1 + 3c_2 - 7c_3 + (9 + 17c_1 - 10c_2 + 21c_3) - (6 + 12c_1 - 7c_2 + 14c_3) \qquad = 3$

$2c_1 - c_2 + 2(9 + 17c_1 - 10c_2 + 21c_3) - 3(6 + 12c_1 - 7c_2 + 14c_3) \qquad = 0$

L19:

x_1	x_2	x_3	x_4				
3	-1	1	-1	0	+		
1	-1	1	0	0			
-3	1	-1	[1]	0	+	+	
5	-3	3	-1	0		+	
0	0	0	0	0	XXX		
1	-1	1	0	0			
-3	1	-1	1	0			
2	-2	2	0	0			
1	-1	[1]	0	0	+	$\cdot(-2)$	
-3	1	-1	1	0	+		
2	-2	2	0	0		+	
1	-1	1	0	0			
-2	0	0	1	0			
0	0	0	0	0	XXX		
1	-1	1	0	0			
-2	0	0	1	0			

Lösung: $x_1 = c_1$ beliebig; $x_2 = c_2$ beliebig; $x_3 = -c_1 + c_2$; $x_4 = 2c_1$

Probe:

$$\begin{aligned}
3c_1 \quad -c_2 \quad +(-c_1 + c_2) \quad -2c_1 &= 0 \\
c_1 \quad -c_2 \quad +(-c_1 + c_2) \qquad\quad &= 0 \; , \\
-3c_1 \quad +c_2 \quad -(-c_1 + c_2) \quad +2c_1 &= 0 \\
5c_1 \quad -3c_2 \quad +3(-c_1 + c_2) \quad -2c_1 &= 0
\end{aligned}$$

L20:

x_1	x_2	x_3	x_4					
2	-3	[1]	-2	0	·3	·(-1)	·5	
-1	2	-3	2	0	+			
7	-10	1	-6	0		+		
-5	8	-5	6	0			+	
2	-3	1	-2	0				
5	-7	0	[-4]	0	:(-4)			
5	-7	0	-4	0				
5	-7	0	-4	0				
2	-3	1	-2	0	+			
-5/4	7/4	0	[1]	0	·2	·4	·4	
5	-7	0	-4	0	+			
5	-7	0	-4	0			+	
-1/2	1/2	1	0	0				
-5/4	7/4	0	1	0				
0	0	0	0	0	XXX			
0	0	0	0	0	XXX			
-1/2	1/2	1	0	0				
-5/4	7/4	0	1	0				

Lösung: $x_1 = c_1$ beliebig; $x_2 = c_2$ beliebig; $x_3 = \dfrac{1}{2}c_1 - \dfrac{1}{2}c_2$; $x_4 = \dfrac{5}{4}c_1 - \dfrac{7}{4}c_2$

Probe:

$$2c_1 - 3c_2 + 1 \cdot \left(\frac{1}{2}c_1 - \frac{1}{2}c_2\right) - 2 \cdot \left(\frac{5}{4}c_1 - \frac{7}{4}c_2\right) = 0$$

$$-c_1 + 2c_2 - 3 \cdot \left(\frac{1}{2}c_1 - \frac{1}{2}c_2\right) + 2 \cdot \left(\frac{5}{4}c_1 - \frac{7}{4}c_2\right) = 0$$

$$7c_1 - 10c_2 + 1 \cdot \left(\frac{1}{2}c_1 - \frac{1}{2}c_2\right) - 6 \cdot \left(\frac{5}{4}c_1 - \frac{7}{4}c_2\right) = 0$$

$$-5c_1 + 8c_2 - 5 \cdot \left(\frac{1}{2}c_1 - \frac{1}{2}c_2\right) + 6 \cdot \left(\frac{5}{4}c_1 - \frac{7}{4}c_2\right) = 0$$

L21:

x_1	x_2	x_3	x_4		
[1]	-1	0	0	4	·(-1)
0	1	-2	0	1	
1	0	1	-1	0	+
0	1	-2	1	0	
1	-1	0	0	4	
0	1	-2	0	1	
0	1	1	-1	-4	+
0	1	-2	[1]	0	+

1	−1	0	0	4	+		
0	[1]	−2	0	1	+	·(−2)	·(−1)
0	2	−1	0	−4	+		
0	1	−2	1	0			+
1	0	−2	0	5			
0	1	−2	0	1			
0	0	[3]	0	−6	:3		
0	0	0	1	−1			
1	0	−2	0	5	+		
0	1	−2	0	1		+	
0	0	[1]	0	−2	·2	·2	
0	0	0	1	−1			
1	0	0	0	1			
0	1	0	0	−3			
0	0	1	0	−2			
0	0	0	1	−1			

Lösung: $x_1 = 1$; $x_2 = -3$; $x_3 = -2$; $x_4 = -1$

Probe:

$$1 \quad -(-3) \qquad\qquad\qquad = 4$$
$$(-3) \quad -2\cdot(-2) \qquad\quad = 1$$
$$1 \qquad\qquad +(-2) \quad -(-1) = 0$$
$$(-3) \quad -2\cdot(-2) \quad +(-1) = 0$$

L22:

x_1	x_2	x_3				
2	3	[1]	7	·3	·(−1)	
−1	7	−3	0	+		
3	−9	1	8		+	
1	−1	0	5			
2	3	1	7	+		
5	16	0	21		+	
1	−12	0	1			+
[1]	−1	0	5	·(−2)	·(−5)	·(−1)
0	5	1	−3			
0	21	0	−4			
0	[−11]	0	−4	:(−11)		
1	−1	0	5			
0	5	1	−3	+		
0	21	0	−4		+	
0	[1]	0	4/11	·(−5)	·(−21)	+
1	−1	0	5			+

0	0	1	$-53/11$
0	0	0	$-128/11$
0	1	0	$4/11$
1	0	0	$59/11$

Die zweite Zeile zeigt einen Widerspruch an. Das Gleichungssystem hat also keine Lösung.

L23:

x_1	x_2		
a	$2a$	1	
$-a^2$	$[-1]$	0	$:(-1)$
a	$2a$	1	$+$
a^2	$[1]$	0	$\cdot(-2a)$
$a-2a^3$	0	1	
a^2	1	0	

(i) Voraussetzung: $a - 2a^3 \neq 0$

$[a-2a^3]$	0	1	$:(a-2a^3)$
a^2	1	0	
$[1]$	0	$\dfrac{1}{a-2a^3}$	$\cdot(-a^2)$
a^2	1	0	$+$
1	0	$\dfrac{1}{a-2a^3}$	
0	1	$\dfrac{a}{2a^2-1}$	

Lösung: $x_1 = \dfrac{1}{a-2a^3}$; $x_2 = \dfrac{a}{2a^2-1}$

Probe:

$$a\frac{1}{a-2a^3} + 2a\frac{a}{2a^2-1} = 1$$
$$-a^2\frac{1}{a-2a^3} - \frac{a}{2a^2-1} = 0$$

(ii) Sonderfall: $a - 2a^3 = 0$. Nebenrechnung: $a - 2a^3 = a(1 - 2a^2) = 0$, also $a = 0$ oder $1 - 2a^2 = 0$, das heißt $a = 0$ oder $a = \dfrac{\sqrt{2}}{2}$ oder $a = -\dfrac{\sqrt{2}}{2}$. Man hat:

0	0	1
a^2	1	0

Die erste Zeile zeigt einen Widerspruch an. Das Gleichungssystem hat also keine Lösung.

Bemerkung: Für keinen Wert von a hat das Gleichungssystem unendlich viele Lösungen.

L24:

x_1	x_2	x_3		
1	$-a$	$[-1]$	1	$:(-1)$
a	1	$-a$	0	
-1	a	0	-1	
-1	a	$[1]$	-1	$\cdot a$
a	1	$-a$	0	$+$
-1	a	0	-1	
-1	a	1	-1	
0	$1+a^2$	0	$-a$	
$[-1]$	a	0	-1	$:(-1)$
-1	a	1	-1	$+$
0	$1+a^2$	0	$-a$	
$[1]$	$-a$	0	1	$+$

Im nächsten Schritt ist die Division durch $1 + a^2$ uneingeschränkt möglich, da $1 + a^2 > 0$ für alle a.

0	0	1	0	
0	$[1+a^2]$	0	$-a$	$:(1+a^2)$
1	$-a$	0	1	
0	0	1	0	
0	$[1]$	0	$\dfrac{-a}{1+a^2}$	$\cdot a$
1	$-a$	0	1	$+$
0	0	1	0	
0	1	0	$\dfrac{-a}{1+a^2}$	
1	0	0	$\dfrac{1}{1+a^2}$	

Lösung: $x_1 = \dfrac{1}{1+a^2}$; $x_2 = \dfrac{-a}{1+a^2}$; $x_3 = 0$

Probe:

$$1 \cdot \frac{1}{1+a^2} - a \cdot \frac{-a}{1+a^2} = 1; \quad a \cdot \frac{1}{1+a^2} + 1 \cdot \frac{-a}{1+a^2} = 0; \quad -1 \cdot \frac{1}{1+a^2} + a \cdot \frac{-a}{1+a^2} = -1$$

L25:

x_1	x_2	x_3		
1	a	$-b$	0	
$-a$	1	$[-1]$	0	$:(-1)$
-1	b	0	0	
1	a	$-b$	0	$+$
a	-1	$[1]$	0	$\cdot b$
-1	b	0	0	
$1+ab$	$a-b$	0	0	
a	-1	1	0	
$[-1]$	b	0	0	$:(-1)$
$1+ab$	$a-b$	0	0	$+$
a	-1	1	0	$+$
$[1]$	$-b$	0	0	$\cdot(-1-ab)$ $\cdot(-a)$
0	$a\cdot(1+b^2)$	0	0	
0	$-1+ab$	1	0	
1	$-b$	0	0	

(i) Voraussetzung: $a \neq 0$ (damit $a\cdot(1+b^2) \neq 0$, da $1+b^2 > 0$)

0	$[a\cdot(1+b^2)]$	0	0	$:[a\cdot(1+b^2)]$
0	$-1+ab$	1	0	
1	$-b$	0	0	
0	$[1]$	0	0	$\cdot(1-ab)$ $\cdot b$
0	$-1+ab$	1	0	$+$
1	$-b$	0	0	$+$
0	1	0	0	
0	0	1	0	
1	0	0	0	

Lösung: $x_1 = x_2 = x_3 = 0$

(ii) Sonderfall: $a = 0$ (und b beliebig)

0	0	0	0	XXX
0	-1	1	0	
1	$-b$	0	0	
0	-1	1	0	
1	$-b$	0	0	

Lösung: $x_1 = bc$; $x_2 = c$ beliebig; $x_3 = c$. Die Probe wird dem Leser überlassen.

L26:

x_1	x_2	x_3		
[1]	0	a	0	$\cdot(-2)$
0	a	2	0	
2	-1	0	0	$+$
1	0	a	0	
0	a	2	0	
0	$[-1]$	$-2a$	0	$:(-1)$
1	0	a	0	
0	a	2	0	$+$
0	$[1]$	$2a$	0	$\cdot(-a)$
1	0	a	0	
0	0	$2-2a^2$	0	
0	1	$2a$	0	

(i) Voraussetzung: $2 - 2a^2 \neq 0$

1	0	a	0	
0	0	$[2-2a^2]$	0	$:(2-2a^2)$
0	1	$2a$	0	
1	0	a	0	$+$
0	0	$[1]$	0	$\cdot(-a)$ $\cdot(-2a)$
0	1	$2a$	0	$+$
1	0	0	0	
0	0	1	0	
0	1	0	0	

Lösung: $x_1 = x_2 = x_3 = 0$. Probe: trivial

(ii) Sonderfall: $2 - 2a^2 = 0$. Nebenrechnung: $2 - 2a^2 = 2\cdot(1 - a^2) = 0$, also $1 - a^2 = 0$, das heißt $a = \pm 1$

1	0	a	0	
0	0	0	0	XXX
0	1	$2a$	0	
1	0	a	0	
0	1	$2a$	0	

Lösung: $x_1 = -ac$; $x_2 = -2ac$; $x_3 = c$ beliebig

Bemerkung zu (ii): Lösung für $a = 1$: $x_1 = -c$; $x_2 = -2c$; $x_3 = c$ beliebig; Lösung für $a = -1$: $x_1 = c$; $x_2 = 2c$; $x_3 = c$ beliebig

L27:

x_1	x_2	x_3		
$a-2$	1	$-a$	0	
0	$[-1]$	2	0	$:(-1)$
0	0	a^2	1	
$a-2$	1	$-a$	0	$+$
0	$[1]$	-2	0	$\cdot(-1)$
0	0	a^2	1	
$a-2$	0	$2-a$	0	
0	1	-2	0	
0	0	a^2	1	

(i) Voraussetzung: $a \neq 0$ (damit $a^2 \neq 0$)

$a-2$	0	$2-a$	0			
0	1	-2	0			
0	0	$[a^2]$	1	$:a^2$		
$a-2$	0	$2-a$	0		$+$	
0	1	-2	0	$+$		
0	0	$[1]$	a^{-2}	$\cdot 2$	$\cdot(a-2)$	
$a-2$	0	0	$(a-2)\cdot a^{-2}$			
0	1	0	$2a^{-2}$			
0	0	1	a^{-2}			

Weitere Voraussetzung: $a \neq 2$ (damit $a - 2 \neq 0$)

$[a-2]$	0	0	$(a-2)\cdot a^{-2}$	$:(a-2)$
0	1	0	$2a^{-2}$	
0	0	1	a^{-2}	
1	0	0	a^{-2}	
0	1	0	$2a^{-2}$	
0	0	1	a^{-2}	

Lösung: $x_1 = \dfrac{1}{a^2}$; $x_2 = \dfrac{2}{a^2}$; $x_3 = \dfrac{1}{a^2}$

Probe: $(a-2)\cdot \dfrac{1}{a^2} + \dfrac{2}{a^2} + a\cdot \dfrac{1}{a^2} = 0; -2\cdot \dfrac{1}{a^2} + \dfrac{2}{a^2} = 0; a^2\cdot \dfrac{1}{a^2} = 1$

(ii) Erster Sonderfall: $a = 0$

-2	0	2	0
0	1	-2	0
0	0	0	1

Die letzte Zeile zeigt einen Widerspruch an. Das Gleichungssystem hat also keine Lösung.

(iii) Zweiter Sonderfall: $a = 2$

0	0	0	0	XXX
0	1	0	1/2	
0	0	1	1/4	
0	1	0	1/2	
0	0	1	1/4	

Lösung: $x_1 = c$ beliebig; $x_2 = \dfrac{1}{2}$; $x_3 = \dfrac{1}{4}$

L28:

x_1	x_2		
[1]	b^2	0	$\cdot(-b)$
b	a^3	0	$+$
1	b^2	0	
0	a^3-b^3	0	

(i) Voraussetzung: $a^3-b^3 \neq 0$, also $a \neq b$

1	b^2	0	
0	$[a^3-b^3]$	0	$:(a^3-b^3)$
1	b^2	0	$+$
0	$[1]$	0	$\cdot(-b^2)$
1	0	0	
0	1	0	

Lösung: $x_1 = x_2 = 0$. Probe: trivial

(ii) Sonderfall: $a = b$

1	b^2	0	
0	0	0	XXX
1	b^2	0	

Lösung: $x_1 = -b^2c$; $x_2 = c$ beliebig. Probe: $-b^2c + b^2c = 0$; $b\cdot(-b^2c) + b^3c = 0$

L29:

x_1	x_2		
$[a_{11}]$	a_{12}	b_1	$:a_{11}$
a_{21}	a_{22}	b_2	
$[1]$	$\dfrac{a_{12}}{a_{11}}$	$\dfrac{b_1}{a_{11}}$	$\cdot(-a_{21})$
a_{21}	a_{22}	b_2	$+$

1	$\dfrac{a_{12}}{a_{11}}$	$\dfrac{b_1}{a_{11}}$
0	$\dfrac{a_{11}a_{22} - a_{12}a_{21}}{a_{11}}$	$\dfrac{a_{11}b_2 - b_1a_{21}}{a_{11}}$

(i) Voraussetzung: $a_{11}a_{22} - a_{12}a_{21} \neq 0$

1	$\dfrac{a_{12}}{a_{11}}$	$\dfrac{b_1}{a_{11}}$	
0	$\left[\dfrac{a_{11}a_{22} - a_{12}a_{21}}{a_{11}}\right]$	$\dfrac{a_{11}b_2 - b_1a_{21}}{a_{11}}$	$: \dfrac{a_{11}a_{22} - a_{12}a_{21}}{a_{11}}$
1	$\dfrac{a_{12}}{a_{11}}$	$\dfrac{b_1}{a_{11}}$	$+$
0	$[1]$	$\dfrac{a_{11}b_2 - b_1a_{21}}{a_{11}a_{22} - a_{12}a_{21}}$	$\cdot \dfrac{-a_{12}}{a_{11}}$
1	0	$\dfrac{a_{22}b_1 - b_2a_{12}}{a_{11}a_{22} - a_{12}a_{21}}$	
0	1	$\dfrac{a_{11}b_2 - b_1a_{21}}{a_{11}a_{22} - a_{12}a_{21}}$	

Lösung: $x_1 = \dfrac{a_{22}b_1 - b_2a_{12}}{a_{11}a_{22} - a_{12}a_{21}}$; $x_2 = \dfrac{a_{11}b_2 - b_1a_{21}}{a_{11}a_{22} - a_{12}a_{21}}$

(ii) Sonderfall: $a_{11}a_{22} - a_{12}a_{21} = 0$

1	$\dfrac{a_{12}}{a_{11}}$	$\dfrac{b_1}{a_{11}}$
0	0	$\dfrac{a_{11}b_2 - b_1a_{21}}{a_{11}}$

(ii1) Voraussetzung: $a_{11}b_2 - b_1a_{21} \neq 0$

Die letzte Zeile zeigt einen Widerspruch an. Das Gleichungssystem hat also keine Lösung.

(ii2) Sonderfall: $a_{11}b_2 - b_1a_{21} = 0$

1	$\dfrac{a_{12}}{a_{11}}$	$\dfrac{b_1}{a_{11}}$	
0	0	0	XXX

1	$\dfrac{a_{12}}{a_{11}}$	$\dfrac{b_1}{a_{11}}$

Lösung: $x_1 = \dfrac{b_1}{a_{11}} - \dfrac{a_{12}}{a_{11}} \cdot c$; $x_2 = c$ beliebig

Bemerkung: Das Gleichungssystem kann abhängig von den Parametern genau eine Lösung, keine oder unendlich viele Lösungen haben.

L30:

x_1	x_2			
[1]	$-a$	1	$\cdot(-b)$	+
b	a	0	+	
-1	$2a$	-1		+
1	$-a$	1		
0	$a \cdot (b+1)$	$-b$		
0	a	0		

(i) Voraussetzung: $a \neq 0$

1	$-a$	1		
0	$a \cdot (b+1)$	$-b$		
0	$[a]$	0	$:a$	
1	$-a$	1	+	
0	$a \cdot (b+1)$	$-b$		+
0	$[1]$	0	$\cdot a$	$-(a \cdot (b+1))$
1	0	1		
0	0	$-b$		
0	1	0		

(i1) Für $b \neq 0$ gibt es keine Lösung.

(i2) Für $b = 0$ gibt es genau eine Lösung: $x_1 = 1$; $x_2 = 0$

(ii) Sonderfall: $a = 0$

1	0	1	
0	0	$-b$	
0	0	0	XXX
1	0	1	
0	0	$-b$	

(ii1) Für $b \neq 0$ gibt es keine Lösung.

(ii2) Für $b = 0$ liegen unendlich viele Lösungen vor: $x_1 = 1$; $x_2 = c$ beliebig

Bemerkung: Das Gleichungssystem ist also nur für $b = 0$ lösbar.

II. Vektoren, lineare Unabhängigkeit, Vektorräume und lineare Räume

A. Definitionen, Lehrsätze und Erläuterungen

Definition: Unter einem *Vektor* versteht man eine einspaltige (einzeilige) Matrix. Die Elemente eines Vektors sind die *Koordinaten*, die Anzahl der Koordinaten ist die *Dimension* des *Vektors*. Ein Vektor, dessen Koordinaten alle gleich 0 sind, bezeichnet man als *Nullvektor*. Wir geben Vektoren durch Pfeile über kleinen lateinischen Buchstaben wieder.

Nummeriert man die Koordinaten zweier n-dimensionaler Vektoren von 1 bis n, so nennt man Koordinaten mit derselben Nummer *entsprechende Koordinaten*.

Definition: Rechnen mit Vektoren:
(a) Vektoren gleicher Dimension werden addiert, indem man entsprechende Koordinaten der Vektoren addiert.
(b) Man multipliziert einen Vektor mit einem Term c, indem man jede Koordinate des Vektors mit c multipliziert.

Da die Subtraktion aus einer Multiplikation mit (-1) und anschließender Addition zusammengesetzt werden kann, enthält die letzte Definition auch die Subtraktion von Vektoren gleicher Dimension.

Definition: Seien $\vec{a}_1$, $\vec{a}_2$, ..., $\vec{a}_n$ Vektoren gleicher Dimension und c_1, c_2, ..., c_n Parameter für reelle Zahlen. Man nennt die Summe

$$\vec{b} = c_1 \vec{a}_1 + c_2 \vec{a}_2 + ... + c_n \vec{a}_n$$

eine *Linearkombination* der Vektoren $\vec{a}_1$, $\vec{a}_2$, ..., $\vec{a}_n$. Sollte nur ein einziger Vektor gegeben sein, so spricht man auch noch von einer Linearkombination. Dieses Wort bedeutet dann nichts anderes als ein Vielfaches dieses Vektors.

Man erhält die Menge aller Linearkombinationen der Vektoren $\vec{a}_1$, $\vec{a}_2$, ..., $\vec{a}_n$, wenn man für die n Parameter jede beliebige reelle Zahl einsetzt.

Definition: Seien $\vec{a}_1$, $\vec{a}_2$, ..., $\vec{a}_n$ Vektoren gleicher Dimension. Die Menge aller Linearkombinationen dieser Vektoren nennt man einen *Vektorraum*. Wir bezeichnen Vektorräume mit großen lateinischen Buchstaben, die mit Pfeilen versehen werden.

Definition: Die Vektoren $\vec{a}_1$, $\vec{a}_2$, ..., $\vec{a}_n$ gleicher Dimension sind

(a) *linear unabhängig*, wenn das homogene Gleichungssystem

$$x_1\,\vec{a}_1 + x_2\,\vec{a}_2 + ... + x_n\,\vec{a}_n = \vec{0}$$

genau eine Lösung, also die triviale Lösung hat.

(b) *linear abhängig*, wenn das angegebene homogene Gleichungssystem unendlich viele Lösungen hat.

Lehrsatz 1:

(a) Die letzte Definition gilt auch für nur einen gegebenen Vektor: Ist dieser Vektor der Nullvektor, so ist er linear abhängig; jeder Nicht-Nullvektor als Einzelvektor ist linear unabhängig.

(b) Sind n, aber mindestens zwei linear abhängige Vektoren gegeben, so ist mindestens einer dieser Vektoren eine Linearkombination der $(n-1)$ übrigen Vektoren. Bei genau zwei linear abhängigen Vektoren ist einer ein Vielfaches des anderen.

(c) Ist die Anzahl der gegebenen Vektoren größer als ihre Dimension, sind die gegebenen Vektoren linear abhängig.

(d) Ist eine Koordinate eines Vektors gleich 1, die übrigen gleich 0, bezeichnet man diesen als *Einheitsvektor*. Es gibt n unterschiedliche n-dimensionale Einheitsvektoren. Verschiedene Einheitsvektoren derselben Dimension sind linear unabhängig.

Definition: Sei $\vec{V}$ ein Vektorraum. Eine maximale Teilmenge linear unabhängiger Vektoren aus $\vec{V}$ bezeichnet man als *Basis* von $\vec{V}$. ‚Maximal' bedeutet hier: Fügt man der Teilmenge auch nur einen weiteren Vektor aus $\vec{V}$ hinzu, entsteht eine Teilmenge linear abhängiger Vektoren. Die Anzahl der Basisvektoren eines Vektorraums $\vec{V}$ nennt man die *Dimension* von $\vec{V}$.

Definition: Sei $\vec{V}$ ein Vektorraum. Jede nichtleere Teilmenge von $\vec{V}$, die die Definition eines Vektorraums erfüllt, wird als *Unterraum* von $\vec{V}$ bezeichnet.

Lehrsatz 2: Sei $\{\vec{a}_1$, $\vec{a}_2$, ..., $\vec{a}_n\}$ eine Basis des Vektorraums $\vec{V}$ und

$$\vec{b} = c_1\,\vec{a}_1 + c_2\,\vec{a}_2 + ... + c_n\,\vec{a}_n$$

ein weiterer Vektor des Vektorraums. Wählt man nun einen Basisvektor mit einem Koeffizienten ungleich 0 aus und ersetzt diesen in der Basis durch $\vec{b}$, so ist auch diese neue Teilmenge eine Basis von $\vec{V}$. Einen solchen Vektor-Austausch nennt man eine *elementare Basistransformation*.

Geometrische Deutung von Vektorräumen:

(a) Sei $\mathbf{R}^n$ die Menge der reellen n-Tupel, also der n-dimensionale reelle Punktraum. Denkt man sich jeweils einen Pfeil gezeichnet vom Ursprung des Koordinatenkreuzes zu einem Punkt dieses Raumes, erhält man Vektoren im geometrischen Sinne. Die Menge $\mathbf{R}^n$ kann also auch als Vektorenmenge aufgefasst werden. Da sich jeder n-dimensionale Vektor als Linearkombination der n-dimensionalen Einheitsvektoren darstellen lässt, ist $\mathbf{R}^n$ ein Vektorraum, die Teilmenge der Einheitsvektoren eine Basis und somit seine Dimension n.

(b) Unterräume von $\mathbf{R}^n$ sind (in geometrischer Formulierung): Der Ursprung, jede Ursprungsgerade, jede Ursprungsebene.

Lehrsatz 3: Die Lösungsmenge eines jeden homogenen Gleichungssystems ist ein Vektorraum.

Definition: Seien $\vec{a}_1$, $\vec{a}_2$, ..., $\vec{a}_n$ Vektoren derselben Dimension, $\vec{V}$ der Vektorraum aller Linearkombinationen dieser Vektoren und $\vec{b}$ ein weiterer Vektor derselben Dimension. Aus dem Vorgegebenen kann man jetzt eine neue Vektormenge konstruieren, indem man zu $\vec{b}$ alternativ alle Vektoren aus $\vec{V}$ addiert: $\vec{b} + \vec{V}$. Eine solche Vektormenge nennt man einen *linearen Raum*. Die Dimension eines linearen Raums ist gleich der Dimension des Vektorraums $\vec{V}$. Eine Basis ist für einen linearen Raum nicht definiert.

Lehrsatz 4: Die Lösungsmenge eines jeden lösbaren linearen Gleichungssystems ist ein linearer Raum.

Lehrsatz 5: Hat ein (normiertes) inhomogenes Gleichungssystem die Lösungsmenge (den linearen Raum) $L = \vec{b} + \vec{V}$, dann ist $L = \vec{V}$ die Lösungsmenge des *zugehörigen homogenen Gleichungssystems* (das entsteht, wenn man alle Zahlen auf der rechten Seite durch Nullen ersetzt).

B. Aufgaben

1. Gegeben sind:

$$\vec{a}_1 = \begin{pmatrix} 1 \\ -2 \\ -1 \\ 0 \end{pmatrix}, \quad \vec{a}_2 = \begin{pmatrix} 2 \\ 0 \\ 3 \\ -1 \end{pmatrix}, \quad \vec{a}_3 = \begin{pmatrix} 1 \\ 2 \\ 4 \\ -1 \end{pmatrix}, \quad \vec{a}_4 = \begin{pmatrix} 4 \\ -4 \\ 1 \\ -1 \end{pmatrix}$$

Ist jeder dieser Vektoren eine Linearkombination der jeweils übrigen drei?

2. Sind die jeweils gegebenen Vektoren linear unabhängig?

(a) $\begin{pmatrix} 1 \\ 3 \\ 1 \end{pmatrix} \begin{pmatrix} -1 \\ 1 \\ 3 \end{pmatrix} \begin{pmatrix} -5 \\ -7 \\ 3 \end{pmatrix}$
(b) $\begin{pmatrix} 2 \\ 1 \\ -3 \end{pmatrix} \begin{pmatrix} 3 \\ -5 \\ 1 \end{pmatrix} \begin{pmatrix} 4 \\ 2 \\ -6 \end{pmatrix}$
(c) $\begin{pmatrix} 0 \\ 0 \\ 0 \\ 0 \end{pmatrix}$

(d) $\begin{pmatrix} 1 \\ 0 \\ 1 \end{pmatrix} \begin{pmatrix} 2 \\ -1 \\ 0 \end{pmatrix} \begin{pmatrix} 1 \\ 1 \\ -1 \end{pmatrix} \begin{pmatrix} 4 \\ 1 \\ 1 \end{pmatrix}$
(e) $\begin{pmatrix} 1 \\ 0 \\ 0 \end{pmatrix} \begin{pmatrix} 1 \\ 1 \\ 0 \end{pmatrix} \begin{pmatrix} 1 \\ -2 \\ 0 \end{pmatrix}$

(f) $\begin{pmatrix} 1 \\ 2 \\ 0 \\ -3 \end{pmatrix} \begin{pmatrix} 3 \\ 5 \\ 4 \\ 1 \end{pmatrix} \begin{pmatrix} -1 \\ -1 \\ -3 \\ -5 \end{pmatrix} \begin{pmatrix} 4 \\ 3 \\ 1 \\ -2 \end{pmatrix}$
(g) $\begin{pmatrix} 1 \\ 0 \\ 0 \end{pmatrix} \begin{pmatrix} 0 \\ 1 \\ 0 \end{pmatrix} \begin{pmatrix} 0 \\ 0 \\ 1 \end{pmatrix}$

(h) $\begin{pmatrix} 1 \\ -2 \\ 0 \\ 4 \\ 1 \end{pmatrix} \begin{pmatrix} 3 \\ 1 \\ 0 \\ 0 \\ 0 \end{pmatrix} \begin{pmatrix} 4 \\ 1 \\ -1 \\ 2 \\ -1 \end{pmatrix}$
(i) $\begin{pmatrix} 6 \\ -12 \\ 6 \\ 3 \\ 9 \\ -9 \end{pmatrix} \begin{pmatrix} -2 \\ 4 \\ -2 \\ -1 \\ -3 \\ 3 \end{pmatrix}$
(j) $\begin{pmatrix} 1 \\ 2 \\ 3 \end{pmatrix} \begin{pmatrix} 0 \\ 0 \\ 0 \end{pmatrix}$
(k) $\begin{pmatrix} -1 \\ 2 \\ 3 \end{pmatrix}$

3. Man zeige, dass jeder vierdimensionale Vektor eine Linearkombination der vier vierdimensionalen Einheitsvektoren ist.

4. Das folgende Gleichungssystem ist als Linearkombination zu schreiben:

$$\begin{aligned}
2x_1 &\; -3x_2 &\; +10x_3 &\; = 4 \\
-x_1 &\; +8x_2 &\; -3x_3 &\; = 1 \\
9x_1 &\; -x_2 &\; -11x_3 &\; = 0
\end{aligned}$$

5. Es seien a und b Parameter für reelle Zahlen. Für welche Zahlen, eingesetzt für a und b, sind die jeweils gegebenen Vektoren linear unabhängig beziehungsweise linear abhängig?

(a) $\begin{pmatrix} 1 \\ -1 \\ 1 \end{pmatrix} \begin{pmatrix} 1 \\ 1 \\ -1 \end{pmatrix} \begin{pmatrix} -1 \\ 1 \\ a \end{pmatrix}$
(b) $\begin{pmatrix} a \\ 0 \\ 5 \end{pmatrix} \begin{pmatrix} 1 \\ 0 \\ 1 \end{pmatrix} \begin{pmatrix} 0 \\ 1 \\ a \end{pmatrix}$
(c) $\begin{pmatrix} 1 \\ 0 \\ 0 \\ a \end{pmatrix} \begin{pmatrix} 0 \\ 1 \\ a^2 \\ 1 \end{pmatrix} \begin{pmatrix} 1 \\ 0 \\ a \\ a \end{pmatrix}$

(d) $\begin{pmatrix} (a+b)^2 \\ 1 \\ (a-b)^2 \\ 0 \end{pmatrix} \begin{pmatrix} 1 \\ a^2+b^2 \\ 0 \\ 1 \end{pmatrix}$
(e) $\begin{pmatrix} a^2 \\ 1 \\ 2 \end{pmatrix} \begin{pmatrix} -1 \\ 1 \\ 1 \end{pmatrix} \begin{pmatrix} 0 \\ 1 \\ 0 \end{pmatrix} \begin{pmatrix} 3 \\ a \\ b \end{pmatrix} \begin{pmatrix} 2 \\ b \\ 1 \end{pmatrix}$

6. Man gebe eine maximale Teilmenge linear unabhängiger Vektoren unter den jeweils gegebenen Vektoren an.

(a) $\begin{pmatrix} 1 \\ 2 \\ -1 \end{pmatrix} \begin{pmatrix} -1 \\ 0 \\ 1 \end{pmatrix} \begin{pmatrix} 2 \\ 0 \\ -1 \end{pmatrix}$
(b) $\begin{pmatrix} 1 \\ 0 \\ 1 \\ 2 \end{pmatrix} \begin{pmatrix} 3 \\ 4 \\ 1 \\ 0 \end{pmatrix} \begin{pmatrix} 4 \\ 8 \\ 0 \\ -4 \end{pmatrix} \begin{pmatrix} 1 \\ 4 \\ -1 \\ -4 \end{pmatrix}$
(c) $\begin{pmatrix} 2 \\ 2 \\ -1 \\ 0 \\ 0 \end{pmatrix} \begin{pmatrix} 0 \\ 1 \\ 4 \\ 1 \\ -1 \end{pmatrix} \begin{pmatrix} 2 \\ 0 \\ 1 \\ 0 \\ 1 \end{pmatrix} \begin{pmatrix} 0 \\ 3 \\ 2 \\ 1 \\ -2 \end{pmatrix}$

7. Man bilde den Vektorraum aller Linearkombinationen der jeweils gegebenen Vektoren und bestimme die Dimension und eine Basis dieser Vektorräume.

(a) $\begin{pmatrix} 2 \\ 6 \\ 1 \end{pmatrix} \begin{pmatrix} 3 \\ 0 \\ -1 \end{pmatrix} \begin{pmatrix} 5 \\ -10 \\ -5 \end{pmatrix} \begin{pmatrix} 0 \\ 2 \\ -1 \end{pmatrix}$
(b) $\begin{pmatrix} 3 \\ 0 \\ 1 \\ 0 \end{pmatrix} \begin{pmatrix} 4 \\ 1 \\ 1 \\ 1 \end{pmatrix} \begin{pmatrix} 2 \\ 0 \\ 0 \\ -1 \end{pmatrix}$
(c) $\begin{pmatrix} 2 \\ 7 \\ -1 \\ 0 \end{pmatrix} \begin{pmatrix} 9 \\ -1 \\ -1 \\ 1 \end{pmatrix} \begin{pmatrix} 7 \\ -8 \\ 0 \\ 1 \end{pmatrix} \begin{pmatrix} 11 \\ 6 \\ -2 \\ 1 \end{pmatrix} \begin{pmatrix} 4 \\ 2 \\ 1 \\ 2 \end{pmatrix}$

8. Für welche Werte von a ist $\begin{pmatrix} 12 \\ a \\ 15 \end{pmatrix}$ eine Linearkombination von $\begin{pmatrix} 3 \\ 5 \\ 2 \end{pmatrix} \begin{pmatrix} 2 \\ 0 \\ 3 \end{pmatrix} \begin{pmatrix} 1 \\ -1 \\ 2 \end{pmatrix}$?

9. Die Vektoren $\begin{pmatrix} 3 \\ 3 \\ -1 \end{pmatrix}$ $\begin{pmatrix} -2 \\ 9 \\ 1 \end{pmatrix}$ bilden eine Basis eines Vektorraums. Ist der Vektor $\begin{pmatrix} 1 \\ -1 \\ 1 \end{pmatrix}$ ein

Element dieses Vektorraums?

10. Gegeben:

$$
\begin{array}{rrrl}
x_1 & +2x_2 & -x_3 & = 0 \\
3x_1 & +ax_2 & +x_3 & = 0 \\
(a+1)x_1 & -x_2 & +x_3 & = 0
\end{array}
$$

Für welche Werte von a hat das Gleichungssystem unendlich viele Lösungen? Man gebe für diese Fälle je den Lösungsraum einschließlich Basis und Dimension an.

11. Gegeben:

$$
\begin{array}{rrrrl}
x_1 & -2x_2 & +3x_3 & +4 & = 0 \\
2x_1 & +x_2 & +x_3 & -2 & = 0 \\
x_1 & +ax_2 & +2x_3 & +b & = 0
\end{array}
$$

Für welche Werte von a und b hat das Gleichungssystem unendlich viele Lösungen. Man gebe für diese Fälle je den Lösungsraum einschließlich Basis und Dimension an.

12. Die Mengen $\{ \vec{a}_1, \vec{a}_2 \}$ und $\{ \vec{b}_1, \vec{b}_2, \vec{b}_3 \}$ sind Vektormengen, aus denen Vektorräume $\vec{V}_1$ und $\vec{V}_2$ als Mengen aller Linearkombinationen der Elemente je einer Menge gebildet werden. Gilt $\vec{V}_1 = \vec{V}_2$?

(a) $\vec{a}_1 = \begin{pmatrix} 1 \\ -1 \\ 2 \end{pmatrix}$; $\vec{a}_2 = \begin{pmatrix} 0 \\ 1 \\ 3 \end{pmatrix}$; $\vec{b}_1 = \begin{pmatrix} 3 \\ -2 \\ 9 \end{pmatrix}$; $\vec{b}_2 = \begin{pmatrix} 1 \\ -5 \\ -10 \end{pmatrix}$; $\vec{b}_3 = \begin{pmatrix} 1 \\ 1 \\ 1 \end{pmatrix}$

(b) $\vec{a}_1 = \begin{pmatrix} 2 \\ -2 \\ -1 \end{pmatrix}$; $\vec{a}_2 = \begin{pmatrix} -1 \\ 1 \\ 1 \end{pmatrix}$; $\vec{b}_1 = \begin{pmatrix} 7 \\ -7 \\ -3 \end{pmatrix}$; $\vec{b}_2 = \begin{pmatrix} -3 \\ 3 \\ 4 \end{pmatrix}$; $\vec{b}_3 = \begin{pmatrix} 1 \\ -1 \\ 1 \end{pmatrix}$

13. Man betrachte nochmals die Aufgaben 10, 14, 19 und 20 in Kapitel II.I. Zu jeder Aufgabe ist der Lösungsraum durch eine Basis und die Dimension zu charakterisieren.

14. Die Aufgaben 3, 8 und 18 in Kapitel II.I sind inhomogene lineare Gleichungssysteme. Die Lösungsmengen sind als lineare Räume zu schreiben.

15. Gegeben:
$$
\begin{array}{rrrrrl}
2x_1 & +x_2 & +x_3 & +x_4 & & = 0 \\
-x_1 & +2x_2 & -3x_3 & & +x_5 & = 0
\end{array}
$$
Man gebe zwei verschiedene Basen des Lösungsraumes an.

C. Lösungen

L1: Wir beantworten zunächst die Frage, ob $\vec{a}_1$ eine Linearkombination von $\vec{a}_2$, $\vec{a}_3$ und $\vec{a}_4$ ist. Ansatz: $\vec{a}_2 x_1 + \vec{a}_3 x_2 + \vec{a}_4 x_3 = \vec{a}_1$

x_1	x_2	x_3				
2	[1]	4	1	·(−2)	·(−4)	+
0	2	−4	−2	+		
3	4	1	−1		+	
−1	−1	−1	0			+
2	1	4	1	+		
−4	0	−12	−4		+	
−5	0	−15	−5			+
[1]	0	3	1	·(−2)	·4	·5
0	1	−2	−1			
0	0	0	0	XXX		
0	0	0	0	XXX		
1	0	3	1			
0	1	−2	−1			
1	0	3	1			

Daher $x_1 = 1 - 3c$; $x_2 = -1 + 2c$; $x_3 = c$. Aus $c = 1$ folgt $x_1 = -2$; $x_2 = 1 = x_3$.

Also $\vec{a}_1 = -2\,\vec{a}_2 + \vec{a}_3 + \vec{a}_4$ und damit $\vec{a}_2 = \dfrac{1}{2}(-\vec{a}_1 + \vec{a}_3 + \vec{a}_4)$; $\vec{a}_3 = \vec{a}_1 + 2\,\vec{a}_2 - \vec{a}_4$;

$\vec{a}_4 = \vec{a}_1 + 2\,\vec{a}_2 - \vec{a}_3$

L2: Die gegebenen Vektoren werden mit $\vec{a}_1$, $\vec{a}_2$, ... bezeichnet.

(a) Ansatz: $\vec{a}_1 x_1 + \vec{a}_2 x_2 + \vec{a}_3 x_3 = \vec{0}$ (Nullvektor)

x_1	x_2	x_3			
[1]	−1	−5	0	·(−3)	·(−1)
3	1	−7	0	+	
1	3	3	0		+
1	−1	−5	0		
0	[4]	8	0	:4	
0	4	8	0		
1	−1	−5	0	+	
0	[1]	2	0	+	·(−4)
0	4	8	0		+
1	0	−3	0		
0	1	2	0		
0	0	0	0	XXX	
1	0	−3	0		
0	1	2	0		

Die Variable x_3 ist frei, es gibt also unendlich viele Lösungen. Daher sind die gegebenen Vektoren linear abhängig.

(b) Ansatz: $\vec{a}_1 x_1 + \vec{a}_2 x_2 + \vec{a}_3 x_3 = \vec{0}$

x_1	x_2	x_3			
2	3	4	0	+	
[1]	−5	2	0	·(−2)	·3
−3	1	−6	0	+	
0	[13]	0	0	:13	
1	−5	2	0		
0	−14	0	0		
0	[1]	0	0	·5	·14
1	−5	2	0	+	
0	−14	0	0	+	
0	1	0	0		
1	0	2	0		
0	0	0	0	XXX	
0	1	0	0		
1	0	2	0		

Es gibt unendlich viele Lösungen, da die Variable x_3 frei wählbar ist. Die gegebenen Vektoren sind linear abhängig.

(c) Jeder Nullvektor für sich genommen ist linear abhängig.

(d) Ansatz: $\vec{a}_1 x_1 + \vec{a}_2 x_2 + \vec{a}_3 x_3 + \vec{a}_4 x_4 = \vec{0}$. Dieses homogene Gleichungssystem hat vier Variable, aber nur drei Gleichungen. Also gibt es unendlich viele Lösungen. Die gegebenen Vektoren sind damit linear abhängig.

(e) Ansatz: $\vec{a}_1 x_1 + \vec{a}_2 x_2 + \vec{a}_3 x_3 = \vec{0}$. In der erweiterten Koeffizientenmatrix dieses Gleichungssystems besteht die letzte Zeile nur aus Nullen; die Zeile kann gestrichen werden. Es gibt somit unendlich viele Lösungen. Also sind die gegebenen Vektoren linear abhängig.

(f) Ansatz: $\vec{a}_1 x_1 + \vec{a}_2 x_2 + \vec{a}_3 x_3 + \vec{a}_4 x_4 = \vec{0}$

x_1	x_2	x_3	x_4				
[1]	3	−1	4	0	·(−2)	·3	
2	5	−1	3	0	+		
0	4	−3	1	0			
−3	1	−5	−2	0		+	
1	3	−1	4	0	+		
0	−1	[1]	−5	0	+	·3	·8
0	4	−3	1	0	+		
0	10	−8	10	0		+	

1	2	0	−1	0	+		
0	−1	1	−5	0		+	
0	[1]	0	−14	0	·(−2)	+	·(−2)
0	2	0	−30	0		+	
1	0	0	27	0			
0	0	1	−19	0			
0	1	0	−14	0			
0	0	0	−2	0	:(−2)		
1	0	0	27	0	+		
0	0	1	−19	0		+	
0	1	0	−14	0			+
0	0	0	[1]	0	·(−27)	·19	·14
1	0	0	0	0			
0	0	1	0	0			
0	1	0	0	0			
0	0	0	1	0			

Es gibt genau eine Lösung. Die gegebenen Vektoren sind also linear unabhängig.

(g) Verschiedene Einheitsvektoren derselben Dimension sind stets linear unabhängig.

(h) Ansatz: $\vec{a}_1 x_1 + \vec{a}_2 x_2 + \vec{a}_3 x_3 = \vec{0}$

x_1	x_2	x_3					
1	3	4	0	+			
−2	[1]	1	0	·(−3)			
0	0	−1	0	:(−1)			
4	0	2	0				
1	0	−1	0				
7	0	1	0	+			
−2	1	1	0		+		
0	0	[1]	0	·(−1)	·(−1)	·(−2)	+
4	0	2	0			+	
1	0	−1	0				+
7	0	0	0	+			
−2	1	0	0		+		
0	0	1	0				
4	0	0	0			+	
[1]	0	0	0	·(−7)	·2	·(−4)	
0	0	0	0	XXX			
0	1	0	0				
0	0	1	0				
0	0	0	0	XXX			
1	0	0	0				
0	1	0	0				
0	0	1	0				
1	0	0	0				

Die letzte Matrix zeigt, dass es genau eine Lösung gibt. Also sind die gegebenen Vektoren linear unabhängig.

(i) Es gilt $\vec{a}_1 = (-3)\cdot \vec{a}_2$, also sind die beiden Vektoren linear abhängig.

(j) Ansatz: $\vec{a}_1 x_1 + \vec{0} x_2 = \vec{0}$. Man erkennt sofort, dass x_2 beliebig gewählt werden kann. Somit sind die beiden Vektoren linear abhängig.

Bemerkung: Allgemein lässt sich feststellen: Sind n Vektoren gleicher Dimension gegeben und befindet sich darunter auch der Nullvektor, so sind diese Vektoren linear abhängig.

(k) Jeder einzelne Vektor, der nicht der Nullvektor ist, ist linear unabhängig.

L3:

$$\begin{pmatrix} a \\ b \\ c \\ d \end{pmatrix} = \begin{pmatrix} 1 \\ 0 \\ 0 \\ 0 \end{pmatrix}\cdot a + \begin{pmatrix} 0 \\ 1 \\ 0 \\ 0 \end{pmatrix}\cdot b + \begin{pmatrix} 0 \\ 0 \\ 1 \\ 0 \end{pmatrix}\cdot c + \begin{pmatrix} 0 \\ 0 \\ 0 \\ 1 \end{pmatrix}\cdot d$$

L4:

$$\begin{pmatrix} 2 \\ -1 \\ 9 \end{pmatrix}\cdot x_1 + \begin{pmatrix} -3 \\ 8 \\ -1 \end{pmatrix}\cdot x_2 + \begin{pmatrix} 10 \\ -3 \\ -11 \end{pmatrix}\cdot x_3 = \begin{pmatrix} 4 \\ 1 \\ 0 \end{pmatrix}$$

L5: Vorsicht, wenn man durch Terme dividiert, die die Parameter enthalten! Für welche Werte der Parameter werden diese Terme null? Diese Werte sind zunächst auszunehmen. Schließlich müssen die Aufgabenstellungen für die ausgenommenen Zahlen gesondert gelöst werden. Die gegebenen Vektoren bezeichnen wir mit $\vec{a}_1$, $\vec{a}_2$, ...

(a) Ansatz: $\vec{a}_1 x_1 + \vec{a}_2 x_2 + \vec{a}_3 x_3 = \vec{0}$

x_1	x_2	x_3			
[1]	1	−1	0	+	·(−1)
−1	1	1	0	+	
1	−1	a	0		+
1	1	−1	0		
0	[2]	0	0	:2	
0	−2	1+a	0		
1	1	−1	0	+	
0	[1]	0	0	·(−1)	·2
0	−2	1+a	0		+

1	0	-1	0
0	1	0	0
0	0	$1+a$	0

(i) Voraussetzung: $a \neq -1$ (damit $1 + a \neq 0$)

1	0	-1	0	
0	1	0	0	
0	0	$[1+a]$	0	$:(1+a)$
1	0	-1	0	$+$
0	1	0	0	
0	0	$[1]$	0	$+$
1	0	0	0	
0	1	0	0	
0	0	1	0	

Es ergibt sich genau eine Lösung: $x_1 = x_2 = x_3 = 0$, weshalb die gegebenen Vektoren linear unabhängig sind.

(ii) Sonderfall: $a = -1$

1	0	-1	0	
0	1	0	0	
0	0	0	0	XXX
1	0	-1	0	
0	1	0	0	

Die Variable x_3 ist beliebig wählbar; es gibt also unendliche viele Lösungen. Damit sind die gegebenen Vektoren linear abhängig.

(b) Ansatz: $\vec{a}_1 x_1 + \vec{a}_2 x_2 + \vec{a}_3 x_3 = \vec{0}$

x_1	x_2	x_3		
a	1	0	0	
0	0	$[1]$	0	$\cdot(-a)$
5	1	a	0	$+$
a	$[1]$	0	0	$\cdot(-1)$
0	0	1	0	
5	1	0	0	$+$
a	1	0	0	
0	0	1	0	
$5-a$	0	0	0	

(i) Voraussetzung: $a \neq 5$ (damit $5 - a \neq 0$)

a	1	0	0	
0	0	1	0	
$[5-a]$	0	0	0	$:(5-a)$
a	1	0	0	$+$
0	0	1	0	
$[1]$	0	0	0	$\cdot(-a)$
0	1	0	0	
0	0	1	0	
1	0	0	0	

Das Gleichungssystem hat genau eine Lösung: $x_1 = x_2 = x_3 = 0$. Die Vektoren sind also linear unabhängig.

(ii) Sonderfall: $a = 5$

5	1	0	0	
0	0	1	0	
0	0	0	0	XXX
5	1	0	0	
0	0	1	0	

Die Variable x_1 ist frei verfügbar, es gibt also unendlich viele Lösungen. Daher sind die Vektoren linear abhängig.

(c) Ansatz: $\vec{a}_1 x_1 + \vec{a}_2 x_2 + \vec{a}_3 x_3 = \vec{0}$

x_1	x_2	x_3		
$[1]$	0	1	0	$\cdot(-a)$
0	1	0	0	
0	a^2	a	0	
a	1	a	0	$+$
1	0	1	0	
0	$[1]$	0	0	$\cdot(-a^2)$ $\cdot(-1)$
0	a^2	a	0	$+$
0	1	0	0	$+$
1	0	1	0	
0	1	0	0	
0	0	a	0	
0	0	0	0	XXX
1	0	1	0	
0	1	0	0	
0	0	a	0	

(i) Voraussetzung: $a \neq 0$

1	0	1	0	
0	1	0	0	
0	0	[a]	0	:a
1	0	1	0	+
0	1	0	0	
0	0	[1]	0	·(−1)
1	0	0	0	
0	1	0	0	
0	0	1	0	

Es gibt genau eine Lösung: $x_1 = x_2 = x_3 = 0$. Also sind die Vektoren linear unabhängig.

(ii) Sonderfall: $a = 0$

1	0	1	0	
0	1	0	0	
0	0	0	0	XXX
1	0	1	0	
0	1	0	0	

Die Variable x_3 ist beliebig wählbar. Die Vektoren sind daher linear abhängig.

(d) Zwei Vektoren sind linear abhängig, wenn der eine ein Vielfaches des anderen ist. Betrachten wir die vierten Koordinaten beider Vektoren: Jedes beliebige Vielfache von 0 ist wieder 0 und niemals 1. Die beiden Vektoren sind daher für alle a und b linear unabhängig.

(e) Ansatz: $\vec{a}_1 x_1 + \vec{a}_2 x_2 + \vec{a}_3 x_3 + \vec{a}_4 x_4 + \vec{a}_5 x_5 = \vec{0}$. Dieses homogene Gleichungssystem hat fünf Variable und drei Gleichungen. Für alle a und b gibt es somit unendliche viele Lösungen. Also sind die gegebenen Vektoren stets linear abhängig.

L6: Wir benutzen jeweils die folgende Frage als Ansatz: Sind alle Vektoren linear unabhängig?

(a) Ansatz: $\vec{a}_1 x_1 + \vec{a}_2 x_2 + \vec{a}_3 x_3 = \vec{0}$

x_1	x_2	x_3			
[1]	−1	2	0	·(−2)	+
2	0	0	0	+	
−1	1	−1	0		+
1	−1	2	0	+	
0	2	−4	0		+
0	0	[1]	0	·(−2)	·4
1	−1	0	0		
0	[2]	0	0	:2	
0	0	1	0		

1	−1	0	0	+
0	[1]	0	0	+
0	0	1	0	
1	0	0	0	
0	1	0	0	
0	0	1	0	

Es gibt genau eine Lösung: $x_1 = x_2 = x_3 = 0$. Alle drei Vektoren bilden die maximale Teilmenge linear unabhängiger Vektoren.

(b) Ansatz: $\vec{a}_1 x_1 + \vec{a}_2 x_2 + \vec{a}_3 x_3 + \vec{a}_4 x_4 = \vec{0}$

x_1	x_2	x_3	x_4				
[1]	3	4	1	0	·(−1)	·(−2)	
0	4	8	4	0			:4
1	1	0	−1	0	+		
2	0	−4	−4	0		+	
1	3	4	1	0	+		
0	[1]	2	1	0	·(−3)	·2	·6
0	−2	−4	−2	0	+		
0	−6	−12	−6	0		+	
1	0	−2	−2	0			
0	1	2	1	0			
0	0	0	0	0	XXX		
0	0	0	0	0	XXX		
1	0	−2	−2	0			
0	1	2	1	0			

Die Variablen x_3 und x_4 sind frei verfügbar, womit es unendlich viele Lösungen gibt. Die gegebenen Vektoren sind also linear abhängig. Würde man aus dem Ansatz die Summanden mit x_3 und x_4 herausnehmen, bliebe ein Gleichungssystem mit nur zwei Variablen und genau einer Lösung: $x_1 = x_2 = 0$. Die Menge $\{\vec{a}_1, \vec{a}_2\}$ ist damit eine maximale Teilmenge linear unabhängiger Vektoren in der Menge der gegebenen Vektoren.

Bemerkung: Wir sagen „eine" maximale Teilmenge, da auch eine andere Auswahl möglich gewesen wäre, wenn man die Kästcheneinsen anders gewählt hätte. So ist $\{\vec{a}_3, \vec{a}_4\}$ ebenfalls eine maximale Teilmenge linear unabhängiger Vektoren.

(c) Ansatz: $\vec{a}_1 x_1 + \vec{a}_2 x_2 + \vec{a}_3 x_3 + \vec{a}_4 x_4 = \vec{0}$

x_1	x_2	x_3	x_4			
2	0	2	0	0	+	
2	1	0	3	0		
−1	4	[1]	2	0	·(−2)	·(−1)
0	1	0	1	0		
0	−1	1	−2	0		+

4	−8	0	−4	0	+			
2	1	0	3	0		+		
−1	4	1	2	0			+	
0	1	0	1	0				
[1]	−5	0	−4	0	·(−4)	·(−2)	+	
0	12	0	12	0	+			
0	11	0	11	0		+		
0	−1	1	−2	0			+	
0	[1]	0	1	0	·(−12)	·(−11)	+	·5
1	−5	0	−4	0			+	
0	0	0	0	0	XXX			
0	0	0	0	0	XXX			
0	0	1	−1	0				
0	1	0	1	0				
1	0	0	1	0				
0	0	1	−1	0				
0	1	0	1	0				
1	0	0	1	0				

Die Variable x_4 ist frei wählbar. Also sind die gegebenen Vektoren linear abhängig. Die Menge $\{\vec{a}_1, \vec{a}_2, \vec{a}_3\}$ ist eine maximale Teilmenge linear unabhängiger Vektoren.

L7: Eine Basis des Vektorraums muss unter den gegebene Vektoren zu finden sein, da alle weiteren Vektoren von $\vec{V}$ Linearkombinationen von den gegebenen und damit von ihnen linear abhängig sind. Wir verfahren daher so wie unter L6.

(a) Ansatz: $\vec{a}_1 x_1 + \vec{a}_2 x_2 + \vec{a}_3 x_3 + \vec{a}_4 x_4 = \vec{0}$

x_1	x_2	x_3	x_4				
2	3	5	0	0	+		
6	0	−10	2	0		+	
[1]	−1	−5	−1	0	·(−2)	·(−6)	
0	5	15	2	0			
0	[6]	20	8	0	:6		
1	−1	−5	−1	0			
0	5	15	2	0	+		
0	[1]	10/3	4/3	0	·(−5)	+	
1	−1	−5	−1	0		+	
0	0	[−5/3]	−14/3	0	:(−5/3)		
0	1	10/3	4/3	0			
1	0	−5/3	1/3	0			
0	0	[1]	14/5	0	·(−10/3)	·5/3	
0	1	10/3	4/3	0	+		
1	0	−5/3	1/3	0		+	

0	0	1	14/5	0
0	1	0	−8	0
1	0	0	5	0

Eine maximale Teilmenge linear unabhängiger Vektoren ist $\{\vec{a}_1, \vec{a}_2, \vec{a}_3\}$. Die Dimension des Vektorraums ist 3.

(b) Ansatz: $\vec{a}_1 x_1 + \vec{a}_2 x_2 + \vec{a}_3 x_3 = \vec{0}$

x_1	x_2	x_3				
3	4	2	0	+		
0	1	0	0			
[1]	1	0	0	·(−3)		
0	1	−1	0			
0	[1]	2	0	·(−1)	·(−1)	·(−1)
0	1	0	0	+		
1	1	0	0		+	
0	1	−1	0			+
0	1	2	0			
0	0	[−2]	0	:(−2)		
1	0	−2	0			
0	0	−3	0			
0	1	2	0	+		
0	0	[1]	0	·(−2)	·2	·3
1	0	−2	0		+	
0	0	−3	0			+
0	1	0	0			
0	0	1	0			
1	0	0	0			
0	0	0	0	XXX		
0	1	0	0			
0	0	1	0			
1	0	0	0			

Alle Vektoren sind linear unabhängig. Sie sind damit eine Basis von $\vec{V}$. Insbesondere ist die Dimension 3.

(c) Ansatz: $\vec{a}_1 x_1 + \vec{a}_2 x_2 + \vec{a}_3 x_3 + \vec{a}_4 x_4 + \vec{a}_5 x_5 = \vec{0}$

x_1	x_2	x_3	x_4	x_5			
2	9	7	11	4	0	+	
7	−1	−8	6	2	0		+
−1	−1	0	−2	1	0		
0	1	[1]	1	2	0	·(−7)	·8

2	2	0	4	−10	0	
7	7	0	14	18	0	
[−1]	−1	0	−2	1	0	:(−1)
0	1	1	1	2	0	
2	2	0	4	−10	0	+
7	7	0	14	18	0	+
[1]	1	0	2	−1	0	·(−2) ·(−7)
0	1	1	1	2	0	
0	0	0	0	[−8]	0	:(−8)
0	0	0	0	25	0	
1	1	0	2	−1	0	
0	1	1	1	2	0	
0	0	0	0	[1]	0	·(−25) + ·(−2)
0	0	0	0	25	0	+
1	1	0	2	−1	0	+
0	1	1	1	2	0	+
0	0	0	0	1	0	
0	0	0	0	0	0	XXX
1	1	0	2	0	0	
0	1	1	1	0	0	
0	0	0	0	1	0	
1	1	0	2	0	0	
0	1	1	1	0	0	

Wie man der letzten Matrix ansieht, sind x_2 und x_4 frei wählbar. Als Basis von $\vec{V}$ kann die Teilmenge $\{\vec{a}_1, \vec{a}_3, \vec{a}_5\}$ betrachtet werden. Der Vektorraum $\vec{V}$ ist insbesondere dreidimensional.

L8: Ansatz:

$$\begin{pmatrix} 3 \\ 5 \\ 2 \end{pmatrix} x_1 + \begin{pmatrix} 2 \\ 0 \\ 3 \end{pmatrix} x_2 + \begin{pmatrix} 1 \\ -1 \\ 2 \end{pmatrix} x_3 = \begin{pmatrix} 12 \\ a \\ 15 \end{pmatrix}$$

x_1	x_2	x_3			
3	2	[1]	12	+	·(−2)
5	0	−1	a	+	
2	3	2	15		+
3	2	1	12		
8	2	0	12+a		
−4	[−1]	0	−9	:(−1)	
3	2	1	12	+	
8	2	0	12+a		+
4	[1]	0	9	·(−2)	·(−2)

-5	0	1	-6
0	0	0	$-6+a$
4	1	0	9

Die zweite Zeile der letzten Matrix lässt erkennen, dass das Gleichungssystem nur lösbar ist, wenn $a = 6$. Allein in diesem Fall liegt eine Linearkombination vor.

L9: Der gegebene Vektor ist ein Element des Vektorraums, wenn er sich als Linearkombination der beiden Basisvektoren erweist. Ansatz:

$$\begin{pmatrix} 3 \\ 3 \\ -1 \end{pmatrix} x_1 + \begin{pmatrix} -2 \\ 9 \\ 1 \end{pmatrix} x_2 = \begin{pmatrix} 1 \\ -1 \\ 1 \end{pmatrix}$$

x_1	x_2			
3	-2	1	+	
3	9	-1		+
-1	[1]	1	·2	·(-9)
[1]	0	3	·(-12)	+
12	0	-10	+	
-1	1	1		+
1	0	3		
0	0	-46		
0	1	4		

Die mittlere Zeile der letzten Matrix zeigt einen Widerspruch an. Also ist der gegebene Vektor kein Element des Vektorraums.

L10:

x_1	x_2	x_3			
1	2	[-1]	0	:(-1)	
3	a	1	0		
$a+1$	-1	1	0		
-1	-2	[1]	0	·(-1)	·(-1)
3	a	1	0	+	
$a+1$	-1	1	0		+
-1	-2	1	0	+	
4	$a+2$	0	0		+
$a+2$	[1]	0	0	·2	·(-a-2)
$2a+3$	0	1	0		
$-a^2-4a$	0	0	0		
$a+2$	1	0	0		

(i) Voraussetzung: $-a^2 - 4a = 0$. Nebenrechnung: $-a^2 - 4a = -a(a + 4)$, das heißt $a = 0$ oder $a = -4$

$2a+3$	0	1	0	
0	0	0	0	XXX
$a+2$	1	0	0	
$2a+3$	0	1	0	
$a+2$	1	0	0	

Lösungsmenge: $x_1 = c$ beliebig; $x_2 = -(a+2)c$; $x_3 = -(2a+3)c$. Vektorielle Schreibweise:

$$\begin{pmatrix} x_1 \\ x_2 \\ x_3 \end{pmatrix} = \begin{pmatrix} 1 \\ -a-2 \\ -2a-3 \end{pmatrix} \cdot c \quad \text{mit } c \text{ beliebig}$$

Die Lösungsmenge ist ein eindimensionaler Vektorraum, seine Basis besteht nur aus dem Vektor der rechten Seite.

Bemerkung: Für $a = 0$ ist der Vektor $\begin{pmatrix} 1 \\ -2 \\ -3 \end{pmatrix}$ und für $a = -4$ ist er $\begin{pmatrix} 1 \\ 2 \\ 5 \end{pmatrix}$.

(ii) Sonderfall: $a \neq 0$ und $a \neq -4$ (damit $-a^2 - 4a \neq 0$)

$2a+3$	0	1	0			
$[-a^2-4a]$	0	0	0	$:(-a^2-4a)$		
$a+2$	1	0	0			
$2a+3$	0	1	0	$+$		
$[1]$	0	0	0	$\cdot(-2a-3)$	$\cdot(-a-2)$	
$a+2$	1	0	0		$+$	
0	0	1	0			
1	0	0	0			
0	1	0	0			

Das Gleichungssystem hat genau eine Lösung.

L11: Das Gleichungssystem muss zuerst normiert werden:

$$\begin{array}{rcrcrcr} x_1 & -2x_2 & +3x_3 & = & -4 \\ 2x_1 & +x_2 & +x_3 & = & 2 \\ x_1 & +ax_2 & +2x_3 & = & -b \end{array}$$

x_1	x_2	x_3			
$[1]$	-2	3	-4	$\cdot(-2)$	$\cdot(-1)$
2	1	1	2	$+$	
1	a	2	$-b$		$+$
1	-2	3	-4		
0	5	$[-5]$	10	$:(-5)$	
0	$a+2$	-1	$4-b$		

1	−2	3	−4	+
0	−1	[1]	−2	·(−3) +
0	a+2	−1	4−b	+
1	1	0	2	
0	−1	1	−2	
0	a+1	0	2−b	

(i) Voraussetzung: $a = -1$ (damit $a + 1 = 0$)

1	1	0	2
0	−1	1	−2
0	0	0	2−b

Die letzte Zeile zeigt, dass es genau dann unendlich viele Lösungen gibt, wenn $b = 2$ ist. Dann erhält man als Lösung: $x_1 = 2 - c$; $x_2 = c$ beliebig; $x_3 = -2 + c$. Vektoriell:

$$\begin{pmatrix} x_1 \\ x_2 \\ x_3 \end{pmatrix} = \begin{pmatrix} 2 \\ 0 \\ -2 \end{pmatrix} + \begin{pmatrix} -1 \\ 1 \\ 1 \end{pmatrix} \cdot c$$

Die Lösungsmenge ist ein eindimensionaler linearer Raum, also hier eine Gerade im dreidimensionalen Raum.

(ii) Sonderfall: $a \neq -1$ (damit $a + 1 \neq 0$)

1	1	0	2	
0	−1	1	−2	
0	[a+1]	0	2−b	:(a+1)
1	1	0	2	+
0	−1	1	−2	+
0	[1]	0	$\dfrac{2-b}{a+1}$	·(−1) +
1	0	0	$2 - \dfrac{2-b}{a+1}$	
0	0	1	$-2 + \dfrac{2-b}{a+1}$	
0	1	0	$\dfrac{2-b}{a+1}$	

Das Gleichungssystem hat genau eine Lösung.

L12: Wir untersuchen zunächst die Frage, ob $\vec{V}_2$ eine Teilmenge von $\vec{V}_1$ ist, also ob die Vektoren $\vec{b}_1$, $\vec{b}_2$ und $\vec{b}_3$ Linearkombinationen von $\vec{a}_1$ und $\vec{a}_2$ sind. Ansatz:

$$\vec{a}_1 x_1 + \vec{a}_2 x_2 = \vec{b}_1$$
$$\vec{a}_1 y_1 + \vec{a}_2 y_2 = \vec{b}_2$$
$$\vec{a}_1 z_1 + \vec{a}_2 z_2 = \vec{b}_3$$

Diese drei Gleichungssysteme können auf einmal gelöst werden, da sie alle dieselbe Koeffizientenmatrix haben:

(a)

z_1 y_1 x_1	z_2 y_2 x_2					
1	0	3	1	1		
−1	[1]	−2	−5	1	·(−3)	
2	3	9	−10	1	+	
[1]	0	3	1	1	+	·(−5)
−1	1	−2	−5	1	+	
5	0	15	5	−2		+
1	0	3	1	1		
0	1	1	−4	2		
0	0	0	0	−7		

An der letzten Zeile erkennt man, dass $\vec{b}_1$ und $\vec{b}_2$ Linearkombinationen von $\vec{a}_1$ und $\vec{a}_2$ sind, nicht aber $\vec{b}_3$. Also ist V_2 keine Teilmenge von V_1 und damit gilt $V_1 \neq V_2$.

(b)

z_1 y_1 x_1	z_2 y_2 x_2					
2	−1	7	−3	1	+	
−2	[1]	−7	3	−1	+	·(−1)
−1	1	−3	4	1	+	
0	0	0	0	0	XXX	
−2	1	−7	3	−1	+	
[1]	0	4	1	2	·2	
0	1	1	5	3		
1	0	4	1	2		

Lösung: $x_1 = 4$; $x_2 = 1$: $\vec{b}_1 = 4\vec{a}_1 + \vec{a}_2$ sowie $y_1 = 1$; $y_2 = 5$: $\vec{b}_2 = \vec{a}_1 + 5\vec{a}_2$ sowie $z_1 = 2$; $z_2 = 3$: $\vec{b}_3 = 2\vec{a}_1 + 3\vec{a}_2$. Damit ist gezeigt, dass V_2 eine Teilmenge von V_1 ist. Diese drei Gleichungen lassen sich nun aber auch nach $\vec{a}_1$ und $\vec{a}_2$ auflösen:

$$\vec{a}_1 = \frac{3}{10}\vec{b}_1 - \frac{1}{10}\vec{b}_3; \qquad \vec{a}_2 = \frac{2}{7}\vec{b}_2 - \frac{1}{7}\vec{b}_3$$

Das heißt: $\vec{V}_1$ ist eine Teilmenge von $\vec{V}_2$. Daher gilt $\vec{V}_1 = \vec{V}_2$.

Bemerkung: Als Basisvektoren können $\vec{a}_1$ und $\vec{a}_2$ gewählt werden.

L13: Lösungsmenge vektoriell geschrieben (c beliebig wählbar):

Aufgabe 10: $\begin{pmatrix} x_1 \\ x_2 \\ x_3 \end{pmatrix} = \begin{pmatrix} 4/3 \\ 1 \\ -5/3 \end{pmatrix} \cdot c$ Aufgabe 14: $\begin{pmatrix} x_1 \\ x_2 \\ x_3 \\ x_4 \end{pmatrix} = \begin{pmatrix} 1 \\ 1 \\ -2 \\ -1 \end{pmatrix} \cdot c$

Aufgabe 19: $\begin{pmatrix} x_1 \\ x_2 \\ x_3 \\ x_4 \end{pmatrix} = \begin{pmatrix} 1 \\ 0 \\ -1 \\ 2 \end{pmatrix} \cdot c_1 + \begin{pmatrix} 0 \\ 1 \\ 1 \\ 0 \end{pmatrix} \cdot c_2$ Aufgabe 20: $\begin{pmatrix} x_1 \\ x_2 \\ x_3 \\ x_4 \end{pmatrix} = \begin{pmatrix} 1 \\ 0 \\ 1/2 \\ 5/4 \end{pmatrix} \cdot c_1 + \begin{pmatrix} 0 \\ 1 \\ -1/2 \\ -7/4 \end{pmatrix} \cdot c_2$

Die mit einem Parameter c verbundenen Vektoren bilden jeweils eine Basis, die Anzahl dieser Vektoren ist jeweils die Dimension des Vektorraums.

L14: Aufgabe 3: $\begin{pmatrix} x_1 \\ x_2 \\ x_3 \end{pmatrix} = \begin{pmatrix} 2 \\ 0 \\ 5 \end{pmatrix} + \begin{pmatrix} 4 \\ 1 \\ -1 \end{pmatrix} \cdot c$ Aufgabe 8: $\begin{pmatrix} x_1 \\ x_2 \\ x_3 \end{pmatrix} = \begin{pmatrix} 0 \\ -9 \\ -6 \end{pmatrix} + \begin{pmatrix} 1 \\ 5 \\ 3 \end{pmatrix} \cdot c$

Aufgabe 18: $\begin{pmatrix} x_1 \\ x_2 \\ x_3 \\ x_4 \\ x_5 \end{pmatrix} = \begin{pmatrix} 0 \\ 0 \\ 0 \\ 9 \\ 6 \end{pmatrix} + \begin{pmatrix} 1 \\ 0 \\ 0 \\ 17 \\ 12 \end{pmatrix} \cdot c_1 + \begin{pmatrix} 0 \\ 1 \\ 0 \\ -10 \\ -7 \end{pmatrix} \cdot c_2 + \begin{pmatrix} 0 \\ 0 \\ 1 \\ 21 \\ 14 \end{pmatrix} \cdot c_3$

In den beiden ersten Fällen liegen eindimensionale lineare Räume vor, der dritte Fall stellt einen dreidimensionalen linearen Raum dar.

L15:

x_1	x_2	x_3	x_4	x_5	
2	1	1	1	0	0
−1	2	−3	0	1	0

Lösung: $x_1 = c_1$ beliebig; $x_2 = c_2$ beliebig; $x_3 = c_3$ beliebig; $x_4 = -2c_1 - c_2 - c_3$; $x_5 = c_1 - 2c_2 + 3c_3$. Vektoriell geschrieben:

$$\begin{pmatrix} x_1 \\ x_2 \\ x_3 \\ x_4 \\ x_5 \end{pmatrix} = \begin{pmatrix} 1 \\ 0 \\ 0 \\ -2 \\ 1 \end{pmatrix} \cdot c_1 + \begin{pmatrix} 0 \\ 1 \\ 0 \\ -1 \\ -2 \end{pmatrix} \cdot c_2 + \begin{pmatrix} 0 \\ 0 \\ 1 \\ -1 \\ 3 \end{pmatrix} \cdot c_3 = \vec{a}_1 \cdot c_1 + \vec{a}_2 \cdot c_2 + \vec{a}_3 \cdot c_3$$

Eine Basis ist somit $\{\vec{a}_1, \vec{a}_2, \vec{a}_3\}$. Wir beginnen nun nochmals mit der erweiterten Koeffizientenmatrix:

x_1	x_2	x_3	x_4	x_5		
2	[1]	1	1	0	0	$\cdot(-2)$
-1	2	-3	0	1	0	$+$
2	1	1	1	0	0	
[-5]	0	-5	-2	1	0	$:(-5)$
2	1	1	1	0	0	$+$
[1]	0	1	2/5	$-1/5$	0	$\cdot(-2)$
0	1	-1	1/5	2/5	0	
1	0	1	2/5	$-1/5$	0	

Lösung: $x_1 = -c_1 - \dfrac{2}{5}c_2 + \dfrac{1}{5}c_3$; $x_2 = c_1 - \dfrac{1}{5}c_2 - \dfrac{2}{5}c_3$; $x_3 = c_1$ beliebig; $x_4 = c_2$ beliebig;

$x_5 = c_3$ beliebig. Vektoriell geschrieben:

$$\begin{pmatrix} x_1 \\ x_2 \\ x_3 \\ x_4 \\ x_5 \end{pmatrix} = \begin{pmatrix} -1 \\ 1 \\ 1 \\ 0 \\ 0 \end{pmatrix} \cdot c_1 + \begin{pmatrix} -2/5 \\ -1/5 \\ 0 \\ 1 \\ 0 \end{pmatrix} \cdot c_2 + \begin{pmatrix} 1/5 \\ -2/5 \\ 0 \\ 0 \\ 1 \end{pmatrix} \cdot c_3 = \vec{b}_1 \cdot c_1 + \vec{b}_2 \cdot c_2 + \vec{b}_3 \cdot c_3$$

Eine weitere Basis ist somit $\{\vec{b}_1, \vec{b}_2, \vec{b}_3\}$.

III. Lineare Abbildungen und Matrizen

A. Definitionen, Lehrsätze und Erläuterungen

Definition: Eine reelle *(m, n)-Matrix* ist ein rechteckiges Schema reeller Zahlen. Die *m* horizontalen Zahlen-Anordnungen nennt man *Zeilen*, die *n* vertikalen *Spalten* der Matrix. Als Elemente einer Matrix können auch Variablen für reelle Zahlen beziehungsweise reelle Terme auftreten. Wir bezeichnen Matrizen mit großen lateinischen Buchstaben:

$$A = \begin{pmatrix} a_{11} & \cdots & a_{1n} \\ \vdots & & \vdots \\ a_{m1} & \cdots & a_{mn} \end{pmatrix}$$

Definition: Sei $\mathbf{R}^n$ die Menge der *n*-dimensionalen Vektoren $\vec{x}$ und sei $\mathbf{R}^m$ die Menge der *m*-dimensionalen Vektoren $\vec{y}$. Beide Mengen sind Vektorräume. Die folgende eindeutige Zuordnung von $\mathbf{R}^n$ in $\mathbf{R}^m$ bezeichnet man als *normierte lineare Abbildung*:

$$\begin{aligned} y_1 &= a_{11}x_1 + \cdots + a_{1n}x_n \\ &\vdots \\ y_m &= a_{m1}x_1 + \cdots + a_{mn}x_n \end{aligned}$$

Lehrsatz 1: Jeder normierten linearen Abbildung ist die Koeffizientenmatrix

$$A = \begin{pmatrix} a_{11} & \cdots & a_{1n} \\ \vdots & & \vdots \\ a_{m1} & \cdots & a_{mn} \end{pmatrix}$$

umkehrbar eindeutig zugeordnet.

Beispiel: Die normierte lineare Abbildung

$$\begin{aligned} y_1 &= 2x_1 + 3x_2 - 5x_3 \\ y_2 &= 4x_1 - 7x_2 + 8x_3 \end{aligned}$$

hat die Koeffizientenmatrix $A = \begin{pmatrix} 2 & 3 & -5 \\ 4 & -7 & 8 \end{pmatrix}$. Umgekehrt kann man aus A die obige nor-

mierte lineare Abbildung wiederherstellen.

Es sind jetzt zwei normierte lineare Abbildungen $\vec{y}'$ und $\vec{y}''$ von $\mathbf{R}^n$ in $\mathbf{R}^m$ gegeben:

$$
\begin{aligned}
y_1' &= a_{11}x_1 + \cdots + a_{1n}x_n \\
&\vdots \qquad\qquad\qquad \text{mit der Koeffizientenmatrix } A \\
y_m' &= a_{m1}x_1 + \cdots + a_{mn}x_n
\end{aligned}
$$

und

$$
\begin{aligned}
y_1'' &= b_{11}x_1 + \cdots + b_{1n}x_n \\
&\vdots \qquad\qquad\qquad \text{mit der Koeffizientenmatrix } B \\
y_m'' &= b_{m1}x_1 + \cdots + b_{mn}x_n
\end{aligned}
$$

Definition: Als *Summenabbildung* $\vec{y}$ von $\mathbf{R}^n$ in $\mathbf{R}^m$ definieren wir $\vec{y} = \vec{y}' + \vec{y}''$ oder

$$
\begin{aligned}
y_1 &= (a_{11} + b_{11})x_1 + \cdots + (a_{1n} + b_{1n})x_n \\
&\vdots \\
y_m &= (a_{m1} + b_{m1})x_1 + \cdots + (a_{mn} + b_{mn})x_n
\end{aligned}
$$

Die Koeffizientenmatrix dieser normierten linearen Abbildung ergibt sich dann als die Summe $(A + B)$ von A und B. Die Matrizen A und B stimmen in der Anzahl ihrer Zeilen und in der ihrer Spalten überein. Je ein Element von A und eines von B bezeichnet man als *entsprechend*, wenn beide dasselbe Indexpaar enthalten. Man kann daher auch sagen: Zwei Matrizen, die in der Anzahl ihrer Zeilen beziehungsweise ihrer Spalten übereinstimmen, werden addiert, indem man die entsprechenden Elemente addiert.

Definition: Wir *multiplizieren* eine normierte lineare Abbildung $\vec{y}'$ *mit einer Zahl* (einem Parameter) c, indem wir jede Koordinate von $\vec{y}'$ mit c multiplizieren: $\vec{y} = c \cdot \vec{y}'$ oder

$$
\begin{aligned}
y_1 &= c \cdot a_{11}x_1 + \cdots + c \cdot a_{1n}x_n \\
&\vdots \\
y_m &= c \cdot a_{m1}x_1 + \cdots + c \cdot a_{mn}x_n
\end{aligned}
$$

Die zugehörige Koeffizientenmatrix bezeichnen wir mit $c \cdot A$. Eine Matrix wird mit einer Zahl (mit einem Parameter) c multipliziert, indem man jedes Element von A mit c multipliziert.

Gegeben seien nun zwei normierte lineare Abbildungen

$$
\begin{aligned}
y_1' &= a_{11}x_1 + \cdots + a_{1n}x_n \\
&\vdots \qquad\qquad\qquad \text{von } \mathbf{R}^n \text{ in } \mathbf{R}^m \\
y_m' &= a_{m1}x_1 + \cdots + a_{mn}x_n
\end{aligned}
$$

und

$$
\begin{array}{ll}
y_1 = b_{11}y_1' + \cdots + b_{1m}y_m' \\
\quad\vdots & \text{von } \mathbf{R}^m \text{ in } \mathbf{R}^k \\
y_k = b_{k1}y_1' + \cdots + b_{km}y_m'
\end{array}
$$

Die Koeffizientenmatrix der ersten linearen Abbildung sei A, die der zweiten B. Beide kann man hintereinander schalten, indem man die erste in die zweite einsetzt. Es ergibt sich dann eine normierte lineare Abbildung von $\mathbf{R}^n$ in $\mathbf{R}^k$:

$$
\begin{array}{l}
y_1 = \left(\displaystyle\sum_{j=1}^{m} b_{1j}a_{j1}\right)x_1 + \cdots + \left(\displaystyle\sum_{j=1}^{m} b_{1j}a_{jn}\right)x_n \\[2em]
\quad\vdots \\[1em]
y_k = \left(\displaystyle\sum_{j=1}^{m} b_{kj}a_{j1}\right)x_1 + \cdots + \left(\displaystyle\sum_{j=1}^{m} b_{kj}a_{jn}\right)x_n
\end{array}
$$

Definition: Die Koeffizientenmatrix zu dieser Hintereinanderschaltung von normierten linearen Abbildungen definiert man als das *Matrizenprodukt* $B \cdot A$. Die Herleitung lässt erkennen, dass die Hintereinanderschaltung nur dann möglich ist, wenn die Anzahl der Spalten von B mit der Anzahl der Zeilen von A übereinstimmt.

Lehrsatz 2: Es gelten:
(a) $A + B = B + A$ (Kommutativgesetz der Addition)
(b) $(A + B) + C = A + (B + C)$ (Assoziativgesetz der Addition)
(c) $(A \cdot B) \cdot C = A \cdot (B \cdot C)$ (Assoziativgesetz der Multiplikation)
(d) Falls $A \cdot B$ und $B \cdot A$ definiert sind, gilt im Allgemeinen $A \cdot B$ ungleich $B \cdot A$. Die Matrizenmultiplikation ist nicht kommutativ.
(e) $A \cdot (B + C) = A \cdot B + A \cdot C$ und $(B + C) \cdot A = B \cdot A + C \cdot A$ (Distributivgesetz)

Definition:
(a) Eine Matrix ist *quadratisch*, wenn die Anzahl ihrer Zeilen mit der Anzahl ihrer Spalten übereinstimmt.

(b) Die *Hauptdiagonale* einer quadratischen Matrix $\begin{pmatrix} a_{11} & \cdots & a_{1n} \\ \vdots & & \vdots \\ a_{n1} & \cdots & a_{nn} \end{pmatrix}$ besteht aus den Elementen $a_{11}, a_{22}, \ldots, a_{nn}$; die *Nebendiagonale* aus den Elementen $a_{n1}, a_{(n-1)2}, \ldots, a_{1n}$.

(c) Eine quadratische Matrix bezeichnet man als *Einheitsmatrix* E, wenn in ihrer Hauptdiagonalen lauter Einsen stehen, alle übrigen Elemente aber null sind.

Wir betrachten eine normierte lineare Abbildung von $\mathbf{R}^n$ in $\mathbf{R}^n$ mit der quadratischen Koeffizientenmatrix A:

$$y_1 = a_{11}x_1 + \cdots + a_{1n}x_n$$
$$\vdots$$
$$y_n = a_{n1}x_1 + \cdots + a_{nn}x_n$$

Definition: Lässt sich diese normierte lineare Abbildung mit genau einer Lösung nach x_1, x_2, ..., x_n auflösen zu

$$x_1 = b_{11}y_1 + \cdots + b_{1n}y_n$$
$$\vdots$$
$$x_n = b_{n1}y_1 + \cdots + b_{nn}y_n$$

so bezeichnet man diese normierte lineare Abbildung als *Umkehrabbildung* zur gegebenen linearen Abbildung und ihre Koeffizientenmatrix B als *Inverse* zu A. Man schreibt $B = A^{-1}$.

Lehrsatz 3:
(a) Ist A eine quadratische Matrix und sind ihre Spaltenvektoren linear unabhängig, so ist A^{-1} berechenbar.
(b) $A \cdot A^{-1} = A^{-1} \cdot A = E$
(c) $\left(A^{-1}\right)^{-1} = A$
(d) $(A \cdot B)^{-1} = B^{-1} \cdot A^{-1}$

Lehrsatz 4: Es sei ein lineares Gleichungssystem in der Form $A \cdot \vec{x} = \vec{b}$ gegeben mit quadratischer Koeffizientenmatrix A und genau einer Lösung. Dann ergibt sich die Lösung durch $\vec{x} = A^{-1} \cdot \vec{b}$.

Definition: Die maximale Anzahl linear unabhängiger Spaltenvektoren einer Matrix A bezeichnet man als *Rang* von A.

Lehrsatz 5: Ein lineares Gleichungssystem ist lösbar, wenn der Rang der Koeffizientenmatrix und der Rang der erweiterten Koeffizientenmatrix übereinstimmen. Sind diese Ränge verschieden, ist das gegebene Gleichungssystem nicht lösbar.

B. Aufgaben

1. Die folgenden normierten linearen Abbildungen sind hintereinander zu schalten:

(a)
$$\begin{aligned} y_1 &= 2y_1' +3y_2' -y_3' \\ y_2 &= -4y_1' +y_2' +7y_3' \end{aligned} \quad \text{und} \quad \begin{aligned} y_1' &= 4x_1 +3x_2 \\ y_2' &= -7x_1 +x_2 \\ y_3' &= 2x_1 -8x_2 \end{aligned}$$

(b)
$$\begin{aligned} y_1 &= 6y_1' +5y_2' \\ y_2 &= -8y_1' -2y_2' \end{aligned} \quad \text{und} \quad \begin{aligned} y_1' &= -x_1 +2x_2 -4x_3 \\ y_2' &= 9x_1 -x_2 +12x_3 \end{aligned}$$

2. Man kehre die folgenden normierten linearen Abbildungen um, soweit dies möglich ist:

(a)
$$\begin{aligned} y_1 &= -x_1 +3x_2 +x_3 \\ y_2 &= 2x_1 -x_2 +3x_3 \\ y_3 &= -x_1 +4x_2 +x_3 \end{aligned}$$

(b)
$$\begin{aligned} y_1 &= 3x_1 +4x_2 \\ y_2 &= -x_1 +3x_2 \\ y_3 &= 4x_1 -7x_2 \end{aligned}$$

3. Man bestimme den Rang folgender Matrizen:

(a)
$$\begin{pmatrix} 1 & 1 & 1 \\ 1 & 2 & -1 \\ 0 & 1 & -2 \end{pmatrix}$$

(b)
$$\begin{pmatrix} 1 & 2 & 1 & 4 \\ 0 & -1 & 1 & 1 \\ 1 & 0 & -1 & 1 \end{pmatrix}$$

4. Man vergleiche den Rang der Koeffizientenmatrix und den Rang der erweiterten Koeffizientenmatrix bei folgenden Aufgaben aus Kapitel II.I:

(a) Aufgabe 15   (b) Aufgabe 13   (c) Aufgabe 8   (d) Aufgabe 5

5. Gegeben sind die Matrizen:

$$A = \begin{pmatrix} -2 & 5 & 7 & -1 \\ 0 & 2 & -5 & 3 \\ 2 & 4 & -2 & -3 \\ 1 & 1 & 2 & 1 \end{pmatrix} \qquad B = \begin{pmatrix} 1 & -1 & 2 & -1 \\ -3 & 2 & -1 & 0 \\ 4 & 3 & 2 & 1 \\ -1 & -2 & -3 & 4 \end{pmatrix}$$

Man überzeuge sich, dass

(a) $A + B = B + A$

(b) $A - B = -(B - A)$

6. Gegeben ist $A = \begin{pmatrix} 6 & 12 & 15 \\ 3 & -9 & -3 \end{pmatrix}$. (a) Man multipliziere A mit der Zahl 5. (b) Man stelle aus A die Zahl 3 vor.

7. Welcher Term kann vorgestellt werden?

$$A = \begin{pmatrix} a^2b & ab^2 & ab \\ -2ab & a^3b & -a^2b^2 \\ 4a^4b & -ab^4 & a^3b^3 \end{pmatrix}$$

8. Man bilde das Matrizenprodukt $A \cdot B$:

(a) $A = \begin{pmatrix} 2 & 3 & -1 \\ 0 & 1 & 0 \\ -1 & 4 & 3 \\ 2 & 1 & -1 \end{pmatrix}$ $B = \begin{pmatrix} 1 & 2 \\ 0 & -1 \\ -1 & 0 \end{pmatrix}$

(b) $A = \begin{pmatrix} 1 & -5 & 3 \\ 2 & 1 & 4 \\ -3 & 0 & 2 \end{pmatrix}$ $B = \begin{pmatrix} 3 & 4 \\ 2 & 3 \\ 5 & 1 \end{pmatrix}$

(c) $A = \begin{pmatrix} 1 & a & a^2 \\ a & 1 & -a \\ a^2 & -a & 1 \end{pmatrix}$ $B = \begin{pmatrix} a \\ 0 \\ a \end{pmatrix}$

9. Es ist zu prüfen, ob bei den gegebenen Matrizen der Aufgabe 8 auch die Produkte $B \cdot A$ definiert sind.

10. Gegeben sind die Matrizen $A = \begin{pmatrix} 1 & -2 & 0 \\ 3 & 1 & 4 \\ 2 & 0 & -1 \end{pmatrix}$, $B = \begin{pmatrix} 8 & 1 & 0 \\ 0 & 3 & -2 \\ 1 & 1 & 1 \end{pmatrix}$ und $C = \begin{pmatrix} 1 & 1 & 1 \\ 1 & 2 & 0 \\ 0 & 0 & 1 \end{pmatrix}$.

Man prüfe die Gesetze

(a) $A \cdot (B + C) = A \cdot B + A \cdot C$

(b) $(A + B) \cdot C = A \cdot C + B \cdot C$

(c) Gilt $A \cdot B = B \cdot A$?

11. Für welche Werte von a gilt $A \cdot B = B \cdot A$ mit

$$A = \begin{pmatrix} 1 & a \\ a^2 & 0 \end{pmatrix} \quad B = \begin{pmatrix} a^2 & 0 \\ 1 & a \end{pmatrix}$$

12. Gegeben sind $A = \begin{pmatrix} 1 & 3 \\ -2 & 1 \end{pmatrix}$ und $X = \begin{pmatrix} x_{11} & x_{12} \\ x_{21} & x_{22} \end{pmatrix}$. Welche Bedingungen müssen die Elemente der Matrix X erfüllen, damit $A \cdot X = X \cdot A$ gilt?

13. (a) Seien A und B quadratische Matrizen. Welcher Bedingung müssen diese genügen, damit die Matrizengleichung $(A + B)^2 = A^2 + 2AB + B^2$ gilt?

(b) Trifft die Bedingung auf die folgenden speziellen Matrizen zu?

$$A = \begin{pmatrix} a & 1 \\ 0 & a \end{pmatrix} \quad B = \begin{pmatrix} 1 & a \\ a & 0 \end{pmatrix}$$

14. Gegeben ist die von den reellen Parametern a und b abhängige Funktion

$$z = \begin{pmatrix} x & y & 1 \end{pmatrix} \cdot \begin{pmatrix} -1 & 0 & 3 \\ 0 & a & 2 \\ 3 & 2 & b \end{pmatrix} \cdot \begin{pmatrix} x \\ y \\ 1 \end{pmatrix}$$

Gesucht ist eine Darstellung der Funktion $z = f(x, y)$ ohne Matrizen.

15. Gesucht sind die Inversen zu folgenden Matrizen:

(a) $A = \begin{pmatrix} 2 & -5 & 1 \\ 1 & 6 & -1 \\ -3 & 1 & -2 \end{pmatrix}$
(b) $B = \begin{pmatrix} 4 & -2 & 0 & 3 \\ 0 & 4 & 0 & 2 \\ -2 & 2 & 1 & -1 \\ 3 & 4 & 0 & 2 \end{pmatrix}$

(c) $C = \begin{pmatrix} 1 & x & x^2 \\ x & x^2 & 1 \\ x^2 & 1 & x \end{pmatrix}$
(d) $D = \begin{pmatrix} 1 & 0 & a \\ -1 & a^2 & 0 \\ 0 & 1 & -a \end{pmatrix}$

16. Gegeben sind die beiden Matrizen

$$A = \begin{pmatrix} 1 & 0 & 1 \\ 0 & 1 & 1 \\ -1 & 0 & 0 \end{pmatrix} \quad \text{und} \quad B = \begin{pmatrix} 2 & 1 & 0 \\ 0 & 1 & 0 \\ 2 & 0 & -1 \end{pmatrix}$$

Die Matrizengleichung $(A \cdot B)^{-1} = B^{-1} \cdot A^{-1}$ ist zu überprüfen.

17. Gesucht ist die Lösung der folgenden Gleichungssysteme mit Hilfe der Inversen zur Koeffizientenmatrix:

(a)
$$\begin{aligned} x_1 - 4x_2 + x_3 &= -1 \\ 2x_1 - x_2 &= 0 \\ -x_1 - 2x_2 + 5x_3 &= 1 \end{aligned}$$

(b)
$$\begin{aligned} x_1 + x_2 &= 3 \\ -x_1 - x_3 &= 2 \\ x_1 + 7x_2 - x_3 &= -1 \end{aligned}$$

$$
\begin{array}{rrrcl}
x_1 & +x_2 & -3x_3 & = & 0 \\
\text{(c)} \quad 2x_1 & -7x_2 & +x_3 & = & 3 \\
x_1 & -x_2 & -4x_3 & = & 0
\end{array}
$$

18. Gegeben: $A = \begin{pmatrix} 1+a & 0 & -1 \\ -1 & 0 & -1 \\ 0 & 1 & 0 \end{pmatrix}$; E sei die (3, 3)-Einheitsmatrix; $\vec{b} = \begin{pmatrix} 1 \\ 1 \\ 1 \end{pmatrix}$. Für welche

Werte von a hat das Gleichungssystem $(A - a \cdot E) \cdot \vec{x} = \vec{b}$ genau eine Lösung?

C. Lösungen

L1: (a) $\begin{pmatrix} 2 & 3 & -1 \\ -4 & 1 & 7 \end{pmatrix} \cdot \begin{pmatrix} 4 & 3 \\ -7 & 1 \\ 2 & -8 \end{pmatrix} = \begin{pmatrix} -15 & 17 \\ -9 & -67 \end{pmatrix}$; $\begin{aligned} y_1 &= -15x_1 & +17x_2 \\ y_2 &= -9x_1 & -67x_2 \end{aligned}$

(b) $\begin{pmatrix} 6 & 5 \\ -8 & -2 \end{pmatrix} \cdot \begin{pmatrix} -1 & 2 & -4 \\ 9 & -1 & 12 \end{pmatrix} = \begin{pmatrix} 39 & 7 & 36 \\ -10 & -14 & 8 \end{pmatrix}$; $\begin{aligned} y_1 &= 39x_1 & +7x_2 & +36x_3 \\ y_2 &= -10x_1 & -14x_2 & +8x_3 \end{aligned}$

L2: (a)

x_1	x_2	x_3	y_1	y_2	y_3		
−1	3	[1]	1	0	0	·(−3)	·(−1)
2	−1	3	0	1	0	+	
−1	4	1	0	0	1		+
−1	3	1	1	0	0	+	
5	−10	0	−3	1	0		+
0	[1]	0	−1	0	1	·(−3)	·10
−1	0	1	4	0	−3		
[5]	0	0	−13	1	10	:5	
0	1	0	−1	0	1		
−1	0	1	4	0	−3	+	
[1]	0	0	−13/5	1/5	2	+	
0	1	0	−1	0	1		
0	0	1	7/5	1/5	−1		
1	0	0	−13/5	1/5	2		
0	1	0	−1	0	1		
1	0	0	−13/5	1/5	2		
0	1	0	−1	0	1		
0	0	1	7/5	1/5	−1		

Rechts im Schema steht die Inverse. Damit ist die Umkehrabbildung

$$\begin{aligned}
x_1 &= \frac{-13}{5}y_1 & +\frac{1}{5}y_2 & +2y_3 \\
x_2 &= -y_1 & & +y_3 \\
x_3 &= \frac{7}{5}y_1 & +\frac{1}{5}y_2 & -y_3
\end{aligned}$$

(b) Da die Koeffizientenmatrix nicht quadratisch ist, kann es keine Umkehrabbildung geben.

L3: (a)

x_1	x_2	x_3			
[1]	1	1	0	$\cdot(-1)$	
1	2	−1	0	+	
0	1	−2	0		
1	1	1	0	+	
0	[1]	−2	0	$\cdot(-1)$	$\cdot(-1)$
0	1	−2	0		+
1	0	3	0		
0	1	−2	0		
0	0	0	0	XXX	
1	0	3	0		
0	1	−2	0		

Der Rang der Matrix ist 2.

(b)

x_1	x_2	x_3	x_4			
[1]	2	1	4	0	$\cdot(-1)$	
0	−1	1	1	0		
1	0	−1	1	0	+	
1	2	1	4	0	+	
0	−1	[1]	1	0	$\cdot(-1)$	$\cdot 2$
0	−2	−2	−3	0		+
1	3	0	3	0		
0	−1	1	1	0		
0	−4	0	[−1]	0	$:(-1)$	
1	3	0	3	0	+	
0	−1	1	1	0		+
0	4	0	[1]	0	$\cdot(-3)$	$\cdot(-1)$
1	−9	0	0	0		
0	−5	1	0	0		
0	4	0	1	0		

Der Rang der Matrix ist 3.

L4: Wir halten uns jeweils an das Schlussschema der jeweiligen Rechnung in Kapitel II.I.

(a) Koeffizientenmatrix: $\begin{pmatrix} -5 & 2 & 0 & 1 \\ -2 & 0 & 1 & 0 \end{pmatrix}$; der Rang ist 2.

Erweiterte Koeffizientenmatrix: $\begin{pmatrix} -5 & 2 & 0 & 1 & 3 \\ -2 & 0 & 1 & 0 & 1 \end{pmatrix}$; der Rang ist 2.

(b) Koeffizientenmatrix: $\begin{pmatrix} 0 & 1 & 3 & 4 \\ 0 & 0 & 0 & 0 \\ 1 & 0 & 1 & 2 \end{pmatrix}$ XXX $\rightarrow$ $\begin{pmatrix} 0 & 1 & 3 & 4 \\ 1 & 0 & 1 & 2 \end{pmatrix}$; der Rang ist 2.

Erweiterte Koeffizientenmatrix: $\begin{pmatrix} 0 & 1 & 3 & 4 & 1 \\ 0 & 0 & 0 & 0 & 3 \\ 1 & 0 & 1 & 2 & 0 \end{pmatrix} :3 \rightarrow \begin{pmatrix} 0 & 1 & 3 & 4 & 1 \\ 0 & 0 & 0 & 0 & 1 \\ 1 & 0 & 1 & 2 & 0 \end{pmatrix} \begin{matrix} + \\ \cdot(-1) \end{matrix} \rightarrow$

$\begin{pmatrix} 0 & 1 & 3 & 4 & 0 \\ 0 & 0 & 0 & 0 & 1 \\ 1 & 0 & 1 & 2 & 0 \end{pmatrix}$; der Rang ist 3.

(c) Koeffizientenmatrix: $\begin{pmatrix} -3 & 0 & 1 \\ -5 & 1 & 0 \end{pmatrix}$: der Rang ist 2.

Erweiterte Koeffizientenmatrix: $\begin{pmatrix} -3 & 0 & 1 & -6 \\ -5 & 1 & 0 & -9 \end{pmatrix}$; der Rang ist 2.

(d) Koeffizientenmatrix: $\begin{pmatrix} -28/3 & -1 & 0 & 1 \\ 17/3 & -4 & 1 & 0 \\ 0 & 0 & 0 & 0 \end{pmatrix}$ XXX $\rightarrow \begin{pmatrix} -28/3 & -1 & 0 & 1 \\ 17/3 & -4 & 1 & 0 \end{pmatrix}$; der Rang

ist 2.

Erweiterte Koeffizientenmatrix: $\begin{pmatrix} -28/3 & -1 & 0 & 1 & 19/3 \\ 17/3 & -4 & 1 & 0 & -2/3 \\ 0 & 0 & 0 & 0 & -7 \end{pmatrix} :(-7) \rightarrow$

$\begin{pmatrix} -28/3 & -1 & 0 & 1 & 19/3 \\ 17/3 & -4 & 1 & 0 & -2/3 \\ 0 & 0 & 0 & 0 & 1 \end{pmatrix}$; der Rang ist 3.

L5: Die Lösung ist trivial.

L6: (a) $5 \cdot \begin{pmatrix} 6 & 12 & 15 \\ 3 & -9 & -3 \end{pmatrix} = \begin{pmatrix} 30 & 60 & 75 \\ 15 & -45 & -15 \end{pmatrix}$ (b) $\begin{pmatrix} 6 & 12 & 15 \\ 3 & -9 & -3 \end{pmatrix} = 3 \cdot \begin{pmatrix} 2 & 4 & 5 \\ 1 & -3 & -1 \end{pmatrix}$

L7: $A = ab \cdot \begin{pmatrix} a & b & 1 \\ -2 & a^2 & -ab \\ 4a^3 & -b^3 & a^2 b^2 \end{pmatrix}$

L8: (a) $A \cdot B = \begin{pmatrix} 3 & 1 \\ 0 & -1 \\ -4 & -6 \\ 3 & 3 \end{pmatrix}$ (b) $A \cdot B = \begin{pmatrix} 8 & -8 \\ 28 & 15 \\ 1 & -10 \end{pmatrix}$ (c) $A \cdot B = \begin{pmatrix} a + a^3 \\ 0 \\ a + a^3 \end{pmatrix}$

L9: In keinem der drei Fälle ist das Produkt $B \cdot A$ definiert.

L10:

(a) $A \cdot (B + C) = \begin{pmatrix} 1 & -2 & 0 \\ 3 & 1 & 4 \\ 2 & 0 & -1 \end{pmatrix} \cdot \begin{pmatrix} 9 & 2 & 1 \\ 1 & 5 & -2 \\ 1 & 1 & 2 \end{pmatrix} = \begin{pmatrix} 7 & -8 & 5 \\ 32 & 15 & 9 \\ 17 & 3 & 0 \end{pmatrix}$; $A \cdot B = \begin{pmatrix} 8 & -5 & 4 \\ 28 & 10 & 2 \\ 15 & 1 & -1 \end{pmatrix}$;

$A \cdot C = \begin{pmatrix} -1 & -3 & 1 \\ 4 & 5 & 7 \\ 2 & 2 & 1 \end{pmatrix}$; $A \cdot B + A \cdot C = \begin{pmatrix} 7 & -8 & 5 \\ 32 & 15 & 9 \\ 17 & 3 & 0 \end{pmatrix}$. Es ist somit $A \cdot (B + C) = A \cdot B + A \cdot C$

(b) $(A + B) \cdot C = \begin{pmatrix} 9 & -1 & 0 \\ 3 & 4 & 2 \\ 3 & 1 & 0 \end{pmatrix} \cdot \begin{pmatrix} 1 & 1 & 1 \\ 1 & 2 & 0 \\ 0 & 0 & 1 \end{pmatrix} = \begin{pmatrix} 8 & 7 & 9 \\ 7 & 11 & 5 \\ 4 & 5 & 3 \end{pmatrix}$; $A \cdot C = \begin{pmatrix} -1 & -3 & 1 \\ 4 & 5 & 7 \\ 2 & 2 & 1 \end{pmatrix}$; $B \cdot C =$

$\begin{pmatrix} 9 & 10 & 8 \\ 3 & 6 & -2 \\ 2 & 3 & 2 \end{pmatrix}$; $A \cdot C + B \cdot C = \begin{pmatrix} 8 & 7 & 9 \\ 7 & 11 & 5 \\ 4 & 5 & 3 \end{pmatrix}$. Es gilt somit $(A + B) \cdot C = A \cdot C + B \cdot C$

(c) $A \cdot B = \begin{pmatrix} 8 & -5 & 4 \\ 28 & 10 & 2 \\ 15 & 1 & -1 \end{pmatrix}$; $B \cdot A = \begin{pmatrix} 11 & -15 & 4 \\ 5 & 3 & 14 \\ 6 & -1 & 3 \end{pmatrix}$. Also $A \cdot B \neq B \cdot A$

Bemerkung: Die Matrizenmultiplikation ist nicht kommutativ!

L11: $A \cdot B = \begin{pmatrix} a + a^2 & a^2 \\ a^4 & 0 \end{pmatrix}$; $B \cdot A = \begin{pmatrix} a^2 & a^3 \\ 1 + a^3 & a \end{pmatrix}$. Zwei Matrizen sind gleich, wenn sie in al-

len entsprechenden Elementen übereinstimmen: (i) $a = 0$ und (ii) Vergleich der ersten Elemente der zweiten Zeile unter Berücksichtigung von (i) ergibt $0 = 1$. Diese Gleichung ist immer falsch. Das heißt, $A \cdot B$ und $B \cdot A$ sind für alle Werte von a verschieden.

L12: $A \cdot X = \begin{pmatrix} x_{11} + 3x_{21} & x_{12} + 3x_{22} \\ -2x_{11} + x_{21} & -2x_{12} + x_{22} \end{pmatrix}$; $X \cdot A = \begin{pmatrix} x_{11} - 2x_{12} & x_{12} + 3x_{11} \\ x_{21} - 2x_{22} & 3x_{21} + x_{22} \end{pmatrix}$; Vergleich entspre-

chender Elemente:

$$x_{11} + 3x_{21} = x_{11} - 2x_{12}; \qquad -2x_{12} + x_{22} = 3x_{21} + x_{22} \qquad \rightarrow x_{12} = \frac{-3}{2} x_{21}$$

$$-2x_{11} + x_{21} = x_{21} - 2x_{22}; \qquad x_{12} + 3x_{22} = x_{12} + 3x_{11} \qquad \rightarrow x_{11} = x_{22}$$

Bemerkung: Beispielsweise folgt für $x_{22} = 7$ und $x_{21} = 4$ dann $x_{11} = 7$ und $x_{12} = -6$

L13: (a) $(A + B)\cdot(A + B) = (A + B)\cdot A + (A + B)\cdot B = A^2 + B\cdot A + A\cdot B + B^2$. Dieser Term kann nur dann gleich $A^2 + 2A\cdot B + B^2$ sein, wenn $A\cdot B = B\cdot A$.

(b) $A\cdot B = \begin{pmatrix} 2a & a^2 \\ a^2 & 0 \end{pmatrix}$; $B\cdot A = \begin{pmatrix} a & 1+a^2 \\ a^2 & a \end{pmatrix}$. Es gilt $A\cdot B = B\cdot A$, wenn alle entsprechenden Elemente beider Matrizen übereinstimmen. Vergleicht man die zweiten Elemente der ersten Zeile miteinander, so ergibt sich $a^2 = 1 + a^2$, eine Gleichung, die für alle a falsch ist. Also gilt die in der Aufgabenstellung angegebene Gleichung für kein a.

L14: Man erhält

$$z = \begin{pmatrix} -x+3 & ay+2 & 3x+2y+b \end{pmatrix}\cdot\begin{pmatrix} x \\ y \\ 1 \end{pmatrix} = (-x+3)x + (ay+2)y + (3x+2y+b)$$

Also $z = -x^2 + ay^2 + 6x + 4y + b$

L15: (a)

2	−5	[1]	1	0	0	+	·2
1	6	−1	0	1	0	+	
−3	1	−2	0	0	1		+
2	−5	1	1	0	0	+	
3	1	0	1	1	0		+
[1]	−9	0	2	0	1	·(−2)	·(−3)
0	13	1	−3	0	−2		
0	[28]	0	−5	1	−3	:28	
1	−9	0	2	0	1		
0	13	1	−3	0	−2	+	
0	[1]	0	−5/28	1/28	−3/28	·(−13)	·9
1	−9	0	2	0	1		+
0	0	1	−19/28	−13/28	−17/28		
0	1	0	−5/28	1/28	−3/28		
1	0	0	11/28	9/28	1/28		
1	0	0	11/28	9/28	1/28		
0	1	0	−5/28	1/28	−3/28		
0	0	1	−19/28	−13/28	−17/28		

In der rechten Hälfte des Schlussschemas steht die Inverse.

(b)

c1	c2	c3	c4	c5	c6	c7	c8	op1	op2	op3
[4]	−2	0	3	1	0	0	0	:4		
0	4	0	2	0	1	0	0			
−2	2	1	−1	0	0	1	0			
3	4	0	2	0	0	0	1			
[1]	−1/2	0	3/4	1/4	0	0	0	·2	·(−3)	
0	4	0	2	0	1	0	0			
−2	2	1	−1	0	0	1	0	+		
3	4	0	2	0	0	0	1		+	
1	−1/2	0	3/4	1/4	0	0	0			
0	4	0	2	0	1	0	0			
0	1	1	1/2	1/2	0	1	0			
0	11/2	0	[−1/4]	−3/4	0	0	1	:(−1/4)		
1	−1/2	0	3/4	1/4	0	0	0	+		
0	4	0	2	0	1	0	0		+	
0	1	1	1/2	1/2	0	1	0			+
0	−22	0	[1]	3	0	0	−4	·(−3/4)	·(−2)	·(−1/2)
1	16	0	0	−2	0	0	3			
0	[48]	0	0	−6	1	0	8	:48		
0	12	1	0	−1	0	1	2			
0	−22	0	1	3	0	0	−4			
1	16	0	0	−2	0	0	3	+		
0	[1]	0	0	−1/8	1/48	0	1/6	·(−16)	·(−12)	·22
0	12	1	0	−1	0	1	2		+	
0	−22	0	1	3	0	0	−4			+
1	0	0	0	0	−1/3	0	1/3			
0	1	0	0	−1/8	1/48	0	1/6			
0	0	1	0	1/2	−1/4	1	0			
0	0	0	1	1/4	11/24	0	−1/3			

In der rechten Hälfte des Schlussschemas befindet sich gesuchte Inverse.

(c)

c1	c2	c3	c4	c5	c6	op1	op2
[1]	x	x^2	1	0	0	·(−x)	·(−x²)
x	x^2	1	0	1	0	+	
x^2	1	x	0	0	1		+
1	x	x^2	1	0	0		
0	0	$1-x^3$	$-x$	1	0		
0	$1-x^3$	$x-x^4$	$-x^2$	0	1		

(i) Voraussetzung: $x \neq 1$ (das heißt $1 - x^3 \neq 0$)

c1	c2	c3	c4	c5	c6	op
1	x	x^2	1	0	0	
0	0	$[1-x^3]$	$-x$	1	0	:(1−x³)
0	$1-x^3$	$x-x^4$	$-x^2$	0	1	

1	x	x^2	1	0	0	+
0	0	[1]	$-x/(1-x^3)$	$1/(1-x^3)$	0	$\cdot(-x^2)$ $\cdot(-x+x^4)$
0	$1-x^3$	$x-x^4$	$-x^2$	0	1	+
1	x	0	$1/(1-x^3)$	$-x^2/(1-x^3)$	0	
0	0	1	$-x/(1-x^3)$	$1/(1-x^3)$	0	
0	$[1-x^3]$	0	0	$-x$	1	$:(1-x^3)$
1	x	0	$1/(1-x^3)$	$-x^2/(1-x^3)$	0	+
0	0	1	$-x/(1-x^3)$	$1/(1-x^3)$	0	
0	[1]	0	0	$-x/(1-x^3)$	$1/(1-x^3)$	$\cdot(-x)$
1	0	0	$1/(1-x^3)$	0	$-x/(1-x^3)$	
0	0	1	$-x/(1-x^3)$	$1/(1-x^3)$	0	⤸
0	1	0	0	$-x/(1-x^3)$	$1/(1-x^3)$	⤹
1	0	0	$1/(1-x^3)$	0	$-x/(1-x^3)$	
0	1	0	0	$-x/(1-x^3)$	$1/(1-x^3)$	
0	0	1	$-x/(1-x^3)$	$1/(1-x^3)$	0	

Die rechts unten stehende Matrix ist die Inverse.

(ii) Sonderfall: $x = 1$

1	1	1	1	0	0
0	0	0	-1	1	0
0	0	0	-1	0	1

Da auf der linken Seite zwei Zeilen aus lauter Nullen stehen, sind die Spaltenvektoren der Matrix linear abhängig. Also kann es keine Inverse geben.

(d)

[1]	0	a	1	0	0	+
-1	a^2	0	0	1	0	+
0	1	$-a$	0	0	1	
1	0	a	1	0	0	
0	a^2	a	1	1	0	+
0	[1]	$-a$	0	0	1	$\cdot(-a^2)$
1	0	a	1	0	0	
0	0	a^3+a	1	1	$-a^2$	
0	1	$-a$	0	0	1	

(i) Voraussetzung: $a^3 + a \neq 0$

1	0	a	1	0	0	
0	0	$[a^3+a]$	1	1	$-a^2$	$:(a^3+a)$
0	1	$-a$	0	0	1	
1	0	a	1	0	0	+
0	0	[1]	$1/(a^3+a)$	$1/(a^3+a)$	$-a^2/(a^3+a)$	$\cdot(-a)$ $\cdot a$
0	1	$-a$	0	0	1	+

1	0	0	$a^3/(a^3+a)$	$-a/(a^3+a)$	$a^3/(a^3+a)$
0	0	1	$1/(a^3+a)$	$1/(a^3+a)$	$-a^2/(a^3+a)$
0	1	0	$a/(a^3+a)$	$a/(a^3+a)$	$a/(a^3+a)$
1	0	0	$a^3/(a^3+a)$	$-a/(a^3+a)$	$a^3/(a^3+a)$
0	1	0	$a/(a^3+a)$	$a/(a^3+a)$	$a/(a^3+a)$
0	0	1	$1/(a^3+a)$	$1/(a^3+a)$	$-a^2/(a^3+a)$

Die rechte Hälfte des Schlussschemas ist die gesuchte Inverse.

(ii) Sonderfall: $a^3 + a = 0$. Nebenrechnung: Aus $a^3 + a = a \cdot (a^2 + 1) = 0$ folgt $a = 0$, da $a^2 + 1 > 0$ für alle a. Der Sonderfall bedeutet also $a = 0$.

1	0	0	1	0	0
0	0	0	1	1	0
0	1	0	0	0	1

In der linken Hälfte steht eine Zeile aus lauter Nullen. Also gibt es keine Inverse.

L16: $A \cdot B = \begin{pmatrix} 4 & 1 & -1 \\ 2 & 1 & -1 \\ -2 & -1 & 0 \end{pmatrix}$. Dazu berechnen wir die Inverse:

4	1	−1	1	0	0	+
2	[1]	−1	0	1	0	·(−1) +
−2	−1	0	0	0	1	+
2	0	0	1	−1	0	
2	1	−1	0	1	0	
0	0	[−1]	0	1	1	:(−1)
2	0	0	1	−1	0	
2	1	−1	0	1	0	+
0	0	[1]	0	−1	−1	+
[2]	0	0	1	−1	0	:2
2	1	0	0	0	−1	
0	0	1	0	−1	−1	
[1]	0	0	1/2	−1/2	0	·(−2)
2	1	0	0	0	−1	+
0	0	1	0	−1	−1	
1	0	0	1/2	−1/2	0	
0	1	0	−1	1	−1	
0	0	1	0	−1	−1	

Rechts im Schlussschema steht die Inverse von $A \cdot B$. Nun berechnen wir A^{-1}:

[1]	0	1	1	0	0	+
0	1	1	0	1	0	
−1	0	0	0	0	1	+

1	0	1	1	0	0	+	
0	1	1	0	1	0		+
0	0	[1]	1	0	1	·(−1)	·(−1)
1	0	0	0	0	−1		
0	1	0	−1	1	−1		
0	0	1	1	0	1		

Rechts im Schlussschema steht A^{-1}. Jetzt wird B^{-1} berechnet:

2	1	0	1	0	0	+
0	[1]	0	0	1	0	·(−1)
2	0	−1	0	0	1	
[2]	0	0	1	−1	0	:2
0	1	0	0	1	0	
2	0	−1	0	0	1	
[1]	0	0	1/2	−1/2	0	·(−2)
0	1	0	0	1	0	
2	0	−1	0	0	1	+
1	0	0	1/2	−1/2	0	
0	1	0	0	1	0	
0	0	[−1]	−1	1	1	:(−1)
1	0	0	1/2	−1/2	0	
0	1	0	0	1	0	
0	0	1	1	−1	−1	

Rechts im Schlussschema befindet sich die Inverse B^{-1}. Man erhält damit

$$B^{-1} \cdot A^{-1} = \begin{pmatrix} 1/2 & -1/2 & 0 \\ -1 & 1 & -1 \\ 0 & -1 & -1 \end{pmatrix}$$

Daher ist die Gleichung $(A \cdot B)^{-1} = B^{-1} \cdot A^{-1}$ durch das gegebene Beispiel bestätigt.

L17: Wir berechnen in allen Fällen die Inverse zur Koeffizientenmatrix.

(a)

[1]	−4	1	1	0	0	·(−2)	+	
2	−1	0	0	1	0	+		
−1	−2	5	0	0	1		+	
1	−4	1	1	0	0			
0	[7]	−2	−2	1	0	:7		
0	−6	6	1	0	1			
1	−4	1	1	0	0	+		
0	[1]	−2/7	−2/7	1/7	0	·4	·6	
0	−6	6	1	0	1	+		

1	0	−1/7	−1/7	4/7	0	
0	1	−2/7	−2/7	1/7	0	
0	0	[30/7]	−5/7	6/7	1	:30/7
1	0	−1/7	−1/7	4/7	0	+
0	1	−2/7	−2/7	1/7	0	+
0	0	[1]	−1/6	1/5	7/30	·1/7 ·2/7
1	0	0	−1/6	3/5	1/30	
0	1	0	−1/3	1/5	1/15	
0	0	1	−1/6	1/5	7/30	

Im Schlussschema rechts steht die Inverse der Koeffizientenmatrix. Damit

$$\vec{x} = \begin{pmatrix} \dfrac{-1}{6} & \dfrac{3}{5} & \dfrac{1}{30} \\ \dfrac{-1}{3} & \dfrac{1}{5} & \dfrac{1}{15} \\ \dfrac{-1}{6} & \dfrac{1}{5} & \dfrac{7}{30} \end{pmatrix} \cdot \begin{pmatrix} -1 \\ 0 \\ 1 \end{pmatrix} = \begin{pmatrix} \dfrac{1}{5} \\ \dfrac{2}{5} \\ \dfrac{2}{5} \end{pmatrix}$$

Also $x_1 = \dfrac{1}{5}$; $x_2 = \dfrac{2}{5} = x_3$

(b)

[1]	1	0	1	0	0	+	·(−1)
−1	0	−1	0	1	0	+	
1	7	−1	0	0	1	+	
1	1	0	1	0	0	+	
0	[1]	−1	1	1	0	·(−1)	·(−6)
0	6	−1	−1	0	1	+	
1	0	1	0	−1	0		
0	1	−1	1	1	0		
0	0	[5]	−7	−6	1	:5	
1	0	1	0	−1	0	+	
0	1	−1	1	1	0		+
0	0	[1]	−7/5	−6/5	1/5	·(−1)	+
1	0	0	7/5	1/5	−1/5		
0	1	0	−2/5	−1/5	1/5		
0	0	1	−7/5	−6/5	1/5		

Rechts im Schlussschema steht die gesuchte Inverse zur Koeffizientenmatrix. Damit

$$\vec{x} = \begin{pmatrix} \dfrac{7}{5} & \dfrac{1}{5} & \dfrac{-1}{5} \\[2mm] \dfrac{-2}{5} & \dfrac{-1}{5} & \dfrac{1}{5} \\[2mm] \dfrac{-7}{5} & \dfrac{-6}{5} & \dfrac{1}{5} \end{pmatrix} \cdot \begin{pmatrix} 3 \\ 2 \\ -1 \end{pmatrix} = \begin{pmatrix} \dfrac{24}{5} \\[2mm] \dfrac{-9}{5} \\[2mm] \dfrac{-34}{5} \end{pmatrix}$$

Also $x_1 = \dfrac{24}{5}$; $x_2 = \dfrac{-9}{5}$; $x_3 = \dfrac{-34}{5}$

(c)

[1]	1	−3	1	0	0	·(−2)	·(−1)
2	−7	1	0	1	0	+	
1	−1	−4	0	0	1		+
1	1	−3	1	0	0		
0	−9	7	−2	1	0		
0	−2	[−1]	−1	0	1	:(−1)	
1	1	−3	1	0	0	+	
0	−9	7	−2	1	0		+
0	2	[1]	1	0	−1	·3	·(−7)
1	7	0	4	0	−3		
0	[−23]	0	−9	1	7	:(−23)	
0	2	1	1	0	−1		
1	7	0	4	0	−3	+	
0	[1]	0	9/23	−1/23	−7/23	·(−7)	·(−2)
0	2	1	1	0	−1		+
1	0	0	29/23	7/23	−20/23		
0	1	0	9/23	−1/23	−7/23		
0	0	1	5/23	2/23	−9/23		

Die gesuchte Inverse steht rechts im Schlussschema. Damit

$$\vec{x} = \begin{pmatrix} \dfrac{29}{23} & \dfrac{7}{23} & \dfrac{-20}{23} \\[2mm] \dfrac{9}{23} & \dfrac{-1}{23} & \dfrac{-7}{23} \\[2mm] \dfrac{5}{23} & \dfrac{2}{23} & \dfrac{-9}{23} \end{pmatrix} \cdot \begin{pmatrix} 0 \\ 3 \\ 0 \end{pmatrix} = \begin{pmatrix} \dfrac{21}{23} \\[2mm] \dfrac{-3}{23} \\[2mm] \dfrac{6}{23} \end{pmatrix}$$

Also $x_1 = \dfrac{21}{23}$; $x_2 = \dfrac{-3}{23}$; $x_3 = \dfrac{6}{23}$

L18: Es ist $A - a{\cdot}E = \begin{pmatrix} 1 & 0 & -1 \\ -1 & -a & -1 \\ 0 & 1 & -a \end{pmatrix}$. Hierzu berechnen wir die Inverse.

[1]	0	−1	1	0	0	+	
−1	−a	−1	0	1	0	+	
0	1	−a	0	0	1		
1	0	−1	1	0	0		
0	−a	−2	1	1	0	+	
0	[1]	−a	0	0	1	·a	
1	0	−1	1	0	0		
0	0	[−2−a²]	1	1	a	:(−2−a²)	
0	1	−a	0	0	1		

Man hat $-2 - a^2 = -(2 + a^2) < 0$ für alle a. Der Divisor wird also nicht null.

1	0	−1	1	0	0	+	
0	0	[1]	−1/(2+a²)	−1/(2+a²)	−a/(2+a²)	+	·a
0	1	−a	0	0	1	+	
1	0	0	(1+a²)/(2+a²)	−1/(2+a²)	−a/(2+a²)		
0	0	1	−1/(2+a²)	−1/(2+a²)	−a/(2+a²)		
0	1	0	−a/(2+a²)	−a/(2+a²)	2/(2+a²)		
1	0	0	(1+a²)/(2+a²)	−1/(2+a²)	−a/(2+a²)		
0	1	0	−a/(2+a²)	−a/(2+a²)	2/(2+a²)		
0	0	1	−1/(2+a²)	−1/(2+a²)	−a/(2+a²)		

Damit

$$\vec{x} = \frac{1}{2+a^2} \cdot \begin{pmatrix} 1+a^2 & -1 & -a \\ -a & -a & 2 \\ -1 & -1 & -a \end{pmatrix} \cdot \begin{pmatrix} 1 \\ 1 \\ 1 \end{pmatrix} = \frac{1}{2+a^2} \cdot \begin{pmatrix} a^2 - a \\ 2 - 2a \\ -2 - a \end{pmatrix}$$

Also $x_1 = \dfrac{a^2 - a}{2+a^2}$; $x_2 = \dfrac{2-2a}{2+a^2}$; $x_3 = \dfrac{-2-a}{2+a^2}$. Insbesondere hat das gegebene Gleichungssystem für alle a genau eine Lösung.

IV. Determinanten

A. Definitionen, Lehrsätze und Erläuterungen

Definition: Gegeben ist eine quadratische Matrix $A = \begin{pmatrix} a_{11} & \cdots & a_{1n} \\ \vdots & & \vdots \\ a_{n1} & \cdots & a_{nn} \end{pmatrix}$. Jeder solchen Matrix

wird eindeutig eine reelle Zahl, die *Determinante*, zugeordnet. Wir bezeichnen die Determi-

nante mit $|A|$ oder $\begin{vmatrix} a_{11} & \cdots & a_{1n} \\ \vdots & & \vdots \\ a_{n1} & \cdots & a_{nn} \end{vmatrix}$.

(a) $n = 1$: $|A| = |a_{11}| = a_{11}$

(b) $n = 2$: $|A| = \begin{vmatrix} a_{11} & a_{12} \\ a_{21} & a_{22} \end{vmatrix} = a_{11}a_{22} - a_{12}a_{21}$

(c) $n = 3$: $|A| = \begin{vmatrix} a_{11} & a_{12} & a_{13} \\ a_{21} & a_{22} & a_{23} \\ a_{31} & a_{32} & a_{33} \end{vmatrix}$

Wir beschränken uns hier auf die Wiedergabe der Merkregeln: Man zeichne zunächst ein Vorzeichenschema, das in seiner Größe der gegebenen Matrix entspricht, wie folgt:

$$
\begin{array}{ccc}
+ & - & + \\
- & + & - \\
+ & - & +
\end{array}
$$

Dieses Schema wird aufgebaut, indem man links oben mit ‚+' beginnt und die Vorzeichen anschließend im Sinne eines Schachbrettmusters verteilt. Sodann wähle man eine Zeile oder eine Spalte der Matrix aus (beispielsweise die zweite Zeile). Schließlich lässt sich die (3, 3)-Determinante |A| als Summe von (2, 2)-Determinanten darstellen (*Laplacescher Entwicklungssatz*):

$$\begin{vmatrix} a_{11} & a_{12} & a_{13} \\ a_{21} & a_{22} & a_{23} \\ a_{31} & a_{32} & a_{33} \end{vmatrix} = (-1) \cdot a_{21} \cdot \begin{vmatrix} a_{12} & a_{13} \\ a_{32} & a_{33} \end{vmatrix} + a_{22} \cdot \begin{vmatrix} a_{11} & a_{13} \\ a_{31} & a_{33} \end{vmatrix} + (-1) \cdot a_{23} \cdot \begin{vmatrix} a_{11} & a_{12} \\ a_{31} & a_{32} \end{vmatrix}$$

Wir erläutern dieses Verfahren: Nach Auswahl einer Zeile beziehungsweise einer Spalte (hier die zweite Zeile) gehen wir die Elemente der ausgewählten Zeile beziehungsweise Spalte der Reihe nach durch: Zunächst verwenden wir das erste Element (hier a_{21}). Wir multiplizieren dieses mit (-1) beziehungsweise mit $(+1)$, je nachdem, welches Vorzeichen im Vorzeichenschema an dieser Stelle steht (hier Multiplikation mit (-1)). Der dritte Faktor ist die $(2, 2)$-Determinante, die von $|A|$ übrig bleibt, wenn man Zeile und Spalte des ersten Elements streicht (hier bleibt die Determinante $\begin{vmatrix} a_{12} & a_{13} \\ a_{32} & a_{33} \end{vmatrix}$ übrig). Dann folgt ein ‚+'-Zeichen.

Anschließend gehen wir zum zweiten Element der ausgesuchten Zeile beziehungsweise Spalte über und verfahren wie gerade beschrieben. Abgeschlossen ist die Summe, wenn auch das letzte Element der Zeile beziehungsweise Spalte berücksichtigt ist.

(d) $n \geq 4$: Nach den eben beschriebenen Merkregeln kann auch jede größere Determinante behandelt werden. Der erste Schritt führt zu einer Summe, die n Determinanten der Größe $(n{-}1, n{-}1)$ enthält. Dann werden die $(n{-}1, n{-}1)$-Determinanten weiter in Summen von $(n{-}2, n{-}2)$-Determinanten dargestellt. Das Verfahren ist beendet, wenn die Summe schließlich nur noch $(2, 2)$-Determinanten enthält. Die endgültige Berechnung folgt mit Hilfe von (b).

Der folgende Lehrsatz sorgt dafür, dass der eben vorgestellte Weg zur Determinantenberechnung in vielen Fällen wesentlich abgekürzt werden kann.

Lehrsatz 1: Sei A eine quadratische Matrix und $|A|$ ihre Determinante. Wir ändern jetzt A zu B ab und fragen danach, wie sich die Determinante $|B|$ verhält.
(a) B entsteht aus A durch Vertauschen der Zeilen und Spalten: $|B| = |A|$
(b) B entsteht aus A durch Vertauschen von zwei Zeilen (Spalten): $|B| = -|A|$
(c) B entsteht aus A, indem man in A ein Vielfaches einer Zeile (Spalte) zu einer anderen Zeile (Spalte) addiert: $|B| = |A|$ (*Vielfachesadditionsregel*)

Lehrsatz 2: Sind $\vec{a}_1$, $\vec{a}_2$, ..., $\vec{a}_n$ n-dimensionale Vektoren, so entsteht eine (n, n)-Matrix, wenn man die gegebenen Vektoren als Spalten einer Matrix deutet. Ist $|A| = 0$, sind die Vektoren linear abhängig; ist $|A| \neq 0$, sind sie linear unabhängig.

Bemerkung: Insbesondere ist $|A| = 0$, wenn mindestens zwei Zeilen (Spalten) Vielfache voneinander sind oder eine Zeile (Spalte) aus lauter Nullen besteht.

Lehrsatz 3: Seien A und B beides (n, n)-Matrizen und a ein Parameter.
(a) $|a \cdot A| = a^n \cdot |A|$ (b) $|A^{-1}| = |A|^{-1}$ (c) $|A \cdot B| = |A| \cdot |B|$

Lehrsatz 4: *Cramersche Regel*: Gegeben ist das lineare Gleichungssystem $A \cdot \vec{x} = \vec{b}$ mit quadratischer Koeffizientenmatrix A und genau einer Lösung. Dann folgt

$$x_i = \frac{|A_i|}{|A|} \quad \text{für } i = 1, 2, \ldots, n$$

Dabei ist A_i die Matrix, die aus A entsteht, wenn man die i-te Spalte durch den Vektor $\vec{b}$ ersetzt.

Lehrsatz 5: Gegeben ist die Matrix $A = \begin{pmatrix} a & b \\ c & d \end{pmatrix}$, zu der die Inverse A^{-1} berechnet werden kann. Diese ergibt sich zu $A^{-1} = \frac{1}{|A|} \cdot \begin{pmatrix} d & -b \\ -c & a \end{pmatrix}$.

B. Aufgaben

1. Man berechne die folgenden Determinanten:

(a) $\begin{vmatrix} 1 & 3 & 2 \\ 2 & 5 & 3 \\ -3 & -8 & -4 \end{vmatrix}$
(b) $\begin{vmatrix} -2 & -1 & 2 & 1 \\ 2 & -1 & 0 & 3 \\ -4 & 0 & 1 & 1 \\ -2 & -1 & 1 & -1 \end{vmatrix}$
(c) $\begin{vmatrix} 2 & 1 & 3 & -1 & 0 & 3 \\ -1 & -1 & 2 & 0 & 1 & 1 \\ -3 & 1 & 0 & 2 & -1 & 0 \\ 2 & 0 & 1 & 1 & -1 & -1 \\ -4 & 1 & 0 & -1 & 2 & 3 \\ 1 & -1 & 0 & 1 & 0 & -1 \end{vmatrix}$

2. Man beweise die Gleichung

(a) $\begin{vmatrix} 1 & a & a^2 \\ 1 & b & b^2 \\ 1 & c & c^2 \end{vmatrix} = (b-a)(c-a)(c-b)$

(b) $-\begin{vmatrix} 1 & x_1 & y_1 & z_1 \\ 1 & x_2 & y_2 & z_2 \\ 1 & x_3 & y_3 & z_3 \\ 1 & x_4 & y_4 & z_4 \end{vmatrix} = \begin{vmatrix} x_1 - x_2 & y_1 - y_2 & z_1 - z_2 \\ x_1 - x_3 & y_1 - y_3 & z_1 - z_3 \\ x_1 - x_4 & y_1 - y_4 & z_1 - z_4 \end{vmatrix}$

3. Es sind $f(x)$ und $g(x)$ differenzierbare Funktionen und $F(x) = \begin{vmatrix} f(x) & f(x) & 0 \\ -1 & 1 & g(x) \\ 0 & 1 & g(x) \end{vmatrix}$. Wird dann die erste Ableitung $F'(x)$ durch die Determinante $\begin{vmatrix} f'(x) & f'(x) & 0 \\ 0 & 0 & g'(x) \\ 0 & 0 & g'(x) \end{vmatrix}$ angegeben?

4. Für welche Werte von x ist die Determinante (a) $D = 0$ (b) $D > 0$ (c) $D < 0$?

$$D = \begin{vmatrix} 1-x & 1 & 0 \\ 2 & 2-x & 8 \\ -1 & 0 & 2 \end{vmatrix}$$

5. (a) Man berechne die Inversen zu A und B, soweit dies möglich ist.

$$A = \begin{pmatrix} 4 & 3 \\ -2 & 8 \end{pmatrix}; \quad B = \begin{pmatrix} 1 & 2 \\ 3 & 4 \end{pmatrix}$$

(b) Für welche Werte der Parameter kann die Inverse berechnet werden? Man berechne die Inversen zu A, B und C, soweit dies möglich ist.

$$A = \begin{pmatrix} a & 1 \\ 4 & a \end{pmatrix}; \quad B = \begin{pmatrix} b & a^2 \\ ab & -a \end{pmatrix}; \quad C = \begin{pmatrix} 1 & x^2 \\ x & 8 \end{pmatrix}$$

6. Die folgenden linearen Gleichungssysteme sind mit Hilfe der Cramerschen Regel zu lösen.

(a)
$$\begin{aligned} 2x_1 & -5x_2 & +x_3 & = & 9 \\ x_1 & +6x_2 & -x_3 & = & -7 \\ -3x_1 & +x_2 & -2x_3 & = & -8 \end{aligned}$$

(b)
$$\begin{aligned} 3x_1 & +4x_2 & -x_3 & = & -10 \\ x_1 & -3x_2 & +5x_3 & = & 0 \\ -2x_1 & +x_2 & +5x_3 & = & -5 \end{aligned}$$

(c)
$$\begin{aligned} x_1 & +3x_2 & -x_3 & +4x_4 & = & 2 \\ 2x_1 & +5x_2 & -x_3 & +3x_4 & = & 0 \\ & +4x_2 & -3x_3 & +x_4 & = & 0 \\ -3x_1 & +x_2 & -5x_3 & -2x_4 & = & -1 \end{aligned}$$

7. Man überprüfe die Gleichungen (a) $|A^{-1}| = |A|^{-1}$ und (b) $|A \cdot B| = |A| \cdot |B|$ durch das Beispiel

$$A = \begin{pmatrix} 2 & -1 & 3 \\ 0 & 4 & -2 \\ 1 & 3 & -4 \end{pmatrix}; \quad B = \begin{pmatrix} -1 & 2 & 8 \\ 3 & 0 & -3 \\ 2 & 4 & 1 \end{pmatrix}$$

8. Gegeben ist die quadratische Matrix $A = \begin{pmatrix} 1 & -2 & 3 \\ 4 & -2 & 1 \\ -3 & 1 & -3 \end{pmatrix}$, die Einheitsmatrix E von gleicher Größe wie A und die Zahl $b = -19$. Gibt es ein x mit $|A - xE| = b$?

9. Für welche Werte von a hat das lineare Gleichungssystem unendlich viele Lösungen?

$$\begin{aligned} x_1 & +x_2 & -x_3 & = & 1 \\ x_1 & -x_2 & +ax_3 & = & 1 \\ -x_1 & +x_2 & +x_3 & = & 0 \end{aligned}$$

10. Für welche Werte von a ist der Rang von A gleich 2 ?

$$A = \begin{pmatrix} 1 & a & 1 \\ a & 1 & 1 \\ 1 & 1 & 1 \end{pmatrix}$$

11. Für welche Werte von a sind die Vektoren $\begin{pmatrix} 1 \\ a \\ 0 \end{pmatrix}, \begin{pmatrix} 0 \\ 1 \\ a \end{pmatrix}, \begin{pmatrix} a \\ 0 \\ 1 \end{pmatrix}$ linear abhängig?

12. Gegeben ist das lineare Gleichungssystem

$$\begin{aligned}
x_1 + a x_2 - a^2 x_3 &= 0 \\
a x_1 + x_2 - a x_3 &= 0 \\
-x_1 + a^2 x_2 + a x_3 &= 0
\end{aligned}$$

Für welche Werte von a hat das Gleichungssystem unendlich viele Lösungen? Man gebe in diesen Fällen je eine Basis und die Dimension des Lösungsraumes an.

13. Gegeben ist das lineare Gleichungssystem

$$\begin{aligned}
b x_2 + b x_3 &= 1 \\
x_1 + 3 x_2 \quad &= 0 \\
x_2 + b x_3 &= 1
\end{aligned}$$

(a) Für welche Werte von b lässt sich dieses Gleichungssystem nach der Cramerschen Regel lösen?
(b) Man löse dieses Gleichungssystem mit Hilfe der Cramerschen Regel soweit es möglich ist.

14. Gegeben ist die Matrix $A = \begin{pmatrix} 1 & a & 1 \\ a^2 & -1 & 0 \\ 0 & 0 & 1 \end{pmatrix}$.

(a) Für welche Werte von a ist die Determinante $|A| = 0$?
(b) Für welche Werte von a ist die Inverse zu A berechenbar?
(c) Für welche Werte von a hat das homogene Gleichungssystem $A \cdot \vec{x} = \vec{0}$ genau eine Lösung?

C. Lösungen

L1: Im Folgenden wird die Vielfachesadditionsregel (Lehrsatz 1c aus Kapitel II.IV) verwendet.

(a) Wir wählen die erste Spalte und wenden die Vielfachesadditionsregel an:

$$\begin{vmatrix} 1 & 3 & 2 \\ 2 & 5 & 3 \\ -3 & -8 & -4 \end{vmatrix} = \begin{vmatrix} 1 & 3 & 2 \\ 0 & -1 & -1 \\ 0 & 1 & 2 \end{vmatrix} = 1 \cdot \begin{vmatrix} -1 & -1 \\ 1 & 2 \end{vmatrix} = -2 - (-1) = -1$$

(b) Wir wählen die dritte Spalte aus und wenden die Vielfachesadditionsregel an:

$$\begin{vmatrix} -2 & -1 & 2 & 1 \\ 2 & -1 & 0 & 3 \\ -4 & 0 & 1 & 1 \\ -2 & -1 & 1 & -1 \end{vmatrix} = \begin{vmatrix} 2 & 1 & 0 & 3 \\ 2 & -1 & 0 & 3 \\ -2 & 1 & 0 & 2 \\ 2 & -1 & 1 & -1 \end{vmatrix} = 1 \cdot (-1) \cdot \begin{vmatrix} 2 & 1 & 3 \\ 2 & -1 & 3 \\ -2 & 1 & 2 \end{vmatrix}$$

Wir wählen nun die zweite Spalte aus wenden wieder die Vielfachesadditionsregel an:

$$\ldots = -\begin{vmatrix} 2 & 1 & 3 \\ 4 & 0 & 6 \\ -4 & 0 & -1 \end{vmatrix} = -1 \cdot (-1) \cdot \begin{vmatrix} 4 & 6 \\ -4 & -1 \end{vmatrix} = -4 - (-24) = 20$$

(c) Wir wählen die dritte Spalte aus und wenden die Vielfachesadditionsregel an:

$$\begin{vmatrix} 2 & 1 & 3 & -1 & 0 & 3 \\ -1 & -1 & 2 & 0 & 1 & 1 \\ -3 & 1 & 0 & 2 & -1 & 0 \\ 2 & 0 & 1 & 1 & -1 & -1 \\ -4 & 1 & 0 & -1 & 2 & 3 \\ 1 & -1 & 0 & 1 & 0 & -1 \end{vmatrix} = \begin{vmatrix} -4 & 1 & 0 & -4 & 3 & 6 \\ -5 & -1 & 0 & -2 & 3 & 3 \\ -3 & 1 & 0 & 2 & -1 & 0 \\ 2 & 0 & 1 & 1 & -1 & -1 \\ -4 & 1 & 0 & -1 & 2 & 3 \\ 1 & -1 & 0 & 1 & 0 & -1 \end{vmatrix}$$

$$\ldots = 1 \cdot (-1) \cdot \begin{vmatrix} -4 & 1 & -4 & 3 & 6 \\ -5 & -1 & -2 & 3 & 3 \\ -3 & 1 & 2 & -1 & 0 \\ -4 & 1 & -1 & 2 & 3 \\ 1 & -1 & 1 & 0 & -1 \end{vmatrix}$$

Wir wenden uns jetzt an die zweite Spalte und rechnen nach der Vielfachesadditionsregel um:

$$\dots = (-1) \cdot \begin{vmatrix} -1 & 0 & -6 & 4 & 6 \\ -8 & 0 & 0 & 2 & 3 \\ -3 & 1 & 2 & -1 & 0 \\ -1 & 0 & -3 & 3 & 3 \\ -2 & 0 & 3 & -1 & -1 \end{vmatrix} = (-1) \cdot 1 \cdot (-1) \cdot \begin{vmatrix} -1 & -6 & 4 & 6 \\ -8 & 0 & 2 & 3 \\ -1 & -3 & 3 & 3 \\ -2 & 3 & -1 & -1 \end{vmatrix}$$

Wir stellen aus der ersten Spalte (-1) vor und wählen außerdem die erste Spalte aus, um die Vielfachesadditionsregel ein weiteres Mal zu verwenden:

$$\dots = (-1) \cdot \begin{vmatrix} 1 & -6 & 4 & 6 \\ 8 & 0 & 2 & 3 \\ 1 & -3 & 3 & 3 \\ 2 & 3 & -1 & -1 \end{vmatrix} = (-1) \cdot \begin{vmatrix} 1 & -6 & 4 & 6 \\ 0 & 48 & -30 & -45 \\ 0 & 3 & -1 & -3 \\ 0 & 15 & -9 & -13 \end{vmatrix} = (-1) \cdot 1 \cdot \begin{vmatrix} 48 & -30 & -45 \\ 3 & -1 & -3 \\ 15 & -9 & -13 \end{vmatrix}$$

Wir stellen aus der ersten Spalte 3 vor, anschließend wählen wir diese Spalte auch aus und verwenden die Vielfachesadditionsregel:

$$\dots = (-1) \cdot 3 \cdot \begin{vmatrix} 16 & -30 & -45 \\ 1 & -1 & -3 \\ 5 & -9 & -13 \end{vmatrix} = (-3) \cdot \begin{vmatrix} 0 & -14 & 3 \\ 1 & -1 & -3 \\ 0 & -4 & 2 \end{vmatrix} = (-3) \cdot 1 \cdot (-1) \cdot \begin{vmatrix} -14 & 3 \\ -4 & 2 \end{vmatrix}$$

$$\dots = 3 \cdot (-28 - (-12)) = -48$$

L2: Wir wählen die erste Spalte aus und greifen auf die Vielfachesadditionsregel zurück:

(a) $$\begin{vmatrix} 1 & a & a^2 \\ 1 & b & b^2 \\ 1 & c & c^2 \end{vmatrix} = \begin{vmatrix} 1 & a & a^2 \\ 0 & b-a & b^2-a^2 \\ 0 & c-a & c^2-a^2 \end{vmatrix} = \begin{vmatrix} b-a & b^2-a^2 \\ c-a & c^2-a^2 \end{vmatrix}$$

Aus der ersten Zeile stellen wir $(b-a)$ und aus der zweiten Zeile $(c-a)$ vor:

$$\dots = (b-a) \cdot (c-a) \cdot \begin{vmatrix} 1 & b+a \\ 1 & c+a \end{vmatrix} = (b-a) \cdot (c-a) \cdot (c+a-(b+a)) = (b-a) \cdot (c-a) \cdot (c-b)$$

(b) $$(-1) \cdot \begin{vmatrix} 1 & x_1 & y_1 & z_1 \\ 1 & x_2 & y_2 & z_2 \\ 1 & x_3 & y_3 & z_3 \\ 1 & x_4 & y_4 & z_4 \end{vmatrix} = (-1) \cdot \begin{vmatrix} 1 & x_1 & y_1 & z_1 \\ 0 & x_2-x_1 & y_2-y_1 & z_2-z_1 \\ 0 & x_3-x_1 & y_3-y_1 & z_3-z_1 \\ 0 & x_4-x_1 & y_4-y_1 & z_4-z_1 \end{vmatrix}$$

$$\dots = (-1) \cdot \begin{vmatrix} x_2-x_1 & y_2-y_1 & z_2-z_1 \\ x_3-x_1 & y_3-y_1 & z_3-z_1 \\ x_4-x_1 & y_4-y_1 & z_4-z_1 \end{vmatrix}$$

Stellt man jetzt noch aus jeder Spalte den Faktor (–1) vor, entsteht das behauptete Ergebnis.

L3: Wir multiplizieren die dritte Zeile mit (–1) und addieren das Ergebnis zur zweiten Zeile, anschließend wählen wir die dritte Spalte aus:

$$\begin{vmatrix} f(x) & f(x) & 0 \\ -1 & 0 & 0 \\ 0 & 1 & g(x) \end{vmatrix} = g(x)\cdot\begin{vmatrix} f(x) & f(x) \\ -1 & 0 \end{vmatrix} = f(x)\cdot g(x) = F(x)$$

Die zweite gegebene Determinante hat den Wert 0, da die zweite und die dritte Zeile übereinstimmen. $F'(x)$ ist aber nur dann gleich 0, wenn das Produkt $f(x)\cdot g(x)$ eine Konstante ist.

L4: Wir multiplizieren die dritte Zeile mit (–4) und addieren das Ergebnis zur zweiten Zeile, dann wählen wir die dritte Spalte aus:

$$D = \begin{vmatrix} 1-x & 1 & 0 \\ 6 & 2-x & 0 \\ -1 & 0 & 2 \end{vmatrix} = 2\cdot\begin{vmatrix} 1-x & 1 \\ 6 & 2-x \end{vmatrix} = 2\cdot[(1-x)\cdot(2-x)-6] = 2\cdot(x-4)\cdot(x+1)$$

(a) $D = 0$, wenn $x = 4$ oder $x = -1$
(b) $D > 0$, wenn $x < -1$ oder $x > 4$
(c) $D < 0$, wenn $-1 < x < 4$

L5: Nach Lehrsatz 5 in Kapitel II.IV:

(a) $|A| = 32 - (-6) = 38$; $A^{-1} = \dfrac{1}{38}\cdot\begin{pmatrix} 8 & -3 \\ 2 & 4 \end{pmatrix}$; $|B| = 4-6 = -2$; $B^{-1} = -\dfrac{1}{2}\cdot\begin{pmatrix} 4 & -2 \\ -3 & 1 \end{pmatrix}$

(b) $|A| = a^2 - 4$. Es ist $|A| = 0$ für $a = 2$ oder $a = -2$. Die Matrix A^{-1} ist berechenbar, wenn $a \neq 2$ und $a \neq -2$. Dann ergibt sich

$$A^{-1} = \frac{1}{a^2-4}\cdot\begin{pmatrix} a & -1 \\ -4 & a \end{pmatrix}$$

$|B| = -ab - a^3b = -ab\cdot(1+a^2)$. Es ist $|B| = 0$, wenn $a = 0$ oder $b = 0$ (denn $1 + a^2 > 0$ für alle a). Die Matrix B^{-1} ist berechenbar, wenn $a \neq 0$ und $b \neq 0$. Dann ergibt sich

$$B^{-1} = -\frac{1}{ab+a^3b}\cdot\begin{pmatrix} -a & -a^2 \\ -ab & b \end{pmatrix}$$

$|C| = 8 - x^3$. Es ist $|C| = 0$, wenn $x = 2$. Die Matrix C^{-1} ist berechenbar, wenn $x \neq 2$. Dann ergibt sich

$$C^{-1} = \frac{1}{8-x^3}\cdot\begin{pmatrix} 8 & -x^2 \\ -x & 1 \end{pmatrix}$$

L6: (a) Wir berechnen zuerst die Determinante zur Koeffizientenmatrix. Zu dem Zweck wählen wir die dritte Spalte aus und verwenden die Vielfachesadditionsregel (Lehrsatz 1c aus Kapitel II.IV):

$$|A| = \begin{vmatrix} 2 & -5 & 1 \\ 1 & 6 & -1 \\ -3 & 1 & -2 \end{vmatrix} = \begin{vmatrix} 2 & -5 & 1 \\ 3 & 1 & 0 \\ 1 & -9 & 0 \end{vmatrix} = \begin{vmatrix} 3 & 1 \\ 1 & -9 \end{vmatrix} = -27 - 1 = -28$$

$$|A_1| = \begin{vmatrix} 9 & -5 & 1 \\ -7 & 6 & -1 \\ -8 & 1 & -2 \end{vmatrix} = \begin{vmatrix} 9 & -5 & 1 \\ 2 & 1 & 0 \\ 10 & -9 & 0 \end{vmatrix} = \begin{vmatrix} 2 & 1 \\ 10 & -9 \end{vmatrix} = -18 - 10 = -28$$

$$|A_2| = \begin{vmatrix} 2 & 9 & 1 \\ 1 & -7 & -1 \\ -3 & -8 & -2 \end{vmatrix} = \begin{vmatrix} 2 & 9 & 1 \\ 3 & 2 & 0 \\ 1 & 10 & 0 \end{vmatrix} = \begin{vmatrix} 3 & 2 \\ 1 & 10 \end{vmatrix} = 30 - 2 = 28$$

In der folgenden Determinante wählen wir die erste Spalte aus:

$$|A_3| = \begin{vmatrix} 2 & -5 & 9 \\ 1 & 6 & -7 \\ -3 & 1 & -8 \end{vmatrix} = \begin{vmatrix} 0 & -17 & 23 \\ 1 & 6 & -7 \\ 0 & 19 & -29 \end{vmatrix} = 1 \cdot (-1) \cdot \begin{vmatrix} -17 & 23 \\ 19 & -29 \end{vmatrix} = -(493 - 437) = -56$$

Ergebnis: $x_1 = \dfrac{-28}{-28} = 1$; $x_2 = \dfrac{28}{-28} = -1$; $x_3 = \dfrac{-56}{-28} = 2$

(b) Wir wählen die erste Spalte aus:

$$|A| = \begin{vmatrix} 3 & 4 & -1 \\ 1 & -3 & 5 \\ -2 & 1 & 5 \end{vmatrix} = \begin{vmatrix} 0 & 13 & -16 \\ 1 & -3 & 5 \\ 0 & -5 & 15 \end{vmatrix} = 1 \cdot (-1) \cdot \begin{vmatrix} 13 & -16 \\ -5 & 15 \end{vmatrix} = -(195 - 80) = -115$$

$$|A_1| = \begin{vmatrix} -10 & 4 & -1 \\ 0 & -3 & 5 \\ -5 & 1 & 5 \end{vmatrix} = \begin{vmatrix} 0 & 2 & -11 \\ 0 & -3 & 5 \\ -5 & 1 & 15 \end{vmatrix} = (-5) \cdot \begin{vmatrix} 2 & -11 \\ -3 & 5 \end{vmatrix} = (-5) \cdot (10 - 33) = 115$$

In der nächsten Determinante wählen wir die zweite Spalte aus:

$$|A_2| = \begin{vmatrix} 3 & -10 & -1 \\ 1 & 0 & 5 \\ -2 & -5 & 5 \end{vmatrix} = \begin{vmatrix} 7 & 0 & -11 \\ 1 & 0 & 5 \\ -2 & -5 & 5 \end{vmatrix} = (-5) \cdot (-1) \cdot \begin{vmatrix} 7 & -11 \\ 1 & 5 \end{vmatrix} = 5 \cdot (35 + 11) = 230$$

Jetzt wenden wir uns der dritten Spalte zu:

$$|A_3| = \begin{vmatrix} 3 & 4 & -10 \\ 1 & -3 & 0 \\ -2 & 1 & -5 \end{vmatrix} = \begin{vmatrix} 7 & 2 & 0 \\ 1 & -3 & 0 \\ -2 & 1 & -5 \end{vmatrix} = (-5) \cdot \begin{vmatrix} 7 & 2 \\ 1 & -3 \end{vmatrix} = -5 \cdot (-21 - 2) = 115$$

Ergebnis: $x_1 = \dfrac{115}{-115} = -1; x_2 = \dfrac{230}{-115} = -2; x_3 = \dfrac{115}{-115} = -1$

(c) Auswahl der ersten Spalte:

$$|A| = \begin{vmatrix} 1 & 3 & -1 & 4 \\ 2 & 5 & -1 & 3 \\ 0 & 4 & -3 & 1 \\ -3 & 1 & -5 & -2 \end{vmatrix} = \begin{vmatrix} 1 & 3 & -1 & 4 \\ 0 & -1 & 1 & -5 \\ 0 & 4 & -3 & 1 \\ 0 & 10 & -8 & 10 \end{vmatrix} = \begin{vmatrix} -1 & 1 & -5 \\ 4 & -3 & 1 \\ 10 & -8 & 10 \end{vmatrix}$$

Wir wenden uns jetzt der zweiten Spalte zu:

$$\dots = \begin{vmatrix} -1 & 1 & -5 \\ 1 & 0 & -14 \\ 2 & 0 & -30 \end{vmatrix} = 1 \cdot (-1) \cdot \begin{vmatrix} 1 & -14 \\ 2 & -30 \end{vmatrix} = -(-30 - (-28)) = 2$$

Bei der nächsten Determinante halten wir uns wieder an die erste Spalte:

$$|A_1| = \begin{vmatrix} 2 & 3 & -1 & 4 \\ 0 & 5 & -1 & 3 \\ 0 & 4 & -3 & 1 \\ -1 & 1 & -5 & -2 \end{vmatrix} = \begin{vmatrix} 0 & 5 & -11 & 0 \\ 0 & 5 & -1 & 3 \\ 0 & 4 & -3 & 1 \\ -1 & 1 & -5 & -2 \end{vmatrix} = (-1) \cdot (-1) \cdot \begin{vmatrix} 5 & -11 & 0 \\ 5 & -1 & 3 \\ 4 & -3 & 1 \end{vmatrix}$$

Nun zur dritten Spalte:

$$\dots = \begin{vmatrix} 5 & -11 & 0 \\ -7 & 8 & 0 \\ 4 & -3 & 1 \end{vmatrix} = \begin{vmatrix} 5 & -11 \\ -7 & 8 \end{vmatrix} = 40 - 77 = -37$$

Auswahl der zweiten Spalte:

$$|A_2| = \begin{vmatrix} 1 & 2 & -1 & 4 \\ 2 & 0 & -1 & 3 \\ 0 & 0 & -3 & 1 \\ -3 & -1 & -5 & -2 \end{vmatrix} = \begin{vmatrix} -5 & 0 & -11 & 0 \\ 2 & 0 & -1 & 3 \\ 0 & 0 & -3 & 1 \\ -3 & -1 & -5 & -2 \end{vmatrix} = (-1) \cdot \begin{vmatrix} -5 & -11 & 0 \\ 2 & -1 & 3 \\ 0 & -3 & 1 \end{vmatrix}$$

Auswahl der dritten Spalte:

$$\ldots = (-1) \cdot \begin{vmatrix} -5 & -11 & 0 \\ 2 & 8 & 0 \\ 0 & -3 & 1 \end{vmatrix} = (-1) \cdot \begin{vmatrix} -5 & -11 \\ 2 & 8 \end{vmatrix} = -(-40 - (-22)) = 18$$

Auswahl der dritten Spalte:

$$|A_3| = \begin{vmatrix} 1 & 3 & 2 & 4 \\ 2 & 5 & 0 & 3 \\ 0 & 4 & 0 & 1 \\ -3 & 1 & -1 & -2 \end{vmatrix} = \begin{vmatrix} -5 & 5 & 0 & 0 \\ 2 & 5 & 0 & 3 \\ 0 & 4 & 0 & 1 \\ -3 & 1 & -1 & -2 \end{vmatrix} = (-1) \cdot (-1) \cdot \begin{vmatrix} -5 & 5 & 0 \\ 2 & 5 & 3 \\ 0 & 4 & 1 \end{vmatrix}$$

Jetzt kommt die dritte Spalte an die Reihe:

$$\ldots = \begin{vmatrix} -5 & 5 & 0 \\ 2 & -7 & 0 \\ 0 & 4 & 1 \end{vmatrix} = \begin{vmatrix} -5 & 5 \\ 2 & -7 \end{vmatrix} = 35 - 10 = 25$$

Bei der nächsten Determinante verwenden wir die vierte Spalte zur Umformung:

$$|A_4| = \begin{vmatrix} 1 & 3 & -1 & 2 \\ 2 & 5 & -1 & 0 \\ 0 & 4 & -3 & 0 \\ -3 & 1 & -5 & -1 \end{vmatrix} = \begin{vmatrix} -5 & 5 & -11 & 0 \\ 2 & 5 & -1 & 0 \\ 0 & 4 & -3 & 0 \\ -3 & 1 & -5 & -1 \end{vmatrix} = (-1) \cdot \begin{vmatrix} -5 & 5 & -11 \\ 2 & 5 & -1 \\ 0 & 4 & -3 \end{vmatrix}$$

Schließlich wird nochmals die dritte Spalte ausgewählt:

$$\ldots = (-1) \cdot \begin{vmatrix} -27 & -50 & 0 \\ 2 & 5 & -1 \\ -6 & -11 & 0 \end{vmatrix} = (-1) \cdot (-1) \cdot (-1) \cdot \begin{vmatrix} -27 & -50 \\ -6 & -11 \end{vmatrix} = -(297 - 300) = 3$$

Ergebnis: $x_1 = \dfrac{-37}{2}$; $x_2 = \dfrac{18}{2} = 9$; $x_3 = \dfrac{25}{2}$; $x_4 = \dfrac{3}{2}$

L7: (a) Berechnung von A^{-1}:

2	−1	3	1	0	0	+	
0	4	−2	0	1	0		
[1]	3	−4	0	0	1	·(−2)	
0	−7	11	1	0	−2		
0	4	[−2]	0	1	0	:(−2)	
1	3	−4	0	0	1		
0	−7	11	1	0	−2	+	
0	−2	[1]	0	−1/2	0	·(−11)	·4
1	3	−4	0	0	1		+

0	[15]	0	1	11/2	−2	:15	
0	−2	1	0	−1/2	0		
1	−5	0	0	−2	1		
0	[1]	0	1/15	11/30	−2/15	·2	·5
0	−2	1	0	−1/2	0	+	
1	−5	0	0	−2	1		+
0	1	0	1/15	11/30	−2/15		
0	0	1	2/15	7/30	−4/15		
1	0	0	1/3	−1/6	1/3		
1	0	0	1/3	−1/6	1/3		
0	1	0	1/15	11/30	−2/15		
0	0	1	2/15	7/30	−4/15		

Auf der rechten Seite des Schlussschemas steht A^{-1}. Zur Berechnung von $|A^{-1}|$ stellen wir aus der ersten Zeile den Faktor 1/6, aus der zweiten und dritten Zeile je den Faktor 1/30 vor:

$$|A^{-1}| = \frac{1}{6} \cdot \frac{1}{30} \cdot \frac{1}{30} \cdot \begin{vmatrix} 2 & -1 & 2 \\ 2 & 11 & -4 \\ 4 & 7 & -8 \end{vmatrix} = \frac{1}{5400} \cdot \begin{vmatrix} 2 & -1 & 2 \\ 0 & 12 & -6 \\ 0 & 9 & -12 \end{vmatrix} = \frac{1}{5400} \cdot 2 \cdot \begin{vmatrix} 12 & -6 \\ 9 & -12 \end{vmatrix}$$

$$\ldots = \frac{1}{2700} \cdot (-144 - (-54)) = \frac{-1}{30}$$

$$|A| = \begin{vmatrix} 2 & -1 & 3 \\ 0 & 4 & -2 \\ 1 & 3 & -4 \end{vmatrix} = \begin{vmatrix} 0 & -7 & 11 \\ 0 & 4 & -2 \\ 1 & 3 & -4 \end{vmatrix} = \begin{vmatrix} -7 & 11 \\ 4 & -2 \end{vmatrix} = 14 - 44 = -30$$

Damit ist die gegebene Gleichung überprüft.

(b) $A \cdot B = \begin{pmatrix} 1 & 16 & 22 \\ 8 & -8 & -14 \\ 0 & -14 & -5 \end{pmatrix}$; $|A \cdot B| = \begin{vmatrix} 1 & 16 & 22 \\ 8 & -8 & -14 \\ 0 & -14 & -5 \end{vmatrix} = \begin{vmatrix} 1 & 16 & 22 \\ 0 & -136 & -190 \\ 0 & -14 & -5 \end{vmatrix} = \begin{vmatrix} -136 & -190 \\ -14 & -5 \end{vmatrix}$

$$\ldots = 680 - 2660 = -1980$$

$$|B| = \begin{vmatrix} -1 & 2 & 8 \\ 3 & 0 & -3 \\ 2 & 4 & 1 \end{vmatrix} = \begin{vmatrix} -1 & 2 & 8 \\ 3 & 0 & -3 \\ 4 & 0 & -15 \end{vmatrix} = 2 \cdot (-1) \cdot \begin{vmatrix} 3 & -3 \\ 4 & -15 \end{vmatrix} = -2 \cdot (-45 - (-12)) = 66$$

Also: $|A| \cdot |B| = (-30) \cdot 66 = -1980$

L8: Wir multiplizieren die dritte Zeile mit 2 und addieren das Ergebnis zur ersten Zeile:

$$|A - xE| = \begin{vmatrix} 1 - x & -2 & 3 \\ 4 & -2 - x & 1 \\ -3 & 1 & -3 - x \end{vmatrix} = \begin{vmatrix} -5 - x & 0 & -3 - 2x \\ 4 & -2 - x & 1 \\ -3 & 1 & -3 - x \end{vmatrix}$$

Auswahl der zweiten Spalte:

$$\ldots = (-2-x)\cdot\begin{vmatrix} -5-x & -3-2x \\ -3 & -3-x \end{vmatrix} + 1\cdot(-1)\cdot\begin{vmatrix} -5-x & -3-2x \\ 4 & 1 \end{vmatrix}$$

$$\ldots = (-2-x)\cdot[(-5-x)(-3-x)+3(-3-2x)] - [-5-x-4(-3-2x)] = -x^3 - 4x^2 - 17x - 19$$

Aus der Bedingung $|A - xE| = -19$ folgt also $-x^3 - 4x^2 - 17x = 0$, woraus sich $x = 0$ ergibt.

L9: Die Koeffizientenmatrix sei A. Ist $|A| \neq 0$, gibt es genau eine Lösung; ist $|A| = 0$, muss mit unendlich vielen Lösungen oder mit der Unlösbarkeit des Gleichungssystems gerechnet werden. Wir prüfen also zunächst, für welche Werte von a die Determinante $|A| = 0$ ist. Dazu addieren wir zunächst die erste Zeile zur dritten:

$$\begin{vmatrix} 1 & 1 & -1 \\ 1 & -1 & a \\ -1 & 1 & 1 \end{vmatrix} = \begin{vmatrix} 1 & 1 & -1 \\ 1 & -1 & a \\ 0 & 2 & 0 \end{vmatrix} = 2\cdot(-1)\cdot\begin{vmatrix} 1 & -1 \\ 1 & a \end{vmatrix} = -2\cdot(a-(-1)) = -2a-2$$

Also $|A| = 0$, wenn $a = -1$. Diesen Wert setzen wir in das gegebene Gleichungssystem ein und schreiben die erweiterte Koeffizientenmatrix auf:

x_1	x_2	x_3			
1	1	-1	1	+	
[1]	-1	-1	1	$\cdot(-1)$	+
-1	1	1	0		+
0	2	0	0		
1	-1	-1	1		
0	0	0	1		

Wegen des Widerspruchs in der letzten Zeile ist das Gleichungssystem unlösbar, es hat also insbesondere niemals unendlich viele Lösungen.

L10: Ist $|A| \neq 0$, so ergibt sich der Rang 3; für $|A| = 0$ ist der Rang kleiner als 3. Wir untersuchen also zunächst einmal, ob $|A| = 0$ werden kann. Dazu multiplizieren wir zunächst die dritte Zeile mit (-1) und addieren das Ergebnis zur ersten und anschließend auch zur zweiten Zeile. Dann wählen wir die dritte Spalte aus:

$$\begin{vmatrix} 1 & a & 1 \\ a & 1 & 1 \\ 1 & 1 & 1 \end{vmatrix} = \begin{vmatrix} 0 & a-1 & 0 \\ a-1 & 0 & 0 \\ 1 & 1 & 1 \end{vmatrix} = \begin{vmatrix} 0 & a-1 \\ a-1 & 0 \end{vmatrix} = -(a-1)^2$$

Für $a \neq 1$ ist der Rang 3. Jetzt setzen wir $a = 1$ in A ein: $\begin{pmatrix} 1 & 1 & 1 \\ 1 & 1 & 1 \\ 1 & 1 & 1 \end{pmatrix}$. Da die drei Spaltenvektoren übereinstimmen, ist der Rang gleich 1. Der Rang 2 kommt niemals vor.

L11: Fasst man die gegebenen Vektoren als Spalten einer Matrix auf, so ist diese quadratisch. Die Spaltenvektoren sind linear abhängig, wenn die Determinante zu A gleich 0 ist. Auswahl der ersten Spalte:

$$\begin{vmatrix} 1 & 0 & a \\ a & 1 & 0 \\ 0 & a & 1 \end{vmatrix} = \begin{vmatrix} 1 & 0 & a \\ 0 & 1 & -a^2 \\ 0 & a & 1 \end{vmatrix} = \begin{vmatrix} 1 & -a^2 \\ a & 1 \end{vmatrix} = 1 + a^3$$

Die Determinante ist für $a = -1$ null, somit sind die gegebenen Vektoren für $a = -1$ linear abhängig.

L12: Da bei einem homogenen Gleichungssystem stets eine Lösung existiert, liegen unendlich viele Lösungen vor, wenn die Determinante zur Koeffizientenmatrix null ist. Auswahl der ersten Spalte:

$$\begin{vmatrix} 1 & a & -a^2 \\ a & 1 & -a \\ -1 & a^2 & a \end{vmatrix} = \begin{vmatrix} 1 & a & -a^2 \\ 0 & 1-a^2 & a^3-a \\ 0 & a+a^2 & a-a^2 \end{vmatrix} = \begin{vmatrix} 1-a^2 & a^3-a \\ a+a^2 & a-a^2 \end{vmatrix} =$$

$$= \begin{vmatrix} (1-a)(1+a) & -a(1-a)(1+a) \\ a(1+a) & a(1-a) \end{vmatrix}$$

$$= a \cdot (1-a)(1+a) \cdot \begin{vmatrix} 1-a & -(1+a) \\ a & 1 \end{vmatrix} = a \cdot (1-a)(1+a) \cdot [(1-a)1 - (-(1+a))a]$$

$$= a \cdot (1-a)(1+a) \cdot [1-a+a+a^2] = a \cdot (1-a^2)(1+a^2)$$

Ein Produkt aus drei Faktoren ist null, wenn der erste oder der zweite oder der dritte Faktor null ist. Der dritte Faktor kann nicht null werden, also $a = 0$ oder $a = 1$ oder $a = -1$. Diese Fälle werden jetzt einzeln untersucht.

(i) Fall $a = 0$: Setzt man diesen Wert in das gegebene Gleichungssystem ein, ergibt sich unmittelbar $x_1 = 0$; $x_2 = 0$; $x_3 = c$ beliebig, das heißt

$$\vec{x} = \begin{pmatrix} 0 \\ 0 \\ 1 \end{pmatrix} \cdot c = \vec{b}_1 \cdot c \quad \text{mit } c \text{ beliebig}$$

Also ist die Lösungsmenge ein eindimensionaler Vektorraum mit der Teilmenge $\{\vec{b}_1\}$ als Basis.

(ii) Fall $a = 1$: Eingesetzt in das gegebene Gleichungssystem:

$$\begin{array}{rrrcl} x_1 & +x_2 & -x_3 & = & 0 \\ x_1 & +x_2 & -x_3 & = & 0 \\ -x_1 & +x_2 & +x_3 & = & 0 \end{array}$$

Die ersten zwei Gleichungen stimmen überein; wir haben nur eine davon in der Koeffizientenmatrix zu berücksichtigen:

x_1	x_2	x_3		
[1]	1	−1	0	+
−1	1	1	0	+
1	1	−1	0	
0	[2]	0	0	:2
1	1	−1	0	+
0	[1]	0	0	·(−1)
1	0	−1	0	
0	1	0	0	

Lösung: $x_1 = c$; $x_2 = 0$; $x_3 = c$ beliebig, das heißt

$$\vec{x} = \begin{pmatrix} 1 \\ 0 \\ 1 \end{pmatrix} \cdot c = \vec{b}_2 \cdot c \quad \text{mit } c \text{ beliebig}$$

Die Lösungsmenge ist folglich ein eindimensionaler Vektorraum. Er hat die Basis $\{\vec{b}_2\}$.

(iii) Fall $a = -1$: Eingesetzt in das gegebene Gleichungssystem:

$$
\begin{aligned}
x_1 & -x_2 & -x_3 & = 0 \\
-x_1 & +x_2 & +x_3 & = 0 \\
-x_1 & +x_2 & -x_3 & = 0
\end{aligned}
$$

Die ersten zwei Gleichungen stimmen bis auf den Faktor (−1) überein. Wir berücksichtigen daher nur eine davon in der Koeffizientenmatrix:

x_1	x_2	x_3		
[1]	−1	−1	0	+
−1	1	−1	0	+
1	−1	−1	0	
0	0	[−2]	0	:(−2)
1	−1	−1	0	+
0	0	[1]	0	+
1	−1	0	0	
0	0	1	0	

Lösung: $x_1 = c$; $x_2 = c$ beliebig; $x_3 = 0$, das heißt

$$\vec{x} = \begin{pmatrix} 1 \\ 1 \\ 0 \end{pmatrix} \cdot c = \vec{b}_3 \cdot c \quad \text{mit } c \text{ beliebig}$$

Die Lösungsmenge ist folglich ein eindimensionaler Vektorraum mit Basis $\{\vec{b}_3\}$.

L13: (a) Die Cramersche Regel ist anwendbar, wenn die Determinante zur Koeffizientenmatrix ungleich 0 ist:

$$|A| = \begin{vmatrix} 0 & b & b \\ 1 & 3 & 0 \\ 0 & 1 & b \end{vmatrix} = 1 \cdot (-1) \cdot \begin{vmatrix} b & b \\ 1 & b \end{vmatrix} = -(b^2 - b) = b \cdot (1 - b)$$

Es gilt $|A| = 0$, wenn $b = 0$ oder $b = 1$. Die Cramersche Regel ist somit anwendbar für $b \neq 0$ und $b \neq 1$.

(b) $|A_1| = \begin{vmatrix} 1 & b & b \\ 0 & 3 & 0 \\ 1 & 1 & b \end{vmatrix} = 0$, da die dritte Spalte eine Vielfaches der ersten ist. Die Spaltenvektoren sind linear abhängig.

$$|A_2| = \begin{vmatrix} 0 & 1 & b \\ 1 & 0 & 0 \\ 0 & 1 & b \end{vmatrix} = 0, \text{ da die dritte Spalte eine Vielfaches der zweiten ist.}$$

$$|A_3| = \begin{vmatrix} 0 & b & 1 \\ 1 & 3 & 0 \\ 0 & 1 & 1 \end{vmatrix} = 1 \cdot (-1) \cdot \begin{vmatrix} b & 1 \\ 1 & 1 \end{vmatrix} = -(b - 1) = 1 - b$$

Ergebnis: $x_1 = \dfrac{0}{b(1-b)} = 0 = x_2; \; x_3 = \dfrac{1-b}{b(1-b)} = \dfrac{1}{b}$

L14: (a) $|A| = \begin{vmatrix} 1 & a & 1 \\ a^2 & -1 & 0 \\ 0 & 0 & 1 \end{vmatrix} = \begin{vmatrix} 1 & a \\ a^2 & -1 \end{vmatrix} = -1 - a^3$. Also $|A| = 0$ wenn $a = -1$.

(b) A^{-1} ist berechenbar, wenn $|A| \neq 0$, also für $a \neq -1$.

(c) $A \cdot \vec{x} = \vec{0}$ hat nach der Cramerschen Regel genau eine Lösung, wenn $|A| \neq 0$, also wenn $a \neq -1$.

V. Grafische Lösung von linearen Ungleichungssystemen mit zwei Variablen

A. Definitionen, Lehrsätze und Erläuterungen

Definition: Seien a, b und c Parameter für reelle Zahlen. Man bezeichnet

$$a\,x_1 + b\,x_2 \leq c$$

(wobei a und b nicht zugleich 0 sein dürfen) als eine *normierte lineare Ungleichung mit zwei Variablen*. Jede lineare Ungleichung, die durch Äquivalenzumformungen auf diese Form gebracht werden kann, nennt man eine *lineare Ungleichung mit zwei Variablen*.

Definition: Ein Zahlenpaar $(x_1{}^*, x_2{}^*)$ nennt man eine *Lösung der linearen Ungleichung* $a\,x_1 + b\,x_2 \leq c$, wenn die Ungleichung $a\,x_1{}^* + b\,x_2{}^* \leq c$ eine wahre Aussage ist, also $(x_1{}^*, x_2{}^*)$ die Ungleichung erfüllt. Die Menge aller Lösungen einer linearen Ungleichung bezeichnet man als ihre *Lösungsmenge*.

Definition: Von einem *linearen Ungleichungssystem* spricht man, wenn mehrere lineare Ungleichungen gegeben sind. Ein Zahlenpaar $(x_1{}^*, x_2{}^*)$ ist eine *Lösung des Ungleichungssystems*, wenn dieses Zahlenpaar alle Ungleichungen des Systems erfüllt.

Vereinbarung: Die x_2-Achse ist stets senkrecht, die x_1-Achse stets waagrecht.

Definition: Eine Teilmenge der x_1-x_2-Ebene, die aus einer nicht senkrechten Geraden und außerdem noch aus allen Punkten oberhalb (unterhalb) dieser Geraden besteht, nennt man eine *Halbebene*. Von einer Halbebene spricht man ebenfalls, wenn die Gerade senkrecht verläuft und auch noch alle Punkte rechts (links) von dieser Geraden zur Teilmenge gehören.

Lehrsatz 1: Jede lineare Ungleichung mit zwei Variablen hat als Lösungsmenge eine Halbebene.

Lösungsverfahren: Man löse die gegebene lineare Ungleichung nach x_2 auf beziehungsweise nach x_1, wenn x_2 nicht vorkommt: $a\,x_1 + b\,x_2 \leq c$

(a) Sei $b \neq 0$:

Falls $b > 0$: $x_2 \leq -\dfrac{a}{b} \cdot x_1 + \dfrac{c}{b}$. Die Lösungsmenge besteht aus allen Punkten der Gera-

den $x_2 = -\dfrac{a}{b} \cdot x_1 + \dfrac{c}{b}$ und aus allen Punkten unterhalb dieser Geraden.

Falls $b < 0$: $x_2 \geq -\dfrac{a}{b} \cdot x_1 + \dfrac{c}{b}$. Die Lösungsmenge besteht aus allen Punkten der Gera-

den $x_2 = -\dfrac{a}{b} \cdot x_1 + \dfrac{c}{b}$ und aus allen Punkten oberhalb dieser Geraden.

(b) Sei $b = 0$, also $a \neq 0$:

Falls $a > 0$: $x_1 \leq \dfrac{c}{a}$. Die Lösungsmenge besteht aus der senkrechten Geraden $x_1 = \dfrac{c}{a}$

und allen Punkten links von dieser Senkrechten.

Falls $a < 0$: $x_1 \geq \dfrac{c}{a}$. Die Lösungsmenge besteht aus der senkrechten Geraden $x_1 = \dfrac{c}{a}$

und allen Punkten rechts von dieser Senkrechten.

Lehrsatz 2: Enthält ein lineares Ungleichungssystem k Ungleichungen, so ist seine Lösungsmenge gleich dem Durchschnitt der k Halbebenen, die jeweils zu den k linearen Ungleichungen als Lösungsmengen gehören.

Definition: Ist die Lösungsmenge eines linearen Ungleichungssystems *beschränkt*, das heißt, kann sie in einen hinreichend großen Kreis um (0, 0) eingeschlossen werden, bezeichnet man die Lösungsmenge auch als *Polyeder*.

B. Aufgaben

1. Gesucht ist die grafische Lösung folgender linearer Ungleichungen:

(a) $x_1 + 2x_2 \le 4$ (b) $12x_1 \ge -6x_2 + 24$ (c) $x_1 \ge 2$

(d) $x_1 \le 3$ (e) $x_1 \ge 0$ (f) $x_2 \ge 0$

2. Gesucht ist die grafische Lösung folgender linearer Ungleichungssysteme:

(a)
$$
\begin{aligned}
x_1 + x_2 &\le 4 \\
x_1 &\ge 0 \\
x_2 &\ge 0
\end{aligned}
$$

(b)
$$
\begin{aligned}
2x_1 + 4x_2 &\ge 8 \\
x_1 &\ge 1 \\
x_2 &\ge 0
\end{aligned}
$$

(c)
$$
\begin{aligned}
-2x_1 + 6x_2 &\le 18 \\
x_1 + x_2 &\ge 1 \\
x_1 &\le 5 \\
x_1 &\ge 0 \\
x_2 &\ge 0
\end{aligned}
$$

(d)
$$
\begin{aligned}
2x_1 + x_2 &\le 8 \\
x_1 + 4x_2 &\ge 4 \\
3x_1 - 4x_2 &\le 6 \\
x_1 &\ge 0 \\
x_2 &\ge 0
\end{aligned}
$$

C. Lösungen

L1: Auflösung jeder Ungleichung nach x_2 beziehungsweise x_1, falls x_2 nicht vorkommt. Die Lösungsmenge, die Halbebene, wird durch kammartiges Schraffieren kenntlich gemacht.

(a) $x_2 \le -\dfrac{1}{2}x_1 + 2$

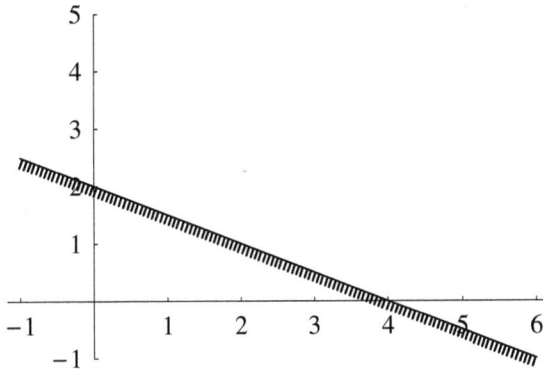

(b) $x_2 \geq -2x_1 + 4$

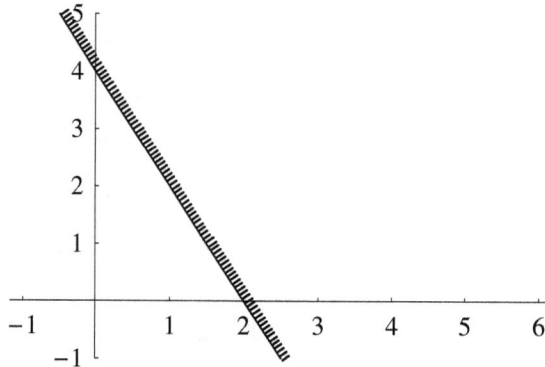

(c) Lösungsmenge: Punkte der Senkrechten $x_1 = 2$ und alle Punkte rechts von dieser Geraden.

(d) Lösungsmenge: Punkte der Senkrechten $x_1 = 3$ und alle Punkte links von dieser Geraden.

(e) Lösungsmenge: Punkte der x_2-Achse und alle Punkte rechts von dieser Achse.

(f) Lösungsmenge: Punkte der x_1-Achse und alle Punkte oberhalb dieser Achse.

L2: Auflösung jeder linearen Ungleichung nach x_2 beziehungsweise x_1, falls x_2 nicht vorkommt.

(a) $x_2 \leq -x_1 + 4$; $x_1 \geq 0$; $x_2 \geq 0$

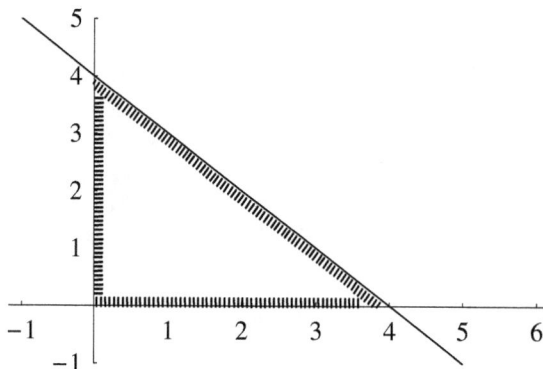

(b) $x_2 \geq -\dfrac{1}{2}x_1 + 2$; $x_1 \geq 1$; $x_2 \geq 0$; kein Polyeder!

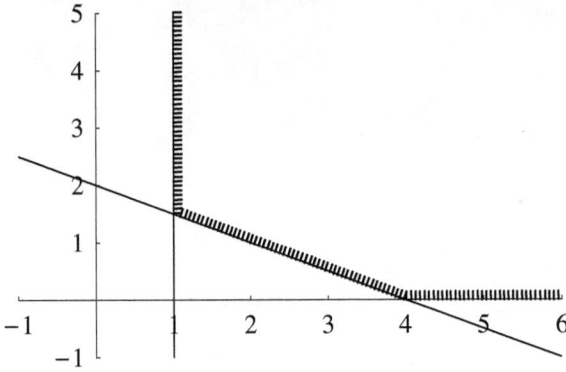

(c) $x_2 \leq \dfrac{1}{3}x_1 + 3$; $x_1 \leq 5$; $x_1 \geq 0$; $x_2 \geq -x_1 + 1$; $x_2 \geq 0$

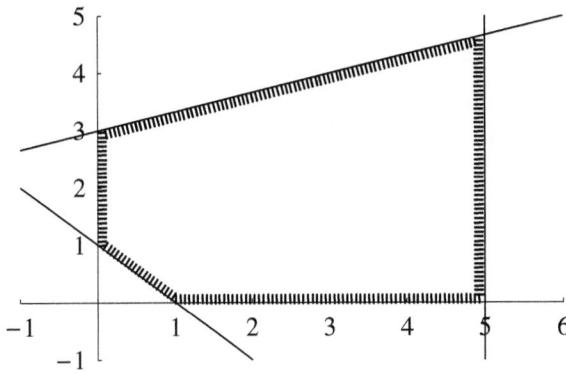

(d) $x_2 \leq -2x_1 + 8$; $x_1 \geq 0$; $x_2 \geq -\dfrac{1}{4}x_1 + 1$; $x_2 \geq 0$; $x_2 \geq \dfrac{3}{4}x_1 - \dfrac{3}{2}$

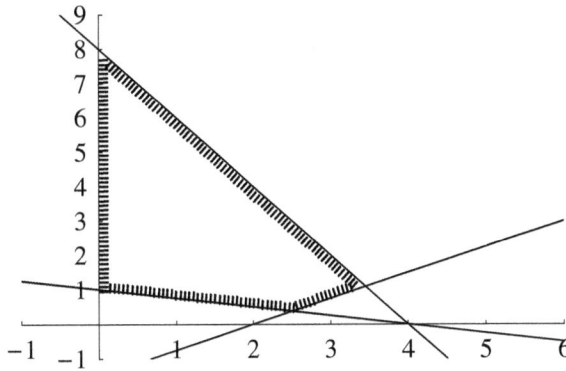

VI. Lineare Programmierung

A. Definitionen, Lehrsätze und Erläuterungen

Definition: Jede Aufgabenstellung, die durch Äquivalenzumformungen in folgende Form gebracht werden kann, bezeichnet man als ein *lineares Programm*: Die lineare Funktion

$$z = c_1 x_1 + c_2 x_2 + \ldots + c_n x_n + d$$

(*Zielfunktion*) ist zu maximieren unter den Nebenbedingungen

$$
\begin{aligned}
a_{11} x_1 &+ \cdots + a_{1n} x_n && \leq && b_1 \\
a_{21} x_1 &+ \cdots + a_{2n} x_n && \leq && b_2 \\
&\quad\vdots \\
a_{m1} x_1 &+ \cdots + a_{mn} x_n && \leq && b_m
\end{aligned}
$$

$$x_1, x_2, \ldots, x_n \geq 0 \quad (\textit{Nichtnegativitätsbedingungen})$$

Definition: Ein lineares Programm nennt man *normiert*, wenn gilt:
(a) Im Ungleichungssystem stehen die Summanden mit den Variablen $x_1, x_2, \ldots, x_n$ links, die übrigen rechts.
(b) Die Summanden mit denselben Variablen stehen senkrecht untereinander.
(c) In allen Ungleichungen des Ungleichungssystems (bis auf die Nichtnegativitätsbedingungen) steht $\leq$.
(d) Es wird das Maximum der Zielfunktion gesucht.

Bemerkung: Sollte im Ungleichungssystem (abgesehen von den Nichtnegativitätsbedingungen) in einigen Ungleichungen $\geq$ stehen, sind diese Ungleichungen mit (-1) zu multiplizieren. Wird das Minimum der Zielfunktion gesucht, ist diese ebenfalls mit (-1) zu multiplizieren und das Maximum der so veränderten Zielfunktion zu berechnen. Dieses Maximum unterscheidet sich vom gesuchten Minimum nur durch das Vorzeichen.

Definition: Man bezeichnet ein lineares Programm als *normal*, wenn es (a) normiert ist und (b) auf der rechten Seite des Ungleichungssystems keine negative Zahlen hat.

Vereinbarung: Wir setzen jetzt stets ein normiertes lineares Programm voraus.

Durch Einführung von so genannten *Schlupfvariablen* x_{n+1}, x_{n+2}, ... , x_{n+m} wird das Ungleichungssystem (mit Ausnahme der Nichtnegativitätsbedingungen) zu einem Gleichungssystem umgeformt:

$$
\begin{array}{lllll}
a_{11}x_1 & +\cdots & +a_{1n}x_n & +x_{n+1} & & & = & b_1 \\
a_{21}x_1 & +\cdots & + a_{2n}x_n & & + x_{n+2} & & = & b_2 \\
& & & & & \vdots & & \\
a_{m1}x_1 & +\cdots & + a_{mn}x_n & & & + x_{n+m} & = & b_m
\end{array}
\quad (*)
$$

Lehrsatz 1: Eine Lösung des Gleichungssystems (*) mit nichtnegativen Zahlen für alle Variablen, unter denen mindestens n gleich 0 sind, stellt – geometrisch gesprochen – eine ‚Ecke' der Lösungsmenge der Nebenbedingungen dar. Bei normalen linearen Programmen ist $x_1 = x_2 = ... = x_n = 0$; $x_{n+k} = b_k$ für $k = 1, 2, ..., m$ stets eine Ecke.

Simplextableau: Man füge dem Gleichungssystem (*) noch die Zielfunktion, ebenfalls normiert geschrieben, hinzu:

$$z - c_1x_1 - c_2x_2 - ... - c_nx_n = d$$

Das Simplextableau besteht dann aus der erweiterten Koeffizientenmatrix von (*), der als letzte Zeile die Koeffizienten der normiert geschriebenen Zielfunktion angefügt wird, allerdings ohne die abhängige Variable z zu berücksichtigen.

x_1	x_2	...	x_n	x_{n+1}	x_{n+2}	...	x_{n+m}	
a_{11}	a_{12}	...	a_{1n}	1	0	...	0	b_1
a_{21}	a_{22}	...	a_{2n}	0	1	...	0	b_2
a_{m1}	a_{m2}	...	a_{mn}	0	0	...	1	b_m
$-c_1$	$-c_2$	...	$-c_n$	0	0	...	0	d

Von oben nach unten gliedert sich das Simplextableau in Kopfzeile, Mittelfeld und Zielfunktionszeile.

Simplexverfahren für normale lineare Programme:

A: Gibt es in der Zielfunktionszeile (links vom senkrechten Strich) keine negativen Zahlen, ist das Verfahren beendet. Die folgende Ecke ist dann eine Lösung des linearen Programms: Man setze die Variablen, die nicht über den verschiedenen Einheitsvektoren stehen, gleich 0 und lese die übrigen auf der rechten Seite des Mittelfelds ab. Der maximale Wert der Zielfunktion steht rechts unten in der Ecke des Tableaus.

Falls A nicht zutrifft:

B: Man wähle in der Zielfunktionszeile (links vom senkrechten Strich) die *kleinste negative Zahl* aus. Bei Nicht-Eindeutigkeit hat man die freie Auswahl unter den gleich großen negativen Zahlen. Diese Auswahl hebt eine Spalte des Simplextableaus hervor, die so genannte *Pivotspalte*.

Sodann bilde man die Zeilenquotienten im Mittelfeld jeweils aus der rechten Seiten einer Zeile und der Zahl der Pivotspalte derselben Zeile, *soweit diese positiv ist*. Dann wähle man die Zeile mit dem kleinsten Quotienten als *Pivotzeile* aus. Bei Nicht-Eindeutigkeit gilt auch hier wiederum die freie Auswahl unter den gleich großen Quotienten.

Kann man nach dem eben beschriebenen Verfahren keine Pivotzeile finden, weil im Mittelfeld alle Zahlen der Pivotspalte null oder negativ sind, so hat das lineare Programm keine Lösung. Die Lösungsmenge des Ungleichungssystems der Nebenbedingungen ist unbegrenzt.

Falls Pivotspalte und Pivotzeile bestimmbar sind, bezeichnet man das gemeinsame Element beider als *Pivotelement*.

C: (a) Alle Elemente der Pivotzeile werden durch das Pivotelement dividiert.

(b) Alle übrigen Zeilen des Simplextableaus werden mit Hilfe der dividierten Pivotzeile umgeformt, so dass in der Pivotspalte (abgesehen von der 1 an der Stelle des Pivotelements) alle Elemente 0 werden.

Man wiederhole diese Schritte, bis **A** oder **B** das Ende des Verfahrens anzeigt.

Simplexverfahren für lineare Programme, die nicht normal sind:

Die zusätzliche Schwierigkeit der Lösungssuche bei diesen linearen Programmen besteht darin, dass man keine Ecke der Lösungsmenge des Ungleichungssystems der Nebenbedingungen kennt, die als Beginn des Simplexverfahrens verwendet werden könnte. Das folgende Vorgehen dient der Suche nach einer Startecke.

Zunächst wird – wie bei den normalen linearen Programmen – das Simplextableau des normierten linearen Programms aufgestellt. Dann folgt:

D: Man wähle auf der rechten Seite des Mittelfelds eine *negative Zahl* aus, die eine Pivotzeile festlegt. Gibt es dann in dieser Pivotzeile links vom senkrechten Strich keine negativen Zahlen, ist das lineare Programm unlösbar. Andernfalls wähle man unter den negativen Zahlen eine aus und bestimme dadurch eine Pivotspalte. Anschließend erfolgt die Umformung nach C.

Befinden sich nach dieser Umformung immer noch negative Zahlen auf der rechten Seite des Mittelfelds, wiederhole man D. Andernfalls – soweit das lineares Programm überhaupt lösbar ist – gehe man zu den Schritten A, B und C zurück, bis A oder B das Ende des Verfahrens anzeigt.

Grafische Lösung eines linearen Programms:

Die grafische Lösung eines linearen Programms hat nur bei Programmen mit zwei Variablen einen Sinn. Sie besteht aus zwei Schritten:

(a) Man bestimmt die Lösungsmenge des Ungleichungssystems der Nebenbedingungen. Dieses Problem wurde Kapitel II.V bereits behandelt.

(b) Die Zielfunktion lautet im Fall von zwei Variablen $z = c_1 x_1 + c_2 x_2 + d$. Wir setzen voraus, dass c_1 und c_2 nicht zugleich null sein dürfen. Wie die Ungleichungen lösen wir jetzt auch die Zielfunktion nach x_2 auf beziehungsweise nach x_1, falls x_2 nicht vorkommt.

(*) Falls $c_2 \neq 0$: $x_2 = -\dfrac{c_1}{c_2} \cdot x_1 + \dfrac{z-d}{c_2}$ (dabei ist z der Parameter, also handelt es sich um

eine Geradenschar, hier also eine Menge paralleler Geraden)

(**) Falls $c_2 = 0$, das heißt $c_1 \neq 0$: $x_1 = \dfrac{z-d}{c_1}$ (dabei ist z der Parameter und so ist eine

Menge senkrechter Geraden entstanden)

Man setze jetzt für z eine spezielle Zahl ein, so dass die zugehörige Gerade die Lösungsmenge des Ungleichungssystems der Nebenbedingungen schneidet.

(i) Ist das Maximum der Zielfunktion gesucht, wird gefragt: Wird mit steigendem z der Achsenabschnitt von (*) beziehungsweise (**) größer oder kleiner? Dementsprechend verschiebt man die eingezeichnete spezielle Gerade aus der Schar nach oben oder nach unten beziehungsweise nach rechts oder nach links.

(ii) Ist das Minimum der Zielfunktion gesucht, wird gefragt: Wird mit sinkendem z der Achsenabschnitt von (*) beziehungsweise (**) kleiner oder größer? Dementsprechend verschiebt man die eingezeichnete spezielle Gerade aus der Schar nach unten oder nach oben beziehungsweise nach links oder nach rechts.

Die Verschiebung hat so weit wie irgend möglich zu erfolgen, das heißt, die verschobene Gerade muss aber noch einen nichtleeren Durchschnitt mit der Lösungsmenge des Ungleichungssystems der Nebenbedingungen behalten. Bei lösbaren linearen Programmen ist die Verschiebung nicht unbegrenzt. Der verbleibende Durchschnitt ist dann die Lösung des linearen Programms.

B. Aufgaben

Bei allen Aufgaben ist (a) die grafische Lösung und (b) die Lösung mit Hilfe des Simplexverfahrens gesucht.

1. $z = 3x_1 + 5x_2$ max.   **2.** $z = 2x_1 + 4x_2$ max.   **3.** $z = 3x_1 + 2x_2$ max.

$2x_1$	$+x_2$	$\leq$	6	x_1	$+6x_2$	$\leq$	36	$2x_1$	$+x_2$	$\leq$ 8

$$
\begin{array}{llll} \qquad & \qquad & \qquad \\ 2x_1 & +x_2 & \leq & 6 \\ x_1 & +x_2 & \leq & 4 \\ x_1 & +2x_2 & \leq & 7 \\ x_1 & & \geq & 0 \\ & x_2 & \geq & 0 \end{array}
\qquad
\begin{array}{llll} x_1 & +6x_2 & \leq & 36 \\ 2x_1 & +3x_2 & \leq & 27 \\ 3x_1 & +x_2 & \leq & 30 \\ x_1 & & \geq & 0 \\ & x_2 & \geq & 0 \end{array}
\qquad
\begin{array}{llll} 2x_1 & +x_2 & \leq & 8 \\ x_1 & +2x_2 & \leq & 10 \\ x_1 & & \leq & 3 \\ x_1 & +x_2 & \geq & 2 \\ x_1 & & \geq & 0 \\ & x_2 & \geq & 0 \end{array}
$$

4. $z = 3x_1 + 2x_2$ min.

$$
\begin{aligned}
x_1 &+ x_2 &\geq\; 3 \\
2x_1 &+ x_2 &\geq\; 5 \\
x_1 &+ 3x_2 &\geq\; 4 \\
x_1 & &\geq\; 0 \\
&x_2 &\geq\; 0
\end{aligned}
$$

5. $z = 4x_1 + 5x_2$ max.

$$
\begin{aligned}
x_1 &+ 3x_2 &\leq\; 15 \\
2x_1 &+ x_2 &\leq\; 12 \\
x_1 &+ x_2 &\leq\; 7 \\
x_1 & &\geq\; 0 \\
&x_2 &\geq\; 0
\end{aligned}
$$

6. $z = 8x_1 + 7x_2$ max.

$$
\begin{aligned}
x_1 &+ x_2 &\leq\; 16 \\
&x_2 &\leq\; 12 \\
3x_1 &+ x_2 &\leq\; 36 \\
x_1 & &\geq\; 0 \\
&x_2 &\geq\; 0
\end{aligned}
$$

7. $z = x_1 + 3x_2 - 9$ max.

$$
\begin{aligned}
-2x_1 &+ x_2 &\leq\; 7 \\
2x_1 &+ x_2 &\leq\; 15 \\
-x_1 &+ x_2 &\geq\; -4 \\
x_1 & &\leq\; 5 \\
x_1 & &\geq\; 0 \\
&x_2 &\geq\; 0
\end{aligned}
$$

8. $z = x_1 + 5x_2 + 7$ min.

$$
\begin{aligned}
5x_2 &\geq -2x_1 + 27 \\
x_2 - 2x_1 - 3 &\leq 0 \\
0 &\leq -x_1 - x_2 + 9 \\
x_1 &\geq 0 \\
x_2 &\geq 0
\end{aligned}
$$

9. $z = 4x_1 + 3x_2$ max.

$$
\begin{aligned}
x_1 & &\leq\; 9 \\
x_1 &+ x_2 &\leq\; 12 \\
x_1 &+ 4x_2 &\leq\; 36 \\
5x_1 &+ 3x_2 &\leq\; 50 \\
x_1 & &\geq\; 0 \\
&x_2 &\geq\; 0
\end{aligned}
$$

10. $z = 2x_1 + 3x_2$ max.

$$
\begin{aligned}
x_1 &+ x_2 &\leq\; 8 \\
x_1 & &\leq\; 5 \\
&x_2 &\leq\; 6 \\
2x_1 &+ x_2 &\leq\; 12 \\
x_1 & &\geq\; 0 \\
&x_2 &\geq\; 0
\end{aligned}
$$

11. $z = 2x_1 + x_2$ max.

$$
\begin{aligned}
x_1 &+ 5x_2 &\geq\; 10 \\
-3x_1 &+ 5x_2 &\leq\; 10 \\
x_1 &+ x_2 &\leq\; 10 \\
x_1 & &\geq\; 0 \\
&x_2 &\geq\; 0
\end{aligned}
$$

12. $z = 3x_1 + x_2 + 2$ max.

$$
\begin{aligned}
-x_1 &+ 2x_2 &\leq\; 6 \\
x_1 &+ 2x_2 &\leq\; 10 \\
x_1 &- x_2 &\leq\; 4 \\
x_1 & &\geq\; 0 \\
&x_2 &\geq\; 0
\end{aligned}
$$

13. Eine Unternehmung stellt zwei Produkte P und Q her. Die Herstellung einer Einheit von P kostet 4 Geldeinheiten (GE) und bringt bei Verkauf 5 GE; die Herstellung einer Einheit von Q kostet 2 GE und bringt 4 GE. Die Unternehmung hat entschieden, die folgenden Nebenbedingungen einzuhalten:

(i) Der Gewinn beträgt mindestens 12 GE.

(ii) Aus technischen Gründen müssen von P mindestens 2, von Q mindestens 3 Einheiten hergestellt werden.

(iii) Damit der Absatz gesichert ist, darf die Produktion von P und Q zusammen 24 Einheiten nicht übersteigen.

Die folgenden drei Fragen sind alternativ zu beantworten: Wie viele Einheiten sollten von P beziehungsweise Q hergestellt werden, damit die Produktion

(a) zu minimalen Kosten erfolgt?

(b) das Erlösmaximum erbringt?

(c) das Gewinnmaximum erreicht?

C. Lösungen

L1: (a) Grafische Lösung

(i) $x_2 \leq -2x_1 + 6$; $x_2 \leq -x_1 + 4$; $x_2 \leq -\dfrac{1}{2}x_1 + \dfrac{7}{2}$

(ii) $x_2 = -\dfrac{3}{5}x_1 + \dfrac{z}{5}$; sei $z = 10$, dann $x_2 = -\dfrac{3}{5}x_1 + 2$

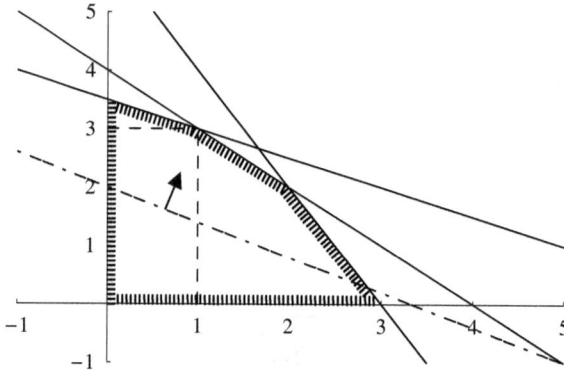

Durch Ablesen: $x_1 = 1$; $x_2 = 3$; $z = 18$

(b) Simplexverfahren

x_1	x_2	x_3	x_4	x_5				
2	1	1	0	0	6			
1	1	0	1	0	4			
1	[2]	0	0	1	7	:2		
−3	−5	0	0	0	0			
2	1	1	0	0	6	+		
1	1	0	1	0	4		+	
1/2	[1]	0	0	1/2	7/2	·(−1)	·(−1)	·5
−3	−5	0	0	0	0			+
3/2	0	1	0	−1/2	5/2			
1/2	0	0	1	−1/2	1/2	:1/2		
1/2	1	0	0	1/2	7/2			
−1/2	0	0	0	5/2	35/2			
3/2	0	1	0	−1/2	5/2	+		
[1]	0	0	2	−1	1	·(−3/2)	·(−1/2)	·1/2
1/2	1	0	0	1/2	7/2		+	
−1/2	0	0	0	5/2	35/2			+

0	0	1	−3	1	1
1	0	0	2	−1	1
0	1	0	−1	1	3
0	0	0	1	2	18

Lösung: $x_1 = 1$; $x_2 = 3$; $z = 18$

L2: (a) Grafische Lösung

(i) $x_2 \leq -\dfrac{1}{6}x_1 + 6$; $x_2 \leq -\dfrac{2}{3}x_1 + 9$; $x_2 \leq -3x_1 + 30$

(ii) $x_2 = -\dfrac{1}{2}x_1 + \dfrac{z}{4}$; sei $z = 16$, dann $x_2 = -\dfrac{1}{2} + 4$

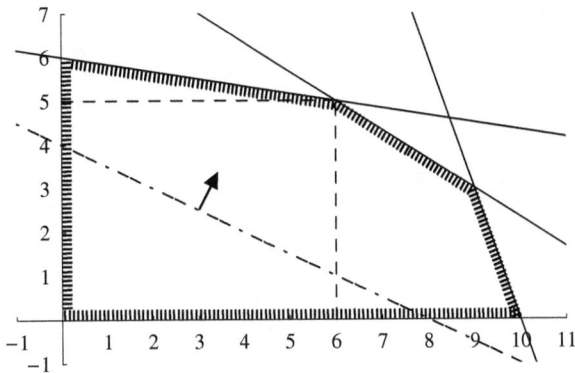

Durch Ablesen: $x_1 = 6$; $x_2 = 5$; $z = 32$

(b) Simplexverfahren

x_1	x_2	x_3	x_4	x_5		
1	[6]	1	0	0	36	:6
2	3	0	1	0	27	
3	1	0	0	1	30	
−2	−4	0	0	0	0	
1/6	[1]	1/6	0	0	6	·(−3)　　·(−1)　　·4
2	3	0	1	0	27	+
3	1	0	0	1	30	+
−2	−4	0	0	0	0	+
1/6	1	1/6	0	0	6	
[3/2]	0	−1/2	1	0	9	:3/2
17/6	0	−1/6	0	1	24	
−4/3	0	2/3	0	0	24	

1/6	1	1/6	0	0	6	+			
[1]	0	−1/3	2/3	0	6	·(−1/6)	·(−17/6)	·4/3	
17/6	0	−1/6	0	1	24	+			
−4/3	0	2/3	0	0	24			+	
0	1	2/9	−1/9	0	5				
1	0	−1/3	2/3	0	6				
0	0	7/9	−17/9	1	7				
0	0	2/9	8/9	0	32				

Lösung: $x_1 = 6$; $x_2 = 5$; $z = 32$

L3: (a) Grafische Lösung

(i) $x_2 \leq -2x_1 + 8$; $x_2 \leq -\dfrac{1}{2}x_1 + 5$; $x_2 \geq -x_1 + 2$; $x_1 \leq 3$

(ii) $x_2 = -\dfrac{3}{2}x_1 + \dfrac{z}{2}$; sei $z = 6$, dann $x_2 = -\dfrac{3}{2} + 3$

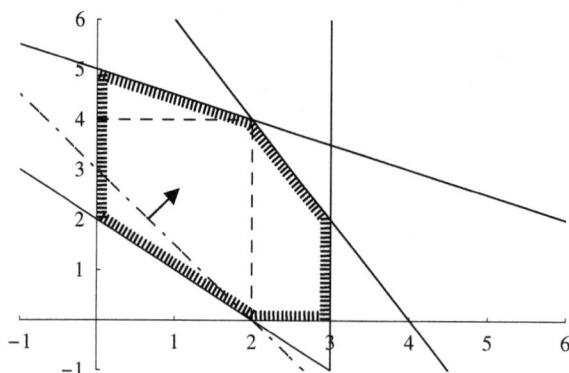

Durch Ablesen: $x_1 = 2$; $x_2 = 4$; $z = 14$

(b) Simplexverfahren

Normierung: $z = 3x_1 + 2x_2$ max.

$$
\begin{aligned}
2x_1 &+ x_2 &\leq&\ 8 \\
x_1 &+ 2x_2 &\leq&\ 10 \\
x_1 & &\leq&\ 3 \\
-x_1 &- x_2 &\leq&\ -2 \\
x_1 & &\geq&\ 0 \\
&x_2 &\geq&\ 0
\end{aligned}
$$

Damit

x_1	x_2	x_3	x_4	x_5	x_6					
2	1	1	0	0	0	8				
1	2	0	1	0	0	10				
1	0	0	0	1	0	3				
−1	[−1]	0	0	0	1	−2	:(−1)			
−3	−2	0	0	0	0	0				
2	1	1	0	0	0	8	+			
1	2	0	1	0	0	10		+		
1	0	0	0	1	0	3				
1	[1]	0	0	0	−1	2	·(−1)	·(−2)	·2	
−3	−2	0	0	0	0	0		+		
1	0	1	0	0	1	6				
−1	0	0	1	0	[2]	6	:2			
1	0	0	0	1	0	3				
1	1	0	0	0	−1	2				
−1	0	0	0	0	−2	4				
1	0	1	0	0	1	6	+			
−1/2	0	0	1/2	0	[1]	3	·(−1)	+	·2	
1	0	0	0	1	0	3				
1	1	0	0	0	−1	2		+		
−1	0	0	0	0	−2	4			+	
[3/2]	0	1	−1/2	0	0	3	:3/2			
−1/2	0	0	1/2	0	1	3				
1	0	0	0	1	0	3				
1/2	1	0	1/2	0	0	5				
−2	0	0	1	0	0	10				
[1]	0	2/3	−1/3	0	0	2	·1/2	·(−1)	·(−1/2)	·2
−1/2	0	0	1/2	0	1	3	+			
1	0	0	0	1	0	3		+		
1/2	1	0	1/2	0	0	5			+	
−2	0	0	1	0	0	10				+
1	0	2/3	−1/3	0	0	2				
0	0	1/3	1/3	0	1	4				
0	0	−2/3	1/3	1	0	1				
0	1	−1/3	2/3	0	0	4				
0	0	4/3	1/3	0	0	14				

Lösung: $x_1 = 2$; $x_2 = 4$; $z = 14$

L4: (a) Grafische Lösung

(i) $x_2 \geq -x_1 + 3$; $x_2 \geq -2x_1 + 5$; $x_2 \geq -\dfrac{1}{3}x_1 + \dfrac{4}{3}$

(ii) $x_2 = -\dfrac{3}{2}x_1 + \dfrac{z}{2}$; sei $z = 12$, dann $x_2 = -\dfrac{3}{2}x_1 + 6$

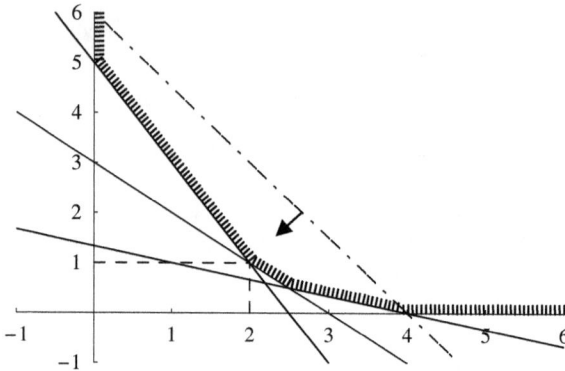

Durch Ablesen: $x_1 = 2$; $x_2 = 1$; $z = 8$

(b) Simplexverfahren

Normierung: $z^* = -3x_1 - 2x_2$ max.

$$
\begin{aligned}
-x_1 \quad -x_2 &\leq -3 \\
-2x_1 \quad -x_2 &\leq -5 \\
-x_1 \quad -3x_2 &\leq -4 \\
x_1 \qquad\qquad &\geq 0 \\
x_2 &\geq 0
\end{aligned}
$$

Damit

x_1	x_2	x_3	x_4	x_5				
−1	−1	1	0	0	−3			
−2	[−1]	0	1	0	−5	:(−1)		
−1	−3	0	0	1	−4			
3	2	0	0	0	0			
−1	−1	1	0	0	−3	+		
2	[1]	0	−1	0	5	+	·3	·(−2)
−1	−3	0	0	1	−4	+		
3	2	0	0	0	0			+
[1]	0	1	−1	0	2	·(−2)	·(−5)	+
2	1	0	−1	0	5	+		
5	0	0	−3	1	11		+	
−1	0	0	2	0	−10			+
1	0	1	−1	0	2			
0	1	−2	1	0	1			
0	0	−5	2	1	1			
0	0	1	1	0	−8			

Lösung: $x_1 = 2$; $x_2 = 1$; $z^* = -8$; also $z = 8$

L5: (a) Grafische Lösung

(i) $x_2 \leq -\dfrac{1}{3}x_1 + 5$; $x_2 \leq -2x_1 + 12$; $x_2 \leq -x_1 + 7$

(ii) $x_2 = -\dfrac{4}{5}x_1 + \dfrac{z}{5}$; sei $z = 20$, dann $x_2 = -\dfrac{4}{5}x_1 + 4$

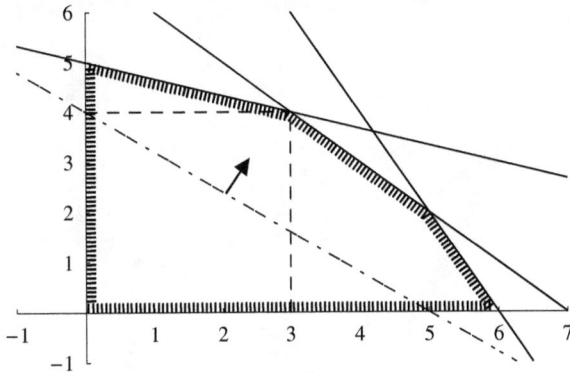

Durch Ablesen: $x_1 = 3$; $x_2 = 4$; $z = 32$

(b) Simplexverfahren

x_1	x_2	x_3	x_4	x_5				
1	[3]	1	0	0	15	:3		
2	1	0	1	0	12			
1	1	0	0	1	7			
−4	−5	0	0	0	0			
1/3	[1]	1/3	0	0	5	·(−1)	·(−1)	·5
2	1	0	1	0	12	+		
1	1	0	0	1	7		+	
−4	−5	0	0	0	0			+
1/3	1	1/3	0	0	5			
5/3	0	−1/3	1	0	7			
[2/3]	0	−1/3	0	1	2	:2/3		
−7/3	0	5/3	0	0	25			
1/3	1	1/3	0	0	5	+		
5/3	0	−1/3	1	0	7		+	
[1]	0	−1/2	0	3/2	3	·(−1/3)	·(−8/3)	·7/3
−7/3	0	5/3	0	0	25			+
0	1	1/2	0	−1/2	4			
0	0	1/2	1	−5/2	2			
1	0	−1/2	0	3/2	3			
0	0	1/2	0	7/2	32			

Lösung: $x_1 = 3$; $x_2 = 4$; $z = 32$

L6: (a) Grafische Lösung

(i) $x_2 \leq -x_1 + 16$; $x_2 \leq 12$; $x_2 \leq -3x_1 + 36$

(ii) $x_2 = -\dfrac{8}{7} x_1 + \dfrac{z}{7}$; sei $z = 42$, dann $x_2 = -\dfrac{8}{7} x_1 + 6$

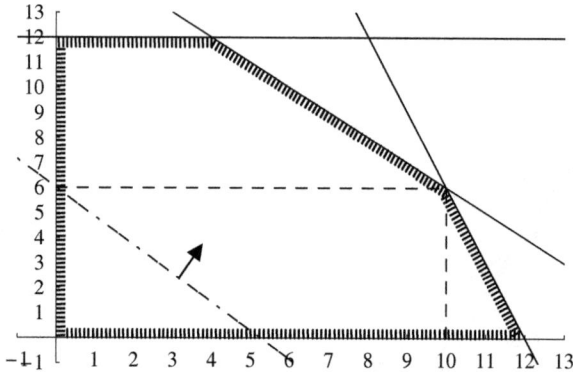

Durch Ablesen: $x_1 = 10$; $x_2 = 6$; $z = 122$

(b) Simplexverfahren

x_1	x_2	x_3	x_4	x_5				
1	1	1	0	0	16			
0	1	0	1	0	12			
[3]	1	0	0	1	36	:3		
−8	−7	0	0	0	0			
1	1	1	0	0	16	+		
0	1	0	1	0	12			
[1]	1/3	0	0	1/3	12	·(−1)	·8	
−8	−7	0	0	0	0		+	
0	[2/3]	1	0	−1/3	4	:2/3		
0	1	0	1	0	12			
1	1/3	0	0	1/3	12			
0	−13/3	0	0	8/3	96			
0	[1]	3/2	0	−1/2	6	·(−1)	·(−1/3)	·13/3
0	1	0	1	0	12	+		
1	1/3	0	0	1/3	12		+	
0	−13/3	0	0	8/3	96			+
0	1	3/2	0	−1/2	6			
0	0	−3/2	1	1/2	6			
1	0	−1/2	0	1/2	10			
0	0	13/2	0	1/2	122			

Lösung: $x_1 = 10$; $x_2 = 6$; $z = 122$

L7: (a) Grafische Lösung

(i) $x_2 \le 2x_1 + 7$; $x_2 \le -2x_1 + 15$; $x_2 \ge x_1 - 4$; $x_1 \le 5$

(ii) $x_2 = -\dfrac{1}{3}x_1 + \dfrac{z+9}{3}$; sei $z = 6$, dann $x_2 = -\dfrac{1}{3}x_1 + 5$

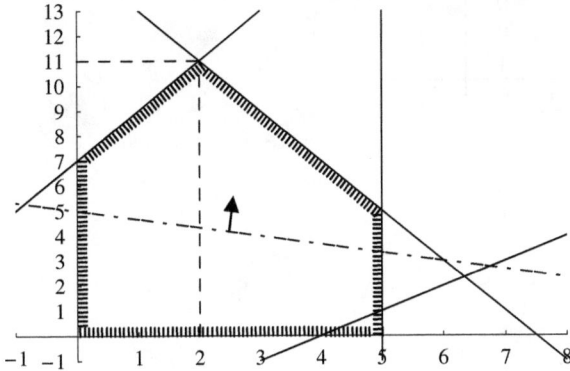

Durch Ablesen: $x_1 = 2$; $x_2 = 11$; $z = 26$

(b) Simplexverfahren

Normierung: $z = x_1 + 3x_2 - 9$ max.

$$
\begin{array}{rrcr}
-2x_1 & +x_2 & \le & 7 \\
2x_1 & +x_2 & \le & 15 \\
x_1 & -x_2 & \le & 4 \\
x_1 & & \le & 5 \\
x_1 & & \ge & 0 \\
& x_2 & \ge & 0
\end{array}
$$

Damit

x_1	x_2	x_3	x_4	x_5	x_6				
−2	[1]	1	0	0	0	7	·(−1)	+	·3
2	1	0	1	0	0	15	+		
1	−1	0	0	1	0	4		+	
1	0	0	0	0	1	5			
−1	−3	0	0	0	0	−9			+
−2	1	1	0	0	0	7			
[4]	0	−1	1	0	0	8	:4		
−1	0	1	0	1	0	11			
1	0	0	0	0	1	5			
−7	0	3	0	0	0	12			

−2	1	1	0	0	0	7	+
[1]	0	−1/4	1/4	0	0	2	·2
−1	0	1	0	1	0	11	
1	0	0	0	0	1	5	
−7	0	3	0	0	0	12	
0	1	1/2	1/2	0	0	11	
1	0	−1/4	1/4	0	0	2	
0	0	3/4	1/4	1	0	13	
0	0	1/4	−1/4	0	1	3	
0	0	5/4	7/4	0	0	26	

Lösung: $x_1 = 2$; $x_2 = 11$; $z = 26$

L8: (a) Grafische Lösung

(i) $x_2 \geq -\dfrac{2}{5} x_1 + \dfrac{27}{5}$; $x_2 \leq 2x_1 + 3$; $x_2 \leq -x_1 + 9$

(ii) $x_2 = -\dfrac{1}{5} x_1 + \dfrac{z-7}{5}$; sei $z = 42$, dann $x_2 = -\dfrac{1}{5} x_1 + 7$

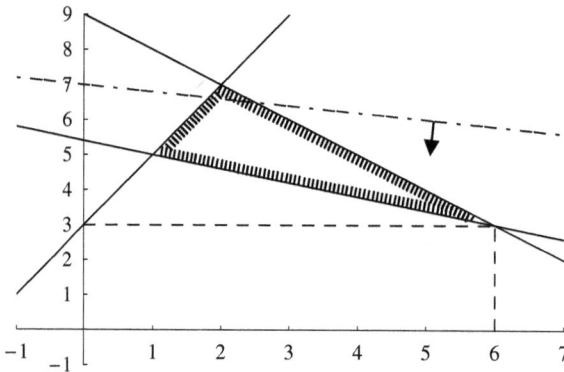

Durch Ablesen: $x_1 = 6$; $x_2 = 3$; $z = 28$

(b) Simplexverfahren

Normierung: $z^* = -x_1 - 5x_2 - 7$ max.

$$
\begin{array}{rrrr}
-2x_1 & -5x_2 & \leq & -27 \\
-2x_1 & +x_2 & \leq & 3 \\
x_1 & +x_2 & \leq & 9 \\
x_1 & & \geq & 0 \\
& x_2 & \geq & 0
\end{array}
$$

Damit

x_1	x_2	x_3	x_4	x_5		
[−2]	−5	1	0	0	−27	:(−2)
−2	1	0	1	0	3	
1	1	0	0	1	9	
1	5	0	0	0	−7	
[1]	5/2	−1/2	0	0	27/2	·2 ·(−1) ·(−1)
−2	1	0	1	0	3	+
1	1	0	0	1	9	+
1	5	0	0	0	−7	+
1	5/2	−1/2	0	0	27/2	
0	6	−1	1	0	30	
0	[−3/2]	1/2	0	1	−9/2	:(−3/2)
0	5/2	1/2	0	0	−41/2	
1	5/2	−1/2	0	0	27/2	+
0	6	−1	1	0	30	+
0	[1]	−1/3	0	−2/3	3	·(−5/2) ·(−6) ·(−5/2)
0	5/2	1/2	0	0	−41/2	+
1	0	1/3	0	5/3	6	
0	0	1	1	4	12	
0	1	−1/3	0	−2/3	3	
0	0	4/3	0	5/3	−28	

Lösung: $x_1 = 6$; $x_2 = 3$; $z^* = -28$, also $z = 28$

L9: (a) Grafische Lösung

(i) $x_1 \leq 9$; $x_2 \leq -x_1 + 12$; $x_2 \leq -\dfrac{1}{4}x_1 + 9$; $x_2 \leq -\dfrac{5}{3}x_1 + \dfrac{50}{3}$

(ii) $x_2 = -\dfrac{4}{3}x_1 + \dfrac{z}{3}$; sei $z = 24$, dann $x_2 = -\dfrac{4}{3}x_1 + 8$

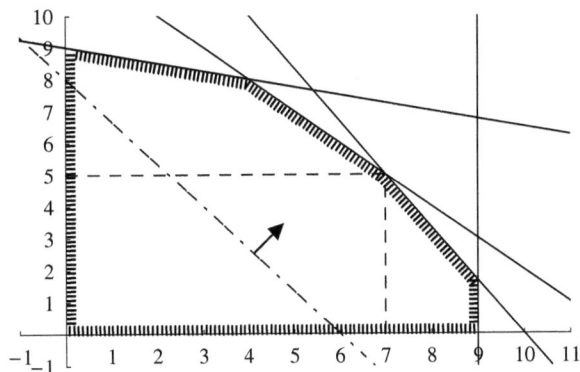

Durch Ablesen: $x_1 = 7$; $x_2 = 5$; $z = 43$

(b) Simplexverfahren

x_1	x_2	x_3	x_4	x_5	x_6					
[1]	0	1	0	0	0	9	·(−1)	·(−1)	·(−5)	·4
1	1	0	1	0	0	12	+			
1	4	0	0	1	0	36		+		
5	3	0	0	0	1	50			+	
−4	−3	0	0	0	0	0				+
1	0	1	0	0	0	9				
0	1	−1	1	0	0	3				
0	4	−1	0	1	0	27				
0	3	−5	0	0	1	5	:3			
0	−3	4	0	0	0	36				
1	0	1	0	0	0	9				
0	1	−1	1	0	0	3	+			
0	4	−1	0	1	0	27		+		
0	[1]	−5/3	0	0	1/3	5/3	·(−1)	·(−4)	·3	
0	−3	4	0	0	0	36			+	
1	0	1	0	0	0	9				
0	0	[2/3]	1	0	−1/3	4/3	:2/3			
0	0	17/3	0	1	−4/3	61/3				
0	1	−5/3	0	0	1/3	5/3				
0	0	−1	0	0	1	41				
1	0	1	0	0	0	9	+			
0	0	[1]	3/2	0	−1/2	2	·(−1)	·(−17/3)	·5/3	+
0	0	17/3	0	1	−4/3	61/3		+		
0	1	−5/3	0	0	1/3	5/3			+	
0	0	−1	0	0	1	41				+
1	0	0	−3/2	0	1/2	7				
0	0	1	3/2	0	−1/2	2				
0	0	0	−17/2	1	3/2	9				
0	1	0	5/2	0	−1/2	5				
0	0	0	3/2	0	1/2	43				

Lösung: $x_1 = 7$; $x_2 = 5$; $z = 43$

L10: (a) Grafische Lösung

(i) $x_2 \leq -x_1 + 8$; $x_1 \leq 5$; $x_2 \leq 6$; $x_2 \leq -2x_1 + 12$

(ii) $x_2 = -\dfrac{2}{3}x_1 + \dfrac{z}{3}$; sei $z = 15$, dann $x_2 = -\dfrac{2}{3}x_1 + 5$

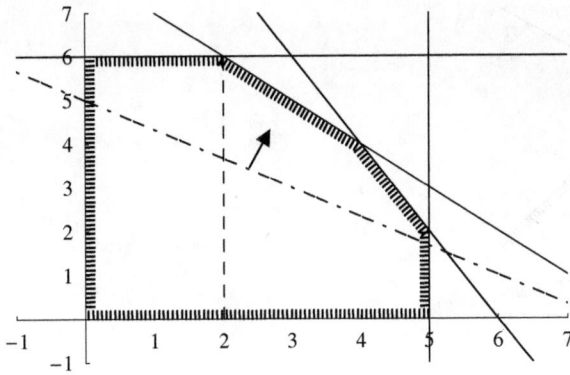

Durch Ablesen: $x_1 = 2$; $x_2 = 6$; $z = 22$

(b) Simplexverfahren

x_1	x_2	x_3	x_4	x_5	x_6				
1	1	1	0	0	0	8	+		
1	0	0	1	0	0	5			
0	[1]	0	0	1	0	6	·(−1)	·(−1)	·3
2	1	0	0	0	1	12		+	
−2	−3	0	0	0	0	0			+
[1]	0	1	0	−1	0	2	·(−1)	·(−2)	·2
1	0	0	1	0	0	5	+		
0	1	0	0	1	0	6			
2	0	0	0	−1	1	6		+	
−2	0	0	0	3	0	18			+
1	0	1	0	−1	0	2			
0	0	−1	1	1	0	3			
0	1	0	0	1	0	6			
0	0	−2	0	1	1	2			
0	0	2	0	1	0	22			

Lösung: $x_1 = 2$; $x_2 = 6$; $z = 22$

L11: (a) Grafische Lösung

(i) $x_2 \geq -\dfrac{1}{5} x_1 + 2$; $x_2 \leq \dfrac{3}{5} x_1 + 2$; $x_2 \leq -x_1 + 10$

(ii) $x_2 = -2x_1 + z$; sei $z = 10$, dann $x_2 = -2x_1 + 10$

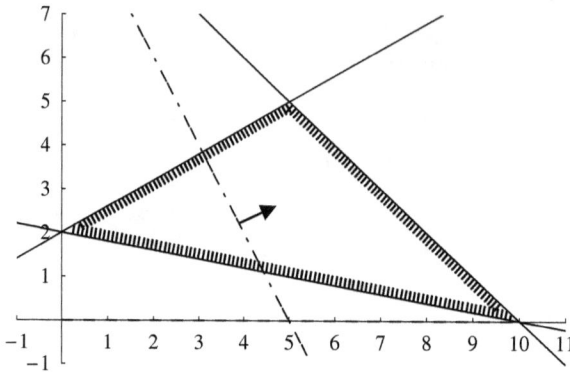

Durch Ablesen: $x_1 = 10$; $x_2 = 0$; $z = 20$

(b) Simplexverfahren

Normierung: $z = 2x_1 + x_2$ max.

$$
\begin{aligned}
-x_1 &\quad -5x_2 &\leq& -10 \\
-3x_1 &\quad +5x_2 &\leq& 10 \\
x_1 &\quad +x_2 &\leq& 10 \\
x_1 &\quad &\geq& 0 \\
&\quad x_2 &\geq& 0
\end{aligned}
$$

Damit

x_1	x_2	x_3	x_4	x_5				
[−1]	−5	1	0	0	−10	:(−1)		
−3	5	0	1	0	10			
1	1	0	0	1	10			
−2	−1	0	0	0	0			
[1]	5	−1	0	0	10	·3	·(−1)	·2
−3	5	0	1	0	10	+		
1	1	0	0	1	10		+	
−2	−1	0	0	0	0			+
1	5	−1	0	0	10	+		
0	20	−3	1	0	40		+	
0	−4	[1]	0	1	0	+	·3	·2
0	9	−2	0	0	20			+
1	1	0	0	1	10			
0	8	0	1	3	40			
0	−4	1	0	1	0			
0	1	0	0	2	20			

Lösung: $x_1 = 10$; $x_2 = 0$; $z = 20$

L12: (a) Grafische Lösung

(i) $x_2 \leq \dfrac{1}{2} x_1 + 3; \; x_2 \leq -\dfrac{1}{2} x_1 + 5; \; x_2 \geq x_1 - 4$

(ii) $x_2 = -3x_1 + z - 2;$ sei $z = 8$, dann $x_2 = -3x_1 + 6$

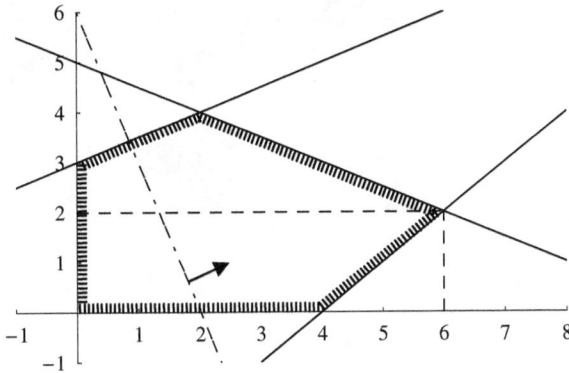

Durch Ablesen: $x_1 = 6; \; x_2 = 2; \; z = 22$

(b) Simplexverfahren

x_1	x_2	x_3	x_4	x_5				
−1	2	1	0	0	6	+		
1	2	0	1	0	10		+	
[1]	−1	0	0	1	4	+	·(−1)	·3
−3	−1	0	0	0	2			+
0	1	1	0	1	10			
0	[3]	0	1	−1	6	:3		
1	−1	0	0	1	4			
0	−4	0	0	3	14			
0	1	1	0	1	10	+		
0	[1]	0	1/3	−1/3	2	·(−1)	+	·4
1	−1	0	0	1	4		+	
0	−4	0	0	3	14		+	
0	0	1	−1/3	4/3	8			
0	1	0	1/3	−1/3	2			
1	0	0	1/3	2/3	6			
0	0	0	4/3	5/3	22			

Lösung: $x_1 = 6; \; x_2 = 2; \; z = 22$

L13: In der mathematischen Formulierung des gegebenen linearen Programms bezeichne x_1 die Anzahl der von Produkt P herzustellenden Einheiten, x_2 die Anzahl der von Produkt Q herzustellenden Einheiten, z die Kosten, z^* den Erlös und z^{**} den Gewinn. Damit

(a) $z = 4x_1 + 2x_2$ min.

(b) $z^* = 5x_1 + 4x_2$ max.

(c) $z^{**} = x_1 + 2x_2$ max.

unter den Nebenbedingungen

$$
\begin{array}{rrcr}
x_1 & +2x_2 & \geq & 12 \\
x_1 & & \geq & 2 \\
& x_2 & \geq & 3 \\
x_1 & +x_2 & \leq & 24 \\
x_1 & & \geq & 0 \\
& x_2 & \geq & 0
\end{array}
$$

Grafische Lösung

Zu (a): (i) $x_2 \geq -\dfrac{1}{2} x_1 + 6$; $x_1 \geq 2$; $x_2 \geq 3$; $x_2 \leq -x_1 + 24$

(ii) $x_2 = -2x_1 + \dfrac{z}{2}$; sei $z = 32$, dann $x_2 = -2x_1 + 16$

Zu (b): (i) wie (a)

(ii) $x_2 = -\dfrac{5}{4} x_1 + \dfrac{z^*}{4}$; sei $z^* = 80$, dann $x_2 = -\dfrac{5}{4} x_1 + 20$

Zu (c): (i) wie (a)

(ii) $x_2 = -\dfrac{1}{2} x_1 + \dfrac{z^{**}}{2}$; sei $z^{**} = 16$, dann $x_2 = -\dfrac{1}{2} x_1 + 8$

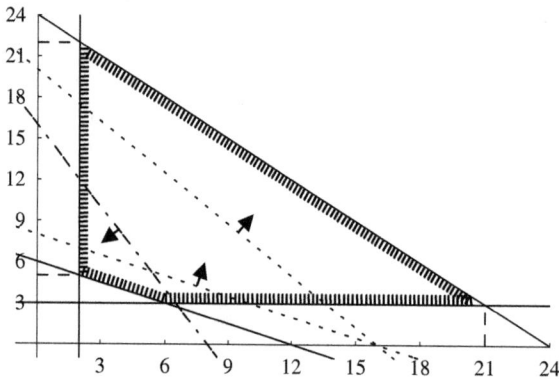

Durch Ablesen:

(a) $x_1 = 2$; $x_2 = 5$; $z = 18$

(b) $x_1 = 21$; $x_2 = 3$; $z^* = 117$

(c) $x_1 = 2$; $x_2 = 22$; $z^{**} = 46$

Simplexverfahren

Zu (a): Normierung: $\bar{z} = -4x_1 - 2x_2$ max.

$$
\begin{aligned}
-x_1 \;-2x_2 &\leq -12 \\
-x_1 \qquad\; &\leq -2 \\
-x_2 &\leq -3 \\
x_1 \;+x_2 &\leq 24 \\
x_1 \qquad\; &\geq 0 \\
x_2 &\geq 0
\end{aligned}
$$

x_1	x_2	x_3	x_4	x_5	x_6		Notes
[−1]	−2	1	0	0	0	−12	:(−1)
−1	0	0	1	0	0	−2	
0	−1	0	0	1	0	−3	
1	1	0	0	0	1	24	
4	2	0	0	0	0	0	
[1]	2	−1	0	0	0	12	+ ·(−1) ·(−4)
−1	0	0	1	0	0	−2	+
0	−1	0	0	1	0	−3	
1	1	0	0	0	1	24	+
4	2	0	0	0	0	0	+
1	2	−1	0	0	0	12	
0	2	−1	1	0	0	10	
0	[−1]	0	0	1	0	−3	:(−1)
0	−1	1	0	0	1	12	
0	−6	4	0	0	0	−48	
1	2	−1	0	0	0	12	+
0	2	−1	1	0	0	10	+
0	[1]	0	0	−1	0	3	·(−2) ·(−2) + ·6
0	−1	1	0	0	1	12	+
0	−6	4	0	0	0	−48	+
1	0	−1	0	2	0	6	
0	0	−1	1	[2]	0	4	:2
0	1	0	0	−1	0	3	
0	0	1	0	−1	1	15	
0	0	4	0	−6	0	−30	
1	0	−1	0	2	0	6	+
0	0	−1/2	1/2	[1]	0	2	·(−2) + + ·6
0	1	0	0	−1	0	3	+
0	0	1	0	−1	1	15	+
0	0	4	0	−6	0	−30	+

1	0	0	-1	0	0	2
0	0	-1/2	1/2	1	0	2
0	1	-1/2	1/2	0	0	5
0	0	1/2	1/2	0	1	17
0	0	1	3	0	0	-18

Lösung: $x_1 = 2$; $x_2 = 5$; $\bar{z} = -18$, also $z = 18$

Zu (b): Normierung: $z^* = 5x_1 + 4x_2$ max.; Nebenbedingungen wie (a)

x_1	x_2	x_3	x_4	x_5	x_6		
[-1]	-2	1	0	0	0	-12	:(-1)
-1	0	0	1	0	0	-2	
0	-1	0	0	1	0	-3	
1	1	0	0	0	1	24	
-5	-4	0	0	0	0	0	
[1]	2	-1	0	0	0	12	+ ·(-1) ·5
-1	0	0	1	0	0	-2	+
0	-1	0	0	1	0	-3	
1	1	0	0	0	1	24	+
-5	-4	0	0	0	0	0	+
1	2	-1	0	0	0	12	
0	2	-1	1	0	0	10	
0	[-1]	0	0	1	0	-3	:(-1)
0	-1	1	0	0	1	12	
0	6	-5	0	0	0	60	
1	2	-1	0	0	0	12	+
0	2	-1	1	0	0	10	+
0	[1]	0	0	-1	0	3	·(-2) ·(-2) + ·(-6)
0	-1	1	0	0	1	12	+
0	6	-5	0	0	0	60	+
1	0	-1	0	2	0	6	+
0	0	-1	1	2	0	4	+
0	1	0	0	-1	0	3	
0	0	[1]	0	-1	1	15	+ + ·5
0	0	-5	0	6	0	42	+
1	0	0	0	1	1	21	
0	0	0	1	1	1	19	
0	1	0	0	-1	0	3	
0	0	1	0	-1	1	15	
0	0	0	0	1	5	117	

Lösung: $x_1 = 21$; $x_2 = 3$; $z^* = 117$

Zu (c): Normierung: $z^{**} = x_1 + 2x_2$ max.; Nebenbedingungen wie (a)

x_1	x_2	x_3	x_4	x_5	x_6		
[−1]	−2	1	0	0	0	−12	:(−1)
−1	0	0	1	0	0	−2	
0	−1	0	0	1	0	−3	
1	1	0	0	0	1	24	
−1	−2	0	0	0	0	0	
[1]	2	−1	0	0	0	12	+ ·(−1) +
−1	0	0	1	0	0	−2	+
0	−1	0	0	1	0	−3	
1	1	0	0	0	1	24	+
−1	−2	0	0	0	0	0	+
1	2	−1	0	0	0	12	
0	2	−1	1	0	0	10	
0	[−1]	0	0	1	0	−3	:(−1)
0	−1	1	0	0	1	12	
0	0	−1	0	0	0	12	
1	2	−1	0	0	0	12	+
0	2	−1	1	0	0	10	+
0	[1]	0	0	−1	0	3	·(−2) ·(−2) +
0	−1	1	0	0	1	12	+
0	0	−1	0	0	0	12	
1	0	−1	0	2	0	6	+
0	0	−1	1	2	0	4	+
0	1	0	0	−1	0	3	
0	0	[1]	0	−1	1	15	+ + +
0	0	−1	0	0	0	12	+
1	0	0	0	1	1	21	+
0	0	0	1	[1]	1	19	·(−1) + + +
0	1	0	0	−1	0	3	+
0	0	1	0	−1	1	15	+
0	0	0	0	−1	1	27	+
1	0	0	−1	0	0	2	
0	0	0	1	1	1	19	
0	1	0	1	0	1	22	
0	0	1	1	0	2	34	
0	0	0	1	0	2	46	

Lösung: $x_1 = 2$; $x_2 = 22$; $z^{**} = 46$

Bemerkung: An dieser dreifachen Fragestellung kann man die Auswirkungen unterschiedlicher Zielsetzungen studieren. Es lässt sich insbesondere feststellen, dass die Entscheidung nach dem Erlösmaximum und die nach dem Gewinnmaximum nicht übereinstimmen müssen.

Anhang

I. Zusammenstellung wichtiger Formeln und Begriffe

Auflösung einer quadratischen Gleichung

$$a \cdot x^2 + b \cdot x + c = 0 \quad \rightarrow \quad x_{1,2} = \frac{-b \pm \sqrt{b^2 - 4 \cdot a \cdot c}}{2 \cdot a}$$

Ableitung von $y = f(x)$

$$y' = f'(x) = \frac{dy}{dx} = \lim_{h \to 0} \frac{f(x+h) - f(x)}{h}$$

Ableitung spezieller Funktionen

(1) $y = x^n \rightarrow y' = n \cdot x^{n-1}$ mit $n \in \mathbf{R}$ (Menge der reellen Zahlen)

(2) $y = y' = e^x$ (3) $y = \ln x \rightarrow y' = \dfrac{1}{x}$

(4) $y = \sin x \rightarrow y' = \cos x$ (5) $y = \cos x \rightarrow y' = -\sin x$

(6) $y = \tan x \rightarrow y' = \dfrac{1}{\cos^2 x}$ (7) $y = \cot x \rightarrow y' = \dfrac{-1}{\sin^2 x}$

(8) $y = a^x$ mit $a \in \mathbf{R}$ und $a > 1 \rightarrow y' = a^x \cdot \ln a$

Ableitungsregeln

(1) Summen summandenweise ableiten: $(f + g)' = f' + g'$

(2) Konstante Faktoren erhalten: $(a \cdot f)' = a \cdot f'$

(3) Produktregel: $(f \cdot g)' = f \cdot g' + f' \cdot g$

(4) Quotientenregel: $\left[\dfrac{f}{g}\right]' = \dfrac{g \cdot f' - f \cdot g'}{g^2}$

(5) Kettenregel: $y = f(g(x)) \rightarrow \dfrac{dy}{dx} = \dfrac{dy}{dg} \cdot \dfrac{dg}{dx}$ bzw. $y' = y'_g \cdot g'$

Höhere Ableitungen

$y = f(x) \rightarrow$ k-te Ableitung: $y^{(k)} = f^{(k)}(x) = \left(y^{(k-1)}\right)'$ für $k = 2, 3, 4, \ldots$

Extremwert von $y = f(x)$

Stelle x^* mit $y' = 0$ (waagrechte Tangente), dann

    Maximum, wenn $y'' < 0$

    Minimum, wenn $y'' > 0$

Taylorreihe von $y = f(x)$ an der Stelle x_0

$$y = f(x) = \sum_{k=0}^{\infty} \frac{f^{(k)}(x_0)}{k!} \cdot (x - x_0)^k$$

Partielle Ableitungen von $z = f(x, y)$

$$z'_x = \frac{\partial z}{\partial x} = \lim_{h \to 0} \frac{f(x+h, y) - f(x, y)}{h} \, ; \qquad z'_y = \frac{\partial z}{\partial y} = \lim_{h \to 0} \frac{f(x, y+h) - f(x, y)}{h}$$

$$z''_{xx} = \frac{\partial^2 z}{\partial x^2} = (z'_x)'_x \, ; \qquad z''_{xy} = \frac{\partial^2 z}{\partial x \partial y} = (z'_x)'_y \, ; \qquad z''_{yy} = \frac{\partial^2 z}{\partial y^2} = (z'_y)'_y$$

Extremwert von $z = f(x, y)$

Stelle (x^*, y^*) mit $z'_x = 0$ und $z'_y = 0$ (waagrechte Tangentialebene)

Falls $z''_{xx} \cdot z''_{yy} - (z''_{xy})^2 > 0$, dann

    Maximum, wenn $z''_{xx} < 0$ (oder $z''_{yy} < 0$)

    Minimum, wenn $z''_{xx} > 0$ (oder $z''_{yy} > 0$)

Falls $z''_{xx} \cdot z''_{yy} - (z''_{xy})^2 < 0$, dann kein Extremwert

---

Extremwert von $z = f(x, y)$ unter einer Nebenbedingung
(Methode von Lagrange)

Nebenbedingung: $g(x, y) = 0$

Lagrangefunktion: $Z(x, y, \lambda) = f(x, y) + \lambda \cdot g(x, y)$

Stelle (x^*, y^*) mit $Z'_x = 0$ und $Z'_y = 0$ und $Z'_\lambda = 0$, dann

    Maximum, wenn $D > 0$

Minimum, wenn $D < 0$

$$D = \begin{vmatrix} Z''_{xx} & Z''_{xy} & Z''_{x\lambda} \\ Z''_{xy} & Z''_{yy} & Z''_{y\lambda} \\ Z''_{x\lambda} & Z''_{y\lambda} & Z''_{\lambda\lambda} \end{vmatrix}$$

Totales Differenzial von $z = f(x, y)$

Allgemein: $dz = z'_x \cdot dx + z'_y \cdot dy$

Stelle (x^*, y^*): $dz = z'_x(x^*, y^*) \cdot dx + z'_y(x^*, y^*) \cdot dy$

Integral spezieller Funktionen

(1) $\int x^n dx = \dfrac{x^{n+1}}{n+1} + C$ mit $n \in \mathbf{R}$ und $n \neq -1$ (2) $\int \dfrac{1}{x} dx = \ln x + C$

(3) $\int e^x dx = e^x + C$ (4) $\int \sin x \, dx = -\cos x + C$ (5) $\int \cos x \, dx = \sin x + C$

(6) $\int \dfrac{1}{\cos^2 x} dx = \tan x + C$ (7) $\int \dfrac{1}{\sin^2 x} dx = -\cot x + C$

Integrationsregeln

(1) Summen summandenweise integrieren: $\int (f + g) dx = \int f \, dx + \int g \, dx$

(2) Konstante Faktoren vors Integral stellen: $\int a \cdot f \, dx = a \cdot \int f \, dx$

(3) Partielle Integration: $\int f' \cdot g \, dx = f \cdot g - \int f \cdot g' \, dx$

(4) Substitutionsmethode: $\int f(g(x)) \cdot g'(x) dx = \int f(g) dg$, wobei

$$g = g(x) \;\rightarrow\; \frac{dg}{dx} = g'(x) \;\rightarrow\; dx = \frac{dg}{g'(x)}$$

Matrix und Vektor

(m, n)-*Matrix:* rechteckiges Zahlenschema mit m Zeilen und n Spalten

$$A = \begin{pmatrix} a_{11} & \cdots & a_{1n} \\ \vdots & & \vdots \\ a_{m1} & \cdots & a_{mn} \end{pmatrix}$$

Vektor: einspaltige (einzeilige) Matrix

$$\vec{a} = \begin{pmatrix} a_1 \\ a_2 \\ \vdots \\ a_m \end{pmatrix}; \qquad \textit{Nullvektor: } \vec{0} = \begin{pmatrix} 0 \\ 0 \\ \vdots \\ 0 \end{pmatrix}$$

Koordinaten: Elemente $a_1, a_2, ..., a_m$; *Dimension*: Anzahl m

Rechnen mit Vektoren

(1) Vektoren gleicher Dimension addieren: entsprechende Koordinaten addieren

(2) Vektoren gleicher Dimension subtrahieren: entsprechende Koordinaten subtrahieren

(3) Vektor mit Zahl c multiplizieren: jede Koordinate mit c multiplizieren

(4) Linearkombination der Vektoren $\vec{a}_1$, $\vec{a}_2$, ..., $\vec{a}_n$ gleicher Dimension bilden: Zahlen $c_1, c_2, ..., c_n$ wählen und $\vec{b} = c_1\vec{a}_1 + c_2\vec{a}_2 + ... + c_n\vec{a}_n$ berechnen

(5) Linearkombination des Vektors $\vec{a}$ bilden: Zahl c wählen und $c\,\vec{a}$ (Vielfaches von $\vec{a}$) berechnen

Lineare Unabhängigkeit und Abhängigkeit von Vektoren

Vektoren $\vec{a}_1$, $\vec{a}_2$, ..., $\vec{a}_n$ *linear unabhängig [abhängig]*, wenn Gleichungssystem

$$x_1\vec{a}_1 + x_2\vec{a}_2 + ... + x_n\vec{a}_n = \vec{0}$$

genau eine Lösung [unendlich viele Lösungen] hat

(1) Falls linear unabhängig, dann $x_1 = x_2 = ... = x_n = 0$ (triviale Lösung)

(2) Nullvektor linear abhängig, jeder Nicht-Nullvektor linear unabhängig

(3) $\vec{a}_1$, $\vec{a}_2$, ..., $\vec{a}_n$ linear abhängig und $n \geq 2$, dann mindestens einer der Vektoren Linearkombination der $(n-1)$ übrigen

(4) $\vec{a}_1$, $\vec{a}_2$ linear abhängig, dann einer Vielfaches des anderen

(5) Anzahl der Vektoren größer als ihre Dimension, dann linear abhängig

(6) Verschiedene Einheitsvektoren linear unabhängig (*Einheitsvektor*: eine Koordinate gleich 1, die übrigen 0)

Vektorraum, Basis und Dimension

Vektorraum: Menge aller Linearkombinationen von $\vec{a}_1$, $\vec{a}_2$, ..., $\vec{a}_n$ (Bezeichnung: $\vec{V}$)

Basis von $\vec{V}$: maximale linear unabhängige Teilmenge von $\vec{V}$ (‚maximal': Hinzufügen eines weiteren Vektor aus $\vec{V}$, dann Teilmenge linear abhängig)

Dimension von $\vec{V}$: Anzahl der Basisvektoren von $\vec{V}$

Lösungsmenge eines homogenen Gleichungssystems: Vektorraum

Linearer Raum

Linearer Raum: Summe aus Vektor und Vektorraum (Bezeichnung: $\vec{b} + \vec{V}$)

Dimension von $\vec{b} + \vec{V}$: Dimension von $\vec{V}$

Basis von $\vec{b} + \vec{V}$: nicht definiert

Lösungsmenge eines lösbaren linearen Gleichungssystems: linearer Raum

Lineare Abbildung

$\mathbf{R}^n$: Menge der n-dimensionalen Vektoren $\vec{x}$

$\mathbf{R}^m$: Menge der m-dimensionalen Vektoren $\vec{y}$

Normierte lineare Abbildung:

$$
\begin{aligned}
y_1 &= a_{11}x_1 &+ \cdots &+ a_{1n}x_n \\
&\vdots \\
y_m &= a_{m1}x_1 &+ \cdots &+ a_{mn}x_n
\end{aligned}
$$

Lineare Abbildung: durch Äquivalenzumformungen normierbare Abbildung von $\mathbf{R}^n$ in $\mathbf{R}^m$

Koeffizientenmatrix: $A = \begin{pmatrix} a_{11} & \cdots & a_{1n} \\ \vdots & & \vdots \\ a_{m1} & \cdots & a_{mn} \end{pmatrix}$

Linearer Abbildung umkehrbar eindeutig zugeordnet: Koeffizientenmatrix

Rechnen mit linearen Abbildungen und Matrizen

(1) Normierte lineare Abbildungen addieren: entsprechende Koeffizienten addieren (Voraussetzung: gleiche Dimension von $\vec{x}$ und gleiche Dimension von $\vec{y}$)

(2) Normierte lineare Abbildung mit Zahl c multiplizieren: jeden Koeffizienten mit c multiplizieren

(3) Normierte lineare Abbildungen hintereinander schalten: Formel (*) benutzen (Voraussetzung: Dimension von $\vec{x}$ der zweiten Abbildung gleich Dimension von $\vec{y}$ der ersten Abbildung)

$$y_1 = \left(\sum_{j=1}^{m} b_{1j}a_{j1}\right)x_1 + \cdots + \left(\sum_{j=1}^{m} b_{1j}a_{jn}\right)x_n$$

$$\vdots \qquad\qquad (*)$$

$$y_k = \left(\sum_{j=1}^{m} b_{kj}a_{j1}\right)x_1 + \cdots + \left(\sum_{j=1}^{m} b_{kj}a_{jn}\right)x_n$$

In Formel (*): erste Abbildung: Koeffizienten a_{ji}; zweite Abbildung: Koeffizienten b_{lj}

(4) Matrizen multiplizieren: Formel (*) benutzen (Voraussetzung: Spaltenzahl der linken Matrix gleich Zeilenzahl der rechten Matrix); *Matrizenprodukt*: $B{\cdot}A$

Umkehrabbildung und Inverse

Quadratische Matrix: Zeilenzahl gleich Spaltenzahl (Bezeichnung: $A = \begin{pmatrix} a_{11} & \cdots & a_{1n} \\ \vdots & & \vdots \\ a_{n1} & \cdots & a_{nn} \end{pmatrix}$)

Hauptdiagonale von A: Elemente $a_{11}, a_{22}, \ldots, a_{nn}$

Nebendiagonale von A: Elemente $a_{n1}, a_{(n-1)2}, \ldots, a_{1n}$

Einheitsmatrix: Hauptdiagonale lauter Einsen, sonst lauter Nullen (Bezeichnung: E)

Umkehrabbildung einer normierten linearen Abbildung von $\mathbf{R}^n$ in $\mathbf{R}^n$:

$$x_1 = b_{11}y_1 + \cdots + b_{1n}y_n$$
$$\vdots \qquad\qquad \text{, falls Auflösung nach } x_1, \ldots, x_n \text{ möglich}$$
$$x_n = b_{n1}y_1 + \cdots + b_{nn}y_n$$

Inverse einer quadratischen Matrix A: Koeffizientenmatrix der Umkehrabbildung (Bezeichnung: $B = A^{-1}$)

Regeln zur Matrizenrechnung

(1) $A + B = B + A$ (Kommutativgesetz der Addition)

(2) $(A + B) + C = A + (B + C)$ (Assoziativgesetz der Addition)

(3) $(A{\cdot}B){\cdot}C = A{\cdot}(B{\cdot}C)$ (Assoziativgesetz der Multiplikation)

(4) Es gibt Matrizen mit $A{\cdot}B \neq B{\cdot}A$ (kein Kommutativgesetz der Multiplikation!)

(5) $A{\cdot}(B + C) = A{\cdot}B + A{\cdot}C$ und $(B + C){\cdot}A = B{\cdot}A + C{\cdot}A$ (Distributivgesetz)

(6) A^{-1} berechenbar, falls A quadratisch mit linear unabhängigen Spaltenvektoren

(7) $A{\cdot}A^{-1} = A^{-1}{\cdot}A = E$ $\qquad$ (8) $\left(A^{-1}\right)^{-1} = A$ $\qquad$ (9) $(A{\cdot}B)^{-1} = B^{-1}{\cdot}A^{-1}$

(10) $\vec{x} = A^{-1} \cdot \vec{b}$ Lösung von $A \cdot \vec{x} = \vec{b}$, falls A^{-1} berechenbar

---

Rang einer Matrix

Rang: maximale Anzahl linear unabhängiger Spaltenvektoren

Lineares Gleichungssystem lösbar: Rang der Koeffizientenmatrix gleich Rang der erweiterten Koeffizientenmatrix

---

Determinante einer Matrix

Determinante: eindeutig (siehe unten) einer quadratischen Matrix zugeordnete reelle Zahl

(Bezeichnung: |A| oder $\begin{vmatrix} a_{11} & \cdots & a_{1n} \\ \vdots & & \vdots \\ a_{n1} & \cdots & a_{nn} \end{vmatrix}$)

(a) $n = 1$: $|A| = |a_{11}| = a_{11}$

(b) $n = 2$: $|A| = \begin{vmatrix} a_{11} & a_{12} \\ a_{21} & a_{22} \end{vmatrix} = a_{11}a_{22} - a_{12}a_{21}$

(c) $n = 3$: $|A| = \begin{vmatrix} a_{11} & a_{12} & a_{13} \\ a_{21} & a_{22} & a_{23} \\ a_{31} & a_{32} & a_{33} \end{vmatrix} = (-1) \cdot a_{21} \cdot \begin{vmatrix} a_{12} & a_{13} \\ a_{32} & a_{33} \end{vmatrix} + a_{22} \cdot \begin{vmatrix} a_{11} & a_{13} \\ a_{31} & a_{33} \end{vmatrix} + (-1) \cdot a_{23} \cdot \begin{vmatrix} a_{11} & a_{12} \\ a_{31} & a_{32} \end{vmatrix}$

(Laplacesche Entwicklung nach der zweiten Zeile)

Alternativ: beliebige Zeile oder Spalte gemäß Vorzeichenschema $\begin{vmatrix} + & - & + \\ - & + & - \\ + & - & + \end{vmatrix}$

(d) $n \geq 4$: |A| = Summe von $(n-1, n-1)$-Determinanten gemäß dem Laplaceschen Entwicklungssatz (Vorzeichenschema beginnt oben links mit ,+')

Regeln zur Determinantenberechnung

(1) *B* entsteht aus *A* durch Vertauschen der Zeilen und Spalten: $|B| = |A|$

(2) *B* entsteht aus *A* durch Vertauschen von zwei Zeilen (Spalten): $|B| = -|A|$

(3) *B* entsteht aus *A* durch Addition des Vielfachen einer Zeile [Spalte] zu einer anderen Zeile [Spalte]: $|B| = |A|$ (Vielfachesadditionsregel)

(4) $|A| \neq 0$, falls Spaltenvektoren von *A* linear unabhängig

(5) $|A| = 0$, falls Spaltenvektoren von *A* linear abhängig (insbesondere falls zwei Spalten [Zeilen] Vielfache voneinander oder in einer Spalte [Zeile] nur Nullen)

(6) $|a \cdot A| = a^n \cdot |A|$ (7) $|A^{-1}| = |A|^{-1}$ (8) $|A \cdot B| = |A| \cdot |B|$

Cramersche Regel

Lineares Gleichungssystem $A \cdot \vec{x} = \vec{b}$ mit genau einer Lösung und A quadratisch:

$$x_i = \frac{|A_i|}{|A|} \quad \text{für } i = 1, 2, \ldots, n$$

(A_i entsteht aus A, indem man die i-ten Spalte durch $\vec{b}$ ersetzt)

Inverse einer (2, 2)-Matrix

$$A = \begin{pmatrix} a & b \\ c & d \end{pmatrix} \text{ mit } A^{-1} \text{ berechenbar: } A^{-1} = \frac{1}{|A|} \cdot \begin{pmatrix} d & -b \\ -c & a \end{pmatrix}$$

Lineare Programmierung

Normiertes lineares Programm: Die lineare Funktion

$$z = c_1 x_1 + c_2 x_2 + \ldots + c_n x_n + d$$

(*Zielfunktion*) ist zu maximieren unter den Nebenbedingungen

$$
\begin{aligned}
a_{11} x_1 + \cdots + a_{1n} x_n &\leq b_1 \\
a_{21} x_1 + \cdots + a_{2n} x_n &\leq b_2 \\
&\vdots \\
a_{m1} x_1 + \cdots + a_{mn} x_n &\leq b_m
\end{aligned}
$$

$x_1, x_2, \ldots, x_n \geq 0$ (*Nichtnegativitätsbedingungen*)

Normales lineares Programm: Normiertes lineares Programm mit $b_j \geq 0$ für $j = 1, \ldots, m$

Simplextableau

x_1	x_2	$\ldots$	x_n	x_{n+1}	x_{n+2}	$\ldots$	x_{n+m}	
a_{11}	a_{12}	$\ldots$	a_{1n}	1	0	$\ldots$	0	b_1
a_{21}	a_{22}	$\ldots$	a_{2n}	0	1	$\ldots$	0	b_2
a_{m1}	a_{m2}	$\ldots$	a_{mn}	0	0	$\ldots$	1	b_m
$-c_1$	$-c_2$	$\ldots$	$-c_n$	0	0	$\ldots$	0	d

Von oben nach unten: Kopfzeile, Mittelfeld und Zielfunktionszeile

(*Schlupfvariablen*: $x_{n+1}, x_{n+2}, \ldots, x_{n+m}$)

Simplexverfahren für normales lineares Programm

(a) Falls Zielfunktionszeile (links vom Strich) *ohne negative Zahlen*, Verfahren beendet. Lösung: Variablen über Einheitsvektoren gleich rechte Seite des Mittelfelds, sonstige gleich 0; Zielfunktion gleich rechter Wert in Zielfunktionszeile

(b) Pivotspalte festgelegt durch *kleinste negative Zahl* in der Zielfunktionszeile (links vom Strich); Pivotzeile festgelegt durch kleinsten Zeilenquotienten (im Mittelfeld aus der rechten Seite und der Pivotspalte, *wo diese positiv ist*); falls keine Pivotzeile auffindbar, Verfahren beendet (unbegrenzte Lösungsmenge des Ungleichungssystems)

(c) Division der Pivotzeile durch Pivotelement; Umformung aller übrigen Zeilen, so dass sonst in Pivotspalte lauter Nullen

(d) Weiter bei (a)

Simplexverfahren für lineares Programm, das nicht normal ist

(e) Pivotzeile festgelegt durch *negative Zahl* auf rechter Seite des Mittelfelds; Pivotspalte festgelegt durch *negative Zahl* in der Pivotzeile links vom Strich; falls keine Pivotspalte auffindbar, Verfahren beendet (leere Lösungsmenge des Ungleichungssystems)

(f) Wie (c)

(g) Falls rechte Seite des Mittelfelds ohne negative Zahlen, weiter bei (a); sonst weiter bei (e)

Grafische Lösung eines linearen Programms

(1) Für jede Ungleichung die Lösungsmenge (Halbebene) einzeichnen

(2) Schnittmenge (Polygon) der Halbebenen kennzeichnen

(3) Zielfunktion nach x_2 auflösen bzw. nach x_1, falls x_2 nicht vorkommt

(4) Für z Zahl einsetzen, so dass Gerade die Schnittmenge schneidet

(5) Gerade so weit wie möglich parallel verschieben

(6) Am Schnittpunkt x_1 und x_2 ablesen; z berechnen

II. Übungsklausuren

Klausur 1

1. Zu bestimmen sind die (a) Definitionsmenge, (b) Wertemenge, (c) Nullstellen und (d) Extremwerte der Funktion

$$y = x^3 + 6x^2 - 15x$$

2. Man berechne das unbestimmte Integral $\int \dfrac{2x^{-1} + 3x^5}{12x^3}\,dx$.

3. Für welche Werte von x ist die Determinante (a) $D = 0$ (b) $D > 0$ (c) $D < 0$?

$$D = \begin{vmatrix} 1-x & 1 & 0 \\ 2 & 2-x & 8 \\ -1 & 0 & 2 \end{vmatrix}$$

4. Gegeben sind $A = \begin{pmatrix} 1 & 3 \\ -2 & 1 \end{pmatrix}$ und $X = \begin{pmatrix} x_{11} & x_{12} \\ x_{21} & x_{22} \end{pmatrix}$. Welche Bedingungen müssen die Elemente der Matrix X erfüllen, damit $A \cdot X = X \cdot A$ gilt?

5. Es ist die Funktion $z = x^2 + 2axy + y^2 - 2ax - 2ay + 15$ mit $a \neq \pm 1$ gegeben. Für welche Werte von a hat diese Funktion Extremwerte? Handelt es sich um Minima beziehungsweise Maxima?

6. (a) Seien A und B quadratische Matrizen. Welcher Bedingung müssen diese genügen, damit die folgende Matrizengleichung gilt?

$$(A + B)^2 = A^2 + 2AB + B^2$$

(b) Trifft die Bedingung auf die folgenden speziellen Matrizen zu?

$$A = \begin{pmatrix} a & 1 \\ 0 & a \end{pmatrix} \quad B = \begin{pmatrix} 1 & a \\ a & 0 \end{pmatrix}$$

Lösungen: 1.: L1 (a) bis (d) in Kapitel I.III; **2.:** L1 (d) in Kapitel I.V; **3.:** L4 in Kapitel II.IV; **4.:** L12 in Kapitel II.III; **5.:** L5 in Kapitel I.IV; **6.:** L13 in Kapitel II.III

Klausur 2

1. Gegeben: $y = \sqrt{-x^2 + 2x + 15}$

(i) Gesucht ist die Definitionsmenge D der Funktion.

(ii) Es ist zu prüfen, ob die Funktion eine Umkehrfunktion über ganz D beziehungsweise wenigstens über einige Teilmengen von D hat.

(iii) Man bestimme die Wertemenge W der Funktion.

2. Hat die Funktion $z = 2x^2 + xy + 4y^2 - 51x - 5y + 15$ Extremwerte? Wenn ja, wo liegen sie?

3. Kann $a > 0$ so gewählt werden, dass $\displaystyle\int_0^a \frac{x}{(x^2 + 4)^2} \, dx = \frac{1}{16}$

4. Gegeben ist das lineare Gleichungssystem

$$
\begin{array}{rcrcl}
 & bx_2 & +bx_3 & = & 1 \\
x_1 & +3x_2 & & = & 0 \\
 & x_2 & +bx_3 & = & 1
\end{array}
$$

(a) Für welche Werte von b lässt sich dieses Gleichungssystem nach der Cramerschen Regel lösen? (b) Man löse dieses Gleichungssystem mit Hilfe der Cramerschen Regel, soweit es möglich ist.

5. Lösen Sie das folgende lineare Programm grafisch: Gesucht ist das Maximum der Funktion $z = 4x_1 + 3x_2$ unter den Nebenbedingungen

$$
\begin{array}{rcrcl}
x_1 & & \leq & 9 \\
x_1 & +x_2 & \leq & 12 \\
x_1 & +4x_2 & \leq & 36 \\
5x_1 & +3x_2 & \leq & 50
\end{array}
\qquad \text{sowie } x_1 \geq 0; \ x_2 \geq 0
$$

6. Es sei a ein Parameter für reelle Zahlen. Für welche Zahlen, eingesetzt für a, sind die gegebenen Vektoren linear unabhängig beziehungsweise linear abhängig?

$$
\begin{pmatrix} 1 \\ -1 \\ 1 \end{pmatrix} \quad \begin{pmatrix} 1 \\ 1 \\ -1 \end{pmatrix} \quad \begin{pmatrix} -1 \\ 1 \\ a \end{pmatrix}
$$

Lösungen: 1.: L4 (c) in Kapitel I.I; **2.:** L4 in Kapitel I.IV; **3.:** L9 (a) in Kapitel I.V; **4.:** L13 in Kapitel II.IV; **5.:** L9 (a) in Kapitel II.VI; **6.:** L5 (a) in Kapitel II.II

Klausur 3

1. Gegeben sind die Funktionen $y = x^r$ (mit $r \in \mathbf{R}$), $y = e^x$ und $y = \ln x$. Man zeige, dass die Funktion

$$y = x^x$$

durch Hintereinanderschaltung der gegebenen Funktionen entstanden ist.

2. Es sind die ersten partiellen Ableitungen folgender Funktion gesucht:

$$z = \sqrt{\frac{2x^2 - y}{x}}$$

3. Kann $a > 0$ so gewählt werden, dass

$$\int_0^a \frac{2x}{\sqrt{1 + 4x^2}}\, dx = 1$$

4. Für welche Werte der Parameter hat das gegebene Gleichungssystem (a) genau eine Lösung, (b) keine Lösung, (c) unendlich viele Lösungen?

$$
\begin{aligned}
x_1 \quad -ax_2 &= 1 \\
bx_1 \quad +ax_2 &= 0 \\
-x_1 \quad +2ax_2 &= -1
\end{aligned}
$$

5. Lösen Sie das folgende lineare Programm grafisch: Gesucht ist das Maximum der Funktion $z = 3x_1 + 2x_2$ unter den Nebenbedingungen

$$
\begin{aligned}
2x_1 \quad +x_2 &\leq 8 \\
x_1 \quad +2x_2 &\leq 10 \\
x_1 \quad &\leq 3 \\
x_1 \quad +x_2 &\geq 2 \\
x_1 \quad &\geq 0 \\
x_2 &\geq 0
\end{aligned}
$$

6. Gesucht ist die Definitionsmenge der Funktion

$$y = \sqrt{\frac{x+2}{x-4}}$$

Lösungen: 1.: L3 (d) in Kapitel I.I; **2.:** L1 (b) in Kapitel I.IV; **3.:** L9 (b) in Kapitel I.V; **4.:** L30 in Kapitel II.I; **5.:** L3 (a) in Kapitel II.VI; **6.:** L4 (b) (i) in Kapitel I.I

Klausur 4

1. Hat die Funktion

$$z = ax^2 + 2xy + (1-a)\cdot y^2 - 2ax - 2$$

Extremwerte?

2. Es ist nachzuweisen, dass die Funktion $y = f(x) == -2\cdot\cos^2 x + 5\cdot\cos x$ eine Lösung der folgenden gewöhnlichen Differentialgleichung ist:

$$y' + y\cdot\tan x = 2\cdot\sin x\cdot\cos x$$

3. Lösen Sie das folgende lineare Programm grafisch: Gesucht ist das Maximum der Funktion $z = 3x_1 + x_2 + 2$ unter den Nebenbedingungen

$$
\begin{array}{rrcr}
-x_1 & +2x_2 & \leq & 6 \\
x_1 & +2x_2 & \leq & 10 \\
x_1 & -x_2 & \leq & 4 \\
x_1 & & \geq & 0 \\
& x_2 & \geq & 0
\end{array}
$$

4. Man berechne das unbestimmte Integral

$$\int x^3 \cdot e^x dx$$

5. Zu berechnen sind die Extremwerte von

$$z = x\cdot y^2$$

unter der Nebenbedingung $x^2 + y = 1$. Lösung mit Hilfe der Methode von Lagrange.

6. Gesucht sind die Definitionsmenge D und die Wertemenge W der Funktion

$$y = f(x) = \sqrt{\ln(x+4)}$$

Lösungen: 1.: L6 in Kapitel I.IV; **2.:** L5 (b) in Kapitel I.II; **3.:** L12 in Kapitel II.VI; **4.:** L2 (c) in Kapitel I.V; **5.:** L10 (d) in Kapitel I.IV; **6.:** L5 (c) in Kapitel I.I

Klausur 5

1. Man berechne das unbestimmte Integral

$$\int \frac{\sin x}{\sqrt[3]{1-\cos x}}\,dx$$

2. Zu berechnen sind die Extremwerte von z unter der angegebenen Nebenbedingung. Lösung mit Hilfe der Methode von Lagrange:

$$z = -x^2 - \frac{1}{2}y^2 + 4 \quad \text{unter} \quad -2x - y = 0$$

3. Lösen Sie das folgende lineare Programm grafisch: Gesucht ist das Maximum der Funktion $z = 2x_1 + 4x_2$ unter den Nebenbedingungen

$$
\begin{array}{rrcr}
x_1 & +6x_2 & \leq & 36 \\
2x_1 & +3x_2 & \leq & 27 \\
3x_1 & +x_2 & \leq & 30 \\
x_1 & & \geq & 0 \\
& x_2 & \geq & 0
\end{array}
$$

4. Lösen Sie das gerade angegebene lineare Programm auch mit Hilfe des Simplexverfahrens.

5. Zu bestimmen sind die (a) Definitionsmenge, (b) Wertemenge, (c) Nullstellen und (d) Extremwerte der Funktion

$$y = \frac{x^2 - 8}{x - 3}$$

6. Man berechne die Determinante

$$
\begin{vmatrix}
-2 & -1 & 2 & 1 \\
2 & -1 & 0 & 3 \\
-4 & 0 & 1 & 1 \\
-2 & -1 & 1 & -1
\end{vmatrix}
$$

Lösungen: 1.: L4 (g) in Kapitel I.V; **2.:** L10 (a) in Kapitel I.IV; **3.:** L2 (a) in Kapitel II.VI; **4.:** L2 (b) in Kapitel II.VI; **5.:** L2 (a) bis (d) in Kapitel I.III; **6.:** L1 (b) in Kapitel II.IV

Klausur 6

1. Zu bestimmen sind die (a) Definitionsmenge, (b) Nullstellen und (c) Extremwerte von

$$x^2 \cdot e^{-x^2}$$

2. Zu berechnen sind die Extremwerte von

$$z = x + y + 4$$

unter der Nebenbedingung $x^2 + y^2 = 1$. Lösung mit Hilfe der Methode von Lagrange.

3. Man berechne das unbestimmte Integral

$$\int \frac{1}{(2x+3)^{-2}} dx$$

4. Gesucht ist die Inverse zu folgender Matrix:

$$B = \begin{pmatrix} 4 & -2 & 0 & 3 \\ 0 & 4 & 0 & 2 \\ -2 & 2 & 1 & -1 \\ 3 & 4 & 0 & 2 \end{pmatrix}$$

5. Lösen Sie das folgende lineare Programm grafisch: Gesucht ist das Minimum der Funktion $z = x_1 + 5x_2 + 7$ unter den Nebenbedingungen

$$5x_2 \geq -2x_1 + 27$$
$$x_2 - 2x_1 - 3 \leq 0$$
$$0 \leq -x_1 - x_2 + 9$$
$$x_1 \geq 0$$
$$x_2 \geq 0$$

6. Sind die gegebenen Vektoren linear unabhängig?

$$\begin{pmatrix} 1 \\ 3 \\ 1 \end{pmatrix} \quad \begin{pmatrix} -1 \\ 1 \\ 3 \end{pmatrix} \quad \begin{pmatrix} -5 \\ -7 \\ 3 \end{pmatrix}$$

Lösungen: 1.: L5 (a) bis (c) in Kapitel I.III; **2.:** L10 (b) in Kapitel I.IV; **3.:** L1 (e) in Kapitel I.V; **4.:** L15 (b) in Kapitel II.III; **5.:** L8 (a) in Kapitel II.VI; **6.:** L2 (a) in Kapitel II.II

Klausur 7

1. Zu bestimmen sind die (a) Definitionsmenge, (b) Wertemenge, (c) Nullstellen und (d) Extremwerte der Funktion

$$y = \sin^2 x$$

2. Es sind die ersten partiellen Ableitungen folgender Funktion gesucht:

$$z = \frac{xy}{\ln(x^2)}$$

3. Man berechne das unbestimmte Integral

$$\int \sqrt{\sqrt{\sqrt{x}}} \, dx$$

4. Gegeben ist die von den reellen Parametern a und b abhängige Funktion

$$z = \begin{pmatrix} x & y & 1 \end{pmatrix} \cdot \begin{pmatrix} -1 & 0 & 3 \\ 0 & a & 2 \\ 3 & 2 & b \end{pmatrix} \cdot \begin{pmatrix} x \\ y \\ 1 \end{pmatrix}$$

Gesucht ist eine Darstellung der Funktion $z = f(x, y)$ ohne Matrizen.

5. Lösen Sie das folgende lineare Programm mit Hilfe des Simplexverfahrens: Gesucht ist das Maximum der Funktion $z = 8x_1 + 7x_2$ unter den Nebenbedingungen

$$
\begin{aligned}
x_1 &+ x_2 &\leq\ & 16 \\
&\ x_2 &\leq\ & 12 \\
3x_1 &+ x_2 &\leq\ & 36 \\
x_1 & &\geq\ & 0 \\
&\ x_2 &\geq\ & 0
\end{aligned}
$$

6. Das folgende lineare Gleichungssystem ist mit Hilfe der Cramerschen Regel zu lösen:

$$
\begin{aligned}
2x_1 &- 5x_2 &+ x_3 &= 9 \\
x_1 &+ 6x_2 &- x_3 &= -7 \\
-3x_1 &+ x_2 &- 2x_3 &= -8
\end{aligned}
$$

Lösungen: 1.: L4 (a) bis (d) in Kapitel I.III; **2.:** L1 (a) in Kapitel I.IV; **3.:** L1 (i) in Kapitel I.V; **4.:** L14 in Kapitel II.III; **5.:** L6 (b) in Kapitel II.VI; **6.:** L6 (a) in Kapitel II.IV

Klausur 8

1. Man überprüfe anhand der Funktion

$$z = 2x \cdot e^y + y^2$$

die Gleichung $z''_{xy} = z''_{yx}$.

2. Kann $a > 0$ so gewählt werden, dass

$$\int_0^a \frac{x}{4 - x^2} \, dx = 0$$

3. Es ist zu zeigen, dass die Funktion

$$z = f(x, y) = Ax + \frac{c - A^2}{b} \cdot y - \frac{aA}{2b} \cdot y^2 + B$$

die Gleichung $(z'_x)^2 + ayz'_x + bz'_y = c$ erfüllt.

4. Lösen Sie das folgende lineare Programm mit Hilfe des Simplexverfahrens: Gesucht ist das Maximum der Funktion $z = 4x_1 + 5x_2$ unter den Nebenbedingungen

$$
\begin{array}{rrcl}
x_1 & +3x_2 & \leq & 15 \\
2x_1 & +x_2 & \leq & 12 \\
x_1 & +x_2 & \leq & 7 \\
x_1 & & \geq & 0 \\
& x_2 & \geq & 0
\end{array}
$$

5. Gesucht ist die Inverse zu folgender Matrix:

$$A = \begin{pmatrix} 2 & -5 & 1 \\ 1 & 6 & -1 \\ -3 & 1 & -2 \end{pmatrix}$$

6. Man beweise die Gleichung

$$\begin{vmatrix} 1 & a & a^2 \\ 1 & b & b^2 \\ 1 & c & c^2 \end{vmatrix} = (b - a)(c - a)(c - b)$$

Lösungen: 1.: L3 (a) in Kapitel I.IV; **2.:** L9 (c) in Kapitel I.V; **3.:** L13 (a) in Kapitel I.IV; **4.:** L5 (b) in Kapitel II.VI; **5.:** L15 (a) in Kapitel II.III; **6.:** L2 (a) in Kapitel II.IV

Klausur 9

1. Zu bestimmen sind die (a) Definitionsmenge, (b) Nullstellen und (c) Extremwerte der Funktion

$$y = \frac{x^2 + 4}{x^2 - 1}$$

2. Es sind die ersten partiellen Ableitungen folgender Funktion gesucht:

$$z = \sqrt[4]{x^2 y} + \sqrt[3]{x y^2}$$

3. Kann $a > 0$ so gewählt werden, dass

$$\int_0^a (4x - 2) \cdot e^{x^2 - x + 2} dx = 0$$

4. Lösen Sie das folgende lineare Programm (a) grafisch und (b) mit Hilfe des Simplexverfahrens: Gesucht ist das Maximum der Funktion $z = 3x_1 + 5x_2$ unter den Nebenbedingungen

$$
\begin{array}{rrcl}
2x_1 & + x_2 & \leq & 6 \\
x_1 & + x_2 & \leq & 4 \\
x_1 & + 2x_2 & \leq & 7 \\
x_1 & & \geq & 0 \\
& x_2 & \geq & 0
\end{array}
$$

5. Gegeben ist die quadratische Matrix $A = \begin{pmatrix} 1 & -2 & 3 \\ 4 & -2 & 1 \\ -3 & 1 & -3 \end{pmatrix}$, die Einheitsmatrix E von gleicher Größe wie A und die Zahl $b = -19$. Gibt es ein x mit $|A - xE| = b$?

6. Man zeige, dass jeder vierdimensionale Vektor eine Linearkombination der vier vierdimensionalen Einheitsvektoren ist.

Lösungen: 1.: L6 (i) (a) bis (c) in Kapitel I.III; **2.:** L1 (c) in Kapitel I.IV; **3.:** L9 (d) in Kapitel I.V; **4.:** L1 in Kapitel II.VI; **5.:** L8 in Kapitel II.IV; **6.:** L3 in Kapitel II.II

Klausur 10

1. Gesucht ist die Inverse zu folgender Matrix, soweit vorhanden:

$$D = \begin{pmatrix} 1 & 0 & a \\ -1 & a^2 & 0 \\ 0 & 1 & -a \end{pmatrix}$$

2. Gesucht ist die erste Ableitung der Funktion

$$y = f(x) = \frac{x+1}{x}$$

mit Hilfe der Definitionsgleichung $y' = \lim\limits_{h \to 0} \dfrac{f(x+h) - f(x)}{h}$.

3. Es ist zu zeigen, dass die Funktion

$$z = f(x, y) = A \cdot y^2 + \left(x + \frac{B}{y} \right)^2$$

die Gleichung $(z'_x)^2 + xz'_x - yz'_y + 2z = 0$ erfüllt.

4. Man berechne das unbestimmte Integral

$$\int (\sqrt{x^3} - 4\sqrt[3]{x}) \, dx$$

5. Lösen Sie das folgende lineare Programm grafisch: Gesucht ist das Maximum der Funktion $z = x_1 + 3x_2 - 9$ unter den Nebenbedingungen

$$\begin{array}{rrcr}
-2x_1 & +x_2 & \leq & 7 \\
2x_1 & +x_2 & \leq & 15 \\
-x_1 & +x_2 & \geq & -4 \\
x_1 & & \leq & 5
\end{array} \quad \text{sowie } x_1 \geq 0; \; x_2 \geq 0$$

6. Berechnen Sie die erste Ableitung der Funktion

$$y = \sin \frac{5}{x^2 - 4}$$

Lösungen: 1.: L15 (d) in Kapitel II.III; **2.:** L1 (b) in Kapitel I.II; **3.:** L13 (b) in Kapitel I.IV; **4.:** L1 (f) in Kapitel I.V; **5.:** L7 (a) in Kapitel II.VI; **6.:** L4 (h) in Kapitel I.II

Klausur 11

1. Gegeben sind die Matrizen $A = \begin{pmatrix} 1 & -2 & 0 \\ 3 & 1 & 4 \\ 2 & 0 & -1 \end{pmatrix}$ und $B = \begin{pmatrix} 8 & 1 & 0 \\ 0 & 3 & -2 \\ 1 & 1 & 1 \end{pmatrix}$. Gilt $A{\cdot}B = B{\cdot}A$?

2. Berechnen Sie die erste Ableitung der Funktion

$$y = x^x$$

3. Man berechne das uneigentliche Integral

$$\int\limits_0^\infty e^{-x}dx$$

4. Die ersten und zweiten partiellen Ableitungen sind zu berechnen:

$$z = (x^2 - 1)\cdot(x - y^2)$$

5. Lösen Sie das folgende lineare Programm mit Hilfe des Simplexverfahrens: Gesucht ist das Maximum der Funktion $z = x_1 + 3x_2 - 9$ unter den Nebenbedingungen

$$
\begin{aligned}
-2x_1 + x_2 &\le 7 \\
2x_1 + x_2 &\le 15 \\
-x_1 + x_2 &\ge -4 \\
x_1 &\le 5 \\
x_1 &\ge 0 \\
x_2 &\ge 0
\end{aligned}
$$

6. Man gebe eine maximale Teilmenge linear unabhängiger Vektoren unter den gegebenen Vektoren an.

$$\begin{pmatrix} 1 \\ 0 \\ 1 \\ 2 \end{pmatrix} \begin{pmatrix} 3 \\ 4 \\ 1 \\ 0 \end{pmatrix} \begin{pmatrix} 4 \\ 8 \\ 0 \\ -4 \end{pmatrix} \begin{pmatrix} 1 \\ 4 \\ -1 \\ -4 \end{pmatrix}$$

Lösungen: 1.: L10 (c) in Kapitel II.III; **2.**: L3 (d) in Kapitel I.II; **3.**: L7 (a) in Kapitel I.V; **4.**: L2 (e) in Kapitel I.IV; **5.**: L7 (b) in Kapitel II.VI; **6.**: L6 (b) in Kapitel II.II

Klausur 12

1. Für welche Werte von a gilt $A \cdot B = B \cdot A$ mit

$$A = \begin{pmatrix} 1 & a \\ a^2 & 0 \end{pmatrix} \quad B = \begin{pmatrix} a^2 & 0 \\ 1 & a \end{pmatrix}$$

2. Man berechne das unbestimmte Integral

$$\int x^2 \cdot \cos x \, dx$$

3. Zu bestimmen sind die (a) Definitionsmenge, (b) Wertemenge und (c) Nullstellen der folgenden Funktion:

$$y = \frac{x^3 + 4}{x - 1}$$

4. Es sind die ersten partiellen Ableitungen der folgenden Funktion gesucht:

$$z = \frac{x^2}{\sin(xy)}$$

5. Gegeben: $A = \begin{pmatrix} 1+a & 0 & -1 \\ -1 & 0 & -1 \\ 0 & 1 & 0 \end{pmatrix}$; E sei die $(3, 3)$-Einheitsmatrix; $\vec{b} = \begin{pmatrix} 1 \\ 1 \\ 1 \end{pmatrix}$. Für welche

Werte von a hat das Gleichungssystem $(A - a \cdot E) \cdot \vec{x} = \vec{b}$ genau eine Lösung?

6. Lösen Sie das folgende lineare Programm grafisch: Gesucht ist das Minimum der Funktion $z = 3x_1 + 2x_2$ unter den Nebenbedingungen

$$
\begin{aligned}
x_1 &+ x_2 &\geq 3 \\
2x_1 &+ x_2 &\geq 5 \\
x_1 &+ 3x_2 &\geq 4 \\
x_1 & &\geq 0 \\
& x_2 &\geq 0
\end{aligned}
$$

Lösungen: 1.: L11 in Kapitel II.III; **2.:** L2 (a) in Kapitel I.V; **3.:** L3 (a) bis (c) in Kapitel I.III; **4.:** L1 (e) in Kapitel I.IV; **5.:** L18 in Kapitel II.III; **6.:** L4 in Kapitel II.VI

Klausur 13

1. Gegeben: $y = \dfrac{x-7}{x+5}$

(i) Gesucht ist die Definitionsmenge D der Funktion.
(ii) Es ist zu prüfen, ob die Funktion eine Umkehrfunktion über ganz D beziehungsweise wenigstens über einige Teilmengen von D hat.
(iii) Man bestimme die Wertemenge W der Funktion.

2. Zu bestimmen ist das folgende Integral mit Parametern $a, b, c > 0$:

$$\int_0^1 \frac{a}{\sqrt{bx+c}}\,dx$$

3. Die erste Ableitung ist zu berechnen:

$$y = \ln\!\left(\cot\!\left(x^2 + 1\right)\right)$$

4. Die ersten partiellen Ableitungen sind zu berechnen:

$$z = \tan^2(x^2 + y^2) + x - y$$

5. Man bilde den Vektorraum aller Linearkombinationen der gegebenen Vektoren und bestimme die Dimension und eine Basis dieses Vektorraums.

$$\begin{pmatrix} 2 \\ 6 \\ 1 \end{pmatrix} \quad \begin{pmatrix} 3 \\ 0 \\ -1 \end{pmatrix} \quad \begin{pmatrix} 5 \\ -10 \\ -5 \end{pmatrix} \quad \begin{pmatrix} 0 \\ 2 \\ -1 \end{pmatrix}$$

6. Gesucht ist die grafische Lösung des linearen Ungleichungssystems

$$
\begin{array}{rrcl}
2x_1 & +x_2 & \leq & 8 \\
x_1 & +4x_2 & \geq & 4 \\
3x_1 & -4x_2 & \leq & 6 \\
x_1 & & \geq & 0 \\
& x_2 & \geq & 0
\end{array}
$$

Lösungen: 1.: L4 (a) in Kapitel I.I; **2.**: L8 (a) in Kapitel I.V; **3.**: L4 (e) in Kapitel I.II; **4.**: L1 (d) in Kapitel I.IV; **5.**: L7 (a) in Kapitel II.II; **6.**: L2 (d) in Kapitel II.V

Klausur 14

1. Gegeben ist die Matrix $A = \begin{pmatrix} 1 & a & 1 \\ a^2 & -1 & 0 \\ 0 & 0 & 1 \end{pmatrix}$.

(a) Für welche Werte von a ist die Determinante $|A| = 0$?

(b) Für welche Werte von a ist die Inverse zu A berechenbar?

(c) Für welche Werte von a hat das homogene Gleichungssystem $A \cdot \vec{x} = \vec{0}$ genau eine Lösung?

2. Man bilde den Vektorraum aller Linearkombinationen der gegebenen Vektoren und bestimme die Dimension und eine Basis dieses Vektorraums.

$$\begin{pmatrix} 3 \\ 0 \\ 1 \\ 0 \end{pmatrix} \quad \begin{pmatrix} 4 \\ 1 \\ 1 \\ 1 \end{pmatrix} \quad \begin{pmatrix} 2 \\ 0 \\ 0 \\ -1 \end{pmatrix}$$

3. Man berechne das bestimmte Integral

$$\int_0^\pi (1 + \sqrt{1 + \sin x}) \cdot \cos x \, dx$$

4. Für welche Werte von a hat das lineare Gleichungssystem unendlich viele Lösungen?

$$\begin{aligned} x_1 &+ x_2 & - x_3 &= 1 \\ x_1 &- x_2 & + ax_3 &= 1 \\ -x_1 &+ x_2 & + x_3 &= 0 \end{aligned}$$

5. Berechnen Sie die erste Ableitung der Funktion $y = \ln(\ln x)$).

6. Es ist zu zeigen, dass die Funktion

$$z = f(x, y) = 2 \cdot \sqrt{\frac{A}{x}} + \frac{Ay + B}{x}$$

die Gleichung $(xz'_x + z)^2 = z'_y$ erfüllt.

Lösungen: 1.: L14 in Kapitel II.IV; **2.:** L7 (b) in Kapitel II.II; **3.:** L5 (e) in Kapitel I.V; **4.:** L9 in Kapitel II.IV; **5.:** L3 (e) in Kapitel I.II; **6.:** L13 (c) in Kapitel I.IV

Klausur 15

1. Man kehre die folgende normierte lineare Abbildung um, soweit dies möglich ist:

$$\begin{aligned}
y_1 &= -x_1 & +3x_2 & +x_3 \\
y_2 &= 2x_1 & -x_2 & +3x_3 \\
y_3 &= -x_1 & +4x_2 & +x_3
\end{aligned}$$

2. Gesucht ist die erste Ableitung der Funktion

$$y = \sqrt{x \cdot (e^x + 1)}$$

3. Zu berechnen sind die Extremwerte der Funktion

$$z = x \cdot y$$

unter der Nebenbedingung $x + y^2 = 1$. Lösung mit Hilfe der Methode von Lagrange.

4. Man berechne das bestimmte Integral

$$\int_0^{\frac{\pi}{6}} \frac{\cos x + \sin x}{\cos x - \sin x}\, dx$$

5. Für welche Werte der Parameter a und b hat das gegebene Gleichungssystem (a) genau eine Lösung, (b) keine Lösung, (c) unendlich viele Lösungen?

$$\begin{aligned}
x_1 & +ax_2 & -bx_3 & = 0 \\
-ax_1 & +x_2 & -x_3 & = 0 \\
-x_1 & +bx_2 & & = 0
\end{aligned}$$

6. Lösen Sie das folgende lineare Programm (a) grafisch und (b) mit Hilfe des Simplexverfahrens: Gesucht ist das Maximum der Funktion $z = 2x_1 + 3x_2$ unter den Nebenbedingungen

$$\begin{aligned}
x_1 & +x_2 & \leq & 8 \\
x_1 & & \leq & 5 \\
& x_2 & \leq & 6 \\
2x_1 & +x_2 & \leq & 12 \\
x_1 & & \geq & 0 \\
& x_2 & \geq & 0
\end{aligned}$$

Lösungen: 1.: L2 (a) in Kapitel II.III; **2.:** L4 (g) in Kapitel I.II; **3.:** L10 (c) in Kapitel I.IV; **4.:** L5 (b) in Kapitel I.V; **5.:** L25 in Kapitel II.I; **6.:** L10 in Kapitel II.VI

Klausur 16

1. Gegeben ist die ganz-rationale Funktion $y = x^2 - 4x + 7$ (also $D = \mathbf{R}$).
(a) Es ist nachzuweisen: Diese Funktion hat über ganz D keine Umkehrfunktion. D lässt sich aber als Vereinigung von zwei Intervallen auffassen, so dass die auf je ein Intervall einge-schränkte Funktion umkehrbar ist.
(b) Man berechne die Wertemenge W der gegebenen Funktion.

2. Zu berechnen sind die Extremwerte von

$$z = -p_1 \cdot \ln p_1 - p_2 \cdot \ln p_2$$

mit $0 < p_1, p_2 < 1$ unter der Nebenbedingung $p_1 + p_2 = 1$. Lösung mit Hilfe der Methode von Lagrange.

3. Lösen Sie das folgende lineare Programm mit Hilfe des Simplexverfahrens: Gesucht ist das Minimum der Funktion $z = x_1 + 5x_2 + 7$ unter den Nebenbedingungen

$$5x_2 \geq -2x_1 + 27$$
$$x_2 - 2x_1 - 3 \leq 0$$
$$0 \leq -x_1 - x_2 + 9$$
$$x_1 \geq 0$$
$$x_2 \geq 0$$

4. Es sind die ersten partiellen Ableitungen folgender Funktion gesucht:

$$z = f(x, y) = x^y$$

5. Zu bestimmen sind die (a) Definitionsmenge, (b) Nullstellen und (c) Extremwerte der Funktion

$$y = \frac{x^2 - 1}{x^2 + 4}$$

6. Man vergleiche den Rang der Koeffizientenmatrix und den Rang der erweiterten Koeffizientenmatrix bei folgendem linearen Gleichungssystem:

$$
\begin{array}{rrrrcr}
2x_1 & +x_2 & +5x_3 & +8x_4 & = & 1 \\
-x_1 & +2x_2 & +5x_3 & +6x_4 & = & 5 \\
 & 3x_2 & +9x_3 & +12x_4 & = & 3
\end{array}
$$

Lösungen: 1.: L1 in Kapitel I.I; **2.:** L10 (g) in Kapitel I.IV; **3.:** L8 (b) in Kapitel II.VI; **4.:** L1 (f) in Kapitel I.IV; **5.:** L6 (ii) (a) bis (c) in Kapitel I.III; **6.:** L4 (b) in Kapitel II.III

III. Literatur

Breitung, Karl, Pavel Filip und Otto Hass. *Einführung in die Mathematik für Ökonomen.* 3. Auflage. Oldenbourg, München 2001

Hülsmann, Jochen, [u. a.]. *Einführung in die Wirtschaftsmathematik.* 4. Auflage. Springer, Berlin 2005

Luderer, Bernd. *Klausurtraining Mathematik und Statistik für Wirtschaftswissenschaftler.* 2. Auflage. Teubner, Stuttgart 2003

Opitz, Otto. *Mathematik. Lehrbuch für Ökonomen.* 9. Auflage. Oldenbourg, München 2004

Rommelfanger, Heinrich. *Übungsbuch Mathematik für Wirtschaftswissenschaftler.* Elsevier, München 2004

Sydsæter, Knut, und Peter Hammond. *Mathematik für Wirtschaftswissenschaftler.* 2. Auflage. Pearson, München 2006

Tietze, Jürgen. *Einführung in die angewandte Wirtschaftsmathematik.* 12. Auflage. Vieweg, Wiesbaden 2005

Tietze, Jürgen. *Übungsbuch zur angewandten Wirtschaftsmathematik.* 4. Auflage. Vieweg, Wiesbaden 2003

IV. Sachverzeichnis